未満児保育 の 重要性

　当たり前ですが、0歳の育ちが1歳の育ちを支え、1歳の育ちが2歳の育ちを支えて3歳の育ちへつながります。満3歳以降の学校教育は0・1・2歳児の豊かな育ちを土台にして成り立っています。言うまでもありませんが、満3歳になった途端に突然「学び」が発生するものではありません。0歳からの保育に向き合う保育教諭（保育者）の真摯な愛情が「学び」という「遊び」を十分に楽しめる環境を作り出し、その中で子どもは自ら人間の「生きる力」の基礎を獲得していきます。3歳未満児は自己表出がまだまだ未熟ですが、様々な能力を内在し外界からのよりよい刺激を望んでいます。保育教諭（保育者）との確かな愛着関係と信頼関係の下「未満児保育の重要性」を意識した保育が子どもの健やかな成長を育み、大人になっても社会生活の中で使い続ける大切な社会情動的スキルを獲得していきます。未満児保育に携わる保育教諭（保育者）の皆様に、本書が日々の保育の助けとなれば幸いです。

青森県 中居林こども園 理事長
椛沢幸苗

歳児保育とは

　0歳児の週案・指導案等は月齢差が著しく、クラス全体の計画を立てるのはなかなか困難なことでもあります。集団生活の中でも一人ひとりに合った道具や言葉がけが必要で、子どもの発達課題に応える遊びができる環境をつくることが大切でもあり、高い専門性が求められています。

　特に、保育所保育指針、幼保連携型認定こども園教育・保育要領第2章の乳児保育に関わるねらい及び内容において「身近な人と気持ちが通じ合う」とあります。この「身近な人」とは、私たち保育教諭（保育者）のことも指しています。子どもの思いや、一人ひとりの子どもが、周囲から主体として受け止められ、主体として育ち、自分を肯定する気持ちが育まれることの大切さをねらいにはくり返し示されています。そのような気持ちに寄り添い、活用できる本でありましたら幸いです。

熊本県 くほんじこども園 園長
矢野理絵

指導計画立案にあたって

指導計画は、施設の区分により、3つの要領・指針に基づき、子どもの教育・保育の計画を立てます。
ここでは、要領・指針を踏まえた計画立案のポイントと、
乳幼児期からの教育、小学校教育との接続・連携の強化について解説します。

幼稚園教育要領 **保育所保育指針** **幼保連携型認定こども園教育・保育要領** を踏まえた **計画立案** とは?

乳児期から ひと続きの教育を

幼児教育の改善・充実を目指して内容の共通化が図られた平成30年施行の要領・指針は、令和2年度には小学校における学習指導要領に、また令和3年度には中学校における学習指導要領につながりました。これにより、乳幼児期の教育が義務教育に接続され、教育の出発点と考えられるようになりました。乳児期から就学前の最終目的に達するため、またそれ以降の教育につなげていくため、短期・中期・長期の計画が必要となります。

子どもの育ちを より具体的に捉える

要領・指針においては、「乳児期」と「満1歳以上満3歳未満」（保育所保育指針では「乳児」と「1歳以上3歳未満児」）に分けられ、それぞれの教育的な観点が明確になりました。また、「育みたい資質・能力の3つの柱」や、「幼児期の終わりまでに育ってほしい姿10項目」などが示されたことで、子どもの育ちが具体的に可視化され、小学校以降にも伝えやすくなっています。なお、「幼児期の終わりまでに育ってほしい姿10項目」は、小学校へ送付する要録にも、記入上、重要なものとして捉えられています。

| 乳児期の3つの視点 | 1歳児〜3歳未満児・3歳児〜5歳児の5領域 | 幼児期の終わりまでに育ってほしい姿10項目 |

詳しくは次ページへ→

これらの観点で立案することで **育ちを可視化** しやすくなる

入園時から就学前まで、
年齢ごとに **見通しを持った教育・保育** を
行うことができる

こども園2歳児（満3歳を含む）の立案について

こども園は満3歳を境に
要領の参照する部分が変わります！

幼保連携型認定こども園2歳児の計画を立案する際は、当月クラスの満3歳の人数や、子どもの姿をよく観察した上で、「幼保連携型認定こども園教育・保育要領」の満3歳未満と満3歳以上のねらい及び内容を組み合わせて立案するとよいでしょう。

5

生きる力の基礎となる「乳幼児期からの教育」の流れ

乳児期からの教育を意識し、心の安定を確保することが、好奇心や探究心の芽生えを支えます。
乳幼児期は、「生きる力＝知識と問題解決する能力をバランスよく獲得する力」を育む基盤を作ることが重要となります。

小学校（児童）

小学校

- 知識・技能の習得
- 思考力・判断力・表現力の育成
- 学びに向かう力・人間性等の涵養

幼稚園 こども園 保育園（幼児期の終わり）

育みたい資質・能力の3つの柱

- 知識及び技能の基礎
- 思考力・判断力・表現力等の基礎
- 学びに向かう力・人間性等

POINT 3
育みたい資質・能力の3つの柱を学校種・園種を越えて共有し、生涯にわたる生きる力の基礎を培うことを目指します。

幼児期の終わりまでに育ってほしい姿10項目

- 健康な心と体
- 自立心
- 協同性
- 道徳性・規範意識の芽生え
- 社会生活との関わり
- 思考力の芽生え
- 自然との関わり・生命尊重
- 数量や図形、標識や文字などへの関心・感覚
- 言葉による伝え合い
- 豊かな感性と表現

POINT 2
「できている」「できていない」の到達度評価ではなく、どのような経験を子どもたちに保障できているかを捉えるための観点です。

幼稚園（3歳以上児） 保育園（3歳以上児） こども園（満3歳以上児）

5領域

健康	人間関係	環境	言葉	表現
健康な心と体を育て、健康で安全に生活する	人と関わり、きまりを守りながら支え合って生活する	身近な環境に興味をもって関わり、生活に取り入れる	自分の経験や考えを言葉で表現し、相手の話を聞いてやり取りを楽しむ	感じたことなどを自分なりに表現し、感性や創造性を豊かにする

保育園（1歳以上3歳未満児） こども園（満1歳以上満3歳未満児）

乳児期の3つの視点

身体的発達
健康な心と体を育て、自ら健康で安全な生活をつくり出す力の基盤を培う

社会的発達
受容的・応答的な関わりの下で、何かを伝えようとする意欲や身近な大人との信頼関係を育て、人と関わる力の基盤を培う

精神的発達
身近な環境に興味や好奇心をもって関わり、感じたことや考えたことを表現する力の基盤を培う

POINT 1
乳児の保育は身体的発達、社会的発達、精神的発達に関する「3つの視点」に分けられ、保育教諭（保育者）はこれらを目安に教育の充実を図ります。

保育園 こども園（乳児期）

生命の保持・情緒の安定

乳児期の3つの視点

平成30年の改正により、「乳児期」（保育所「乳児」）と「満1歳以上満3歳未満」（保育所「1歳以上3歳未満児」）に分けられ、それぞれの教育的な観点が明確になりました。乳児も考えることのできる存在であり、乳児期（0歳）での適切なかかわりと発達の重要性が世界的にも認識されています。各施設ならではの環境を用意して心の安定を図ることは、他の物への興味や好奇心の芽生えを促し、子どもたちの生涯の学びに向かう力となるでしょう。

Point 1
身体的発達に関する視点

健やかに伸び伸びと育つ

健康な心と体を育て、自ら健康で安全な生活をつくり出す力の基盤を培う。

★ ここでは身体的な視点から記されています。乳児期は、まず生理的欲求が満たされていることが育ちにおいてとても重要です。人間の本能として生理的欲求が満たされていなければその他への意欲は生まれません。保育教諭（保育者）の愛情豊かなかかわりの下、身体的にも精神的にも満たされることがこの時期の子どもには必要不可欠です。

★ また、一生の間で目覚ましいほどの身体的発達を遂げる時期ですが、決して発達を急ぐのではなく、一人一人の発育状態を踏まえ保育教諭（保育者）が専門性を持ってかかわることで、自ら体を動かす意欲が育ち、健康な心と体を育んでいくことができます。

Point 2
社会的発達に関する視点

身近な人と気持ちが通じ合う

受容的・応答的な関わりの下で、何かを伝えようとする意欲や身近な大人との信頼関係を育て、人と関わる力の基盤を培う。

★ ここでは社会的視点から記されています。人とかかわる力、人間関係の充実はその人の人生を豊かにします。乳児期は人との信頼関係を育むスタートラインです。泣き声にも表情がついてきて、保育教諭（保育者）はコミュニケーションの相手だと受け止められるようになります。笑う、泣くといった表情の変化や、体の動きなどで自分の欲求を表す力を乳児は持っています。このような乳児の欲求に周りの大人が積極的にかかわることで、子どもとの間に愛着関係や情緒的絆が形成されます。

Point 3
精神的発達に関する視点

身近なものと関わり感性が育つ

身近な環境に興味や好奇心をもって関わり、感じたことや考えたことを表現する力の基盤を培う。

★ ここでは精神的視点から記されています。生理的欲求が満たされ、保育教諭（保育者）と情緒的絆が育まれてくると周囲への興味が生まれます。興味の対象は自分の手や足、手に触れた自分の髪の毛などから始まり、口の感覚を通して「これは何だ？」と確かめていきます。この行為は子どもが他の物へ興味を持ちはじめる大切な通過点です。寝返りをし、少しずつ体の自由を獲得すると、興味や行動の範囲も広がり探索活動が始まります。発達に適したおもちゃを用意することで、音、形、色、手触りなど様々な経験をすることができ、感覚が豊かになります。安全面や衛生面に十分に配慮し、子どもの探索意欲を育てる環境構成を心がけます。また、危険なこともしっかりと子どもに伝えていきましょう。

満1歳以上満3歳未満の 5領域の記述

満1歳以上満3歳未満（保育所「1歳以上3歳未満児」）は、保育の「ねらい及び内容」を5領域で表します。この5領域のねらいにおいては、保育教諭（保育者）の愛情豊かな応答的かかわりが大切です。人としては未熟でも急速な発達段階にある子どもたちが、何かが「できる」ということではなく、成長の過程で必要とされる能力の発達が促されるように保育をすることが中心となります。

3つの視点から5領域への変容を考える

教育の領域にあたる乳児期の「3つの視点」は、満1歳から「5領域」に接続され、細かくそのねらいと内容、内容の取り扱いが示されています。
P7のPoint 1「健やかに伸び伸びと育つ」は「健康」に、Point 2の「身近な人と気持ちが通じ合う」は「人間関係」「言葉」に、Point 3の「身近なものと関わり感性が育つ」は「環境」「表現」の領域にそれぞれひも付けられます。その5領域も3つの視点と同様に、実際にはそれぞれすべてに関係性があり、たとえるとすれば五輪のシンボルマークの輪のようになっていると考えます。

クラスでの5領域の捉え方 〜こども園と保育所での子どもの年齢と在籍クラスについて〜

★ 0歳児クラスでは、乳児期の3つの視点、満1歳以上満3歳未満の5領域を、それぞれの月齢に応じ保育のねらい及び内容の中で考えるようになっています。

★ 1歳児クラスでも3月生まれのように直前まで3つの視点の子どももいますが、多くの場合は5領域をもとに記述します。内容などをよく読み込んで、その時の月齢に応じながら、保育環境を充実させて、子どもがたくさんのことを体験していけるように配慮したいものです。

	クラス	園児の年齢	ねらい及び内容 ◎乳児期の3つの視点 ●満1歳以上満3歳未満の5領域 ★満3歳以上の5領域
幼保連携型認定こども園	0歳児クラス	0歳〜1歳11か月	◎乳児期の園児の保育に関する〜
			●満1歳以上満3歳未満の園児の保育に関する〜
	1歳児クラス	1歳〜2歳11か月	●満1歳以上満3歳未満の園児の保育に関する〜
	2歳児クラス	2歳〜3歳11か月（満3歳）	●満1歳以上満3歳未満の園児の保育に関する〜
			★満3歳以上の園児の教育及び保育に関する〜
保育所	0歳児クラス	0歳〜1歳11か月	◎乳児保育に関わる〜
			●1歳以上3歳未満児の保育に関わる〜
	1歳児クラス	1歳〜2歳11か月	●1歳以上3歳未満児の保育に関わる〜
	2歳児クラス	2歳〜3歳11か月	●1歳以上3歳未満児の保育に関わる〜

指導計画立案のすすめ方

保育の質を高め、専門性の高い教育・保育を提供するためにはどのように計画を立てていけばよいでしょうか。そのプロセスを、指導計画立案の流れに沿ってひも解いていきましょう。年間の目標を立てる時は、必ずそれぞれの園の「全体的な計画（幼稚園とこども園は「教育課程」も含む）」と照らし合わせ、保育を見る視点や子どもたちを捉える上での大枠を合わせるようにしましょう。

計画の流れ

目標
一年間の子どもの育ちを想定して「年間目標」を立て、それをもとに「月のねらい」を定めていきます。

例　年間目標 >> 基本的生活習慣を身に付ける

月のねらい
「月のねらい」を達成するために、各週の活動を計画します。「活動」と「環境構成と配慮」はつながりをもって計画しましょう。

例　月のねらい >> 簡単な身支度を自分でする
活動 >> 帽子のかぶり方を覚える
環境構成と配慮 >> 見本を見せながら仕方を伝える

活動の実践
「計画」に基づいて実践します。子どもたちがその中で、友達や保育教諭（保育者）とどうかかわり、何を感じ、獲得しているかをよく観察します。

例　戸外活動の際には自分で帽子をかぶってみる

振り返り
実践を振り返り、保育教諭（保育者）のかかわりで子どもがどう変わり、何を得られたのかを評価することで保育の質を高めることができます。

例　評価 >> 見守りながら励まし、自分でできるようになった

こども園の計画立案のポイント

幼保連携型認定こども園の満3歳以上のすべての園児には、教育の時間（4時間）を含む「教育標準時間」（6時間）と、「教育時間以外の時間」が設けられています。本書では、保育園とこども園の計画を共通とし、両方についての計画を掲載しています。計画を立てる際には、園の生活の流れを重視し、教育と保育が一体的に提供される配慮が必要となります。園児一人一人の実際の育ちをよく観察しながら計画を練りましょう。

立案の注意すべきポイント

どのような点に注意して立案すればよいか、具体的に見ていきましょう。

子どもの育ちをイメージし、育ちに向けての援助をする

計画立案には、「子どもの育ちをイメージする」ことが重要です。「5領域」「育みたい資質・能力の3つの柱」を意識し、子どもの育ちに必要なことを考慮して、偏りのないよう計画を立てましょう。時には保育教諭（保育者）の想定とは違う方向に行くこともあるでしょう。しかし、「子どもの個性や思いに柔軟に寄り添う」ことが大切。保育教諭（保育者）は、「子どもが自分で取り組むための"材料"を提供した」と捉え、その成長を認め、次のねらいや活動に生かしましょう。

例
ねらい ≫ 好きな遊びを見つけて楽しむ

「ねらい」と「内容」の設定に留意

「ねらい」は月・週の大枠である「子どもの育ち」で、「内容」は「『ねらい』を具体化した保育内容」です。逆にならないよう、意識して設定しましょう。

例
ねらい ≫ 身近にある危険や身を守るための方法を知る
内容 ≫ 地震を想定し、実際に保育室から避難場所まで向かう避難訓練をする

園全体の多角的な視点が保育の質を高める

「幼児期の終わりまでに育ってほしい姿10項目」は、特に全体的な計画（幼稚園とこども園は教育課程を含む）を立てる際に念頭に置く必要があります。実際の子どもの姿を記録し、それをもとに園全体で振り返り、話し合いと試行錯誤をくり返しながら計画や環境の構成につなげていきます。評価は、一人の保育教諭（保育者）が行うのではなく、組織全体で行うと、様々な保育教諭（保育者）の視点で捉えることができます。多角的な視点で計画を見直す姿勢が、保育の質を高めることにつながります。

様々な視点の違いに気付くことで学びがあります。互いの意見に耳を傾け、認め合い、協力し合って保育の質を高めましょう。

幼児教育を基盤として就学につなげる

生涯にわたる生きる力の基礎として、「幼児期の終わりまでに育ってほしい姿10項目」「育みたい資質・能力の3つの柱」を育むことを目標にしています。しかし、小学校教育を基準とするのではなく、あくまで幼児教育を基盤として考えます。0歳児から積み上げたものをもとに、小学校へ向かうようにしましょう。

> 教えて！

指導計画作成のQ&A

Q 乳児クラスの担当です。何を書けばいいのか分かりません。

A 　乳児のおむつを替えながら「あかちゃんを指導するってどんなこと？」という疑問が浮かんでしまうこともありますよね。でも、黙っておむつを替えていたらその子に言葉の感覚は育ちますか？「気持ちよくなったね」と笑顔で言葉をかけること、このようなことが言葉や他者への信頼を育てています。また、言葉は出なくても指を差すことで子どもはコミュニケーションを取ろうとします。「ワンワンね」「これはなんだろうね」と話しかけることも大切な指導の一つです。子どもの様子を見る中で、「指差しで興味を伝えるようになってきた」というように発達の様子を確認し、それに対して次のステップとしてどう働きかけていくのかを計画に落とし込んでみましょう。同時に乳児及び3歳未満児についての要領・指針の記述も参考にするとよいでしょう。

Q 自分の保育の評価をするのが苦手です。

A 　評価というと自分への「反省」を書くことと感じていませんか。評価は反省ではなく、計画に沿って達成された点、改善すべき点を明らかにして、次の保育の質をよりよくしていくことが目的です。よかった点は自信を持ってどんどん書きましょう。ちょっと失敗したかなと思える点は「ここが悪かった」ではなく、「次はこうしていこう」と前向きに考えるヒントとして捉えましょう。でも、先輩や他のクラスの保育教諭（保育者）から、異なる評価をされる場合もあります。その場合も常に前向きに、次の保育に生かしていくことをみんなで考えるためのツールにしましょう。

0~3歳児の発達の姿

	おおむね 6か月ごろ	おおむね 1歳ごろ

運動機能
- 顔の向きを変える
- 把握反射をする
- 腹ばいになる
- 首がすわる
- 寝返りをうつ

- はいはいをする
- 親指と人さし指でつまむ
- 座ったまま両手を自由に使って遊ぶ
- つかまり立ちをする

- つたい歩きをする
- 破る、なぐりがきをする
- 一人歩きをする
- しゃがんだり立ったりする
- はいはいで階段を上る

言葉
- 泣き声で快・不快を伝える
- 喃語が出る

- 喃語を反復する
- 簡単な言葉を理解する
- 指差しをする

- 意味のある喃語を話す
- 一語文を話す
- 名前を呼ばれて返事をする

人間関係
- 顔を見つめる
- 視線が合う
- 聞き覚えのある声に反応する

- 名前を呼ばれると反応する
- 人見知りをする

- 身近な人の遊びを模倣する
- 自己主張が強くなる
- 友達と手をつなぐ

指導計画を立てる時に大切なのは、子どもの発達を理解することです。発達は、月齢や生育歴などで個人差があります。一人一人、どのように成長しているのかをしっかり捉えることが必要です。そして、やがてどのような姿に育っていくのか、という道筋が見えていることが重要になります。「運動機能」「言葉」「人間関係」の3つに分類していますが、その3つははっきり分かれるのではなく、お互いにかかわり合っています。指導計画を作成する時には、子どもの発達の全体像を知り、見通しを持ってクラスや個人の指導計画を作りましょう。

おおむね 1歳6か月ごろ → おおむね 2歳ごろ → おおむね 3歳ごろ

運動機能

おおむね1歳6か月ごろ
- コップからコップへ水をうつす
- シールを貼る、はがす
- 音楽に合わせて動く
- 積み木を積む

おおむね2歳ごろ
- 容器のフタをひねって開ける
- 低い段差を飛び降りる
- ボールを投げる
- 積み木を並べる

おおむね3歳ごろ
- リズムに合わせてお遊戯ができる
- ビーズに紐を通す
- 鉄棒にぶら下がる
- スムーズに走れる

言葉

おおむね1歳6か月ごろ
- 言葉で欲求を伝える
- 二語文で話す
- 知っている物の名前を言える

おおむね2歳ごろ
- 三語文が話せる
- 盛んにおしゃべりをする
- 質問をする

おおむね3歳ごろ
- 自分の名字と名前が言える
- 数量が分かる
- 一人称、二人称が使える

人間関係

おおむね1歳6か月ごろ
- 簡単なあいさつをする
- 笑ったり泣いたりして感情を伝える
- 友達と同じ遊びをする

おおむね2歳ごろ
- 自己主張するイヤイヤ期
- 簡単なルールを守る
- 見立てやごっこ遊びをする

おおむね3歳ごろ
- 友達と遊ぶようになる
- 様々なことに興味を示し、質問が多くなる
- けんかをし、仲直りして思いやりを持てる

0歳児の発達の姿

0〜5か月児の特徴

体の動き・遊び

- 生理的な微笑をする
- 顔の向きを変える
- 動く物を目で追う
- 手足を交差する、手足を口に持っていくなど、動きが活発になる
- 寝返りや腹ばいになって遊ぶ
- あやされて喜ぶ
- 遊んでもらうことを期待する
- 親指と手のひらで物をつかむ

生活習慣

- 目を合わせて授乳をする
- 5か月を過ぎると離乳食前期に入り、どろどろの物を食べることができるようになる
- スプーンや離乳食の味に慣れる
- 睡眠のリズムが整ってくる

言葉

- 泣いたり声を出したりして、快・不快の状態を表す
- 顔を見つめる
- 視線が合うことが増える
- 自らほほえむ
- 聞き覚えのある声に反応する
- 呼びかけに反応する

発達の特徴 など

- 1か月を過ぎるころから、昼夜の区別がつきはじめる
- 首がすわる

6〜10か月児の特徴

体の動き・遊び

- うつぶせで両腕を使って胸を上げて腹ばい、ずりばいをする
- 8か月ごろになるとお座りが安定し、座ったまま両手を使って遊ぶ
- はいはいで移動することができる
- 高ばいをするようになる
- つかまり立ちをするようになる
- 手を使ってボールなどをつかもうとする

生活習慣

- 7か月ごろから離乳中期に移行し、食べ物に慣れてくる
- 9か月ごろ離乳後期へ移行する
- 名前を呼ばれて反応する
- 簡単な言葉を理解する
- 決まった時間に寝るようになる

言葉

- 反復する音の喃語(なんご)を発する
- 知っている人が声をかけるとほほえむ

発達の特徴など

- 人見知りが始まる

0歳児の発達の姿

11か月〜満1歳児の特徴

体の動き・遊び

- つたい歩きをするようになる
- 一人で立つことができるようになる
- 不安定ではあるが歩くことができる
- 身近な遊びを模倣することができる

生活習慣

- 生活のリズムが一定になる

言葉

- 喃語(なんご)と意味が一致してくる
- 一語文を話すことができる
- 欲しい物を指で差して示す

発達の特徴 など

- 自己主張が強くなってくる

1歳1か月～1歳11か月児の特徴

体の動き・遊び

- しゃがんだり、立ったりできるようになり、姿勢を保つ背筋が発達してくる
- 積み木などを積み重ねることができる
- 自分が普段してもらっていることを再現する

生活習慣

- 幼児食移行期になり、歯で噛む食べ方ができるようになる
- 自分でエプロンをつけようとしたり、手を拭いたりする
- 着替えに協力し、自分で脱ごうとする
- 上手握りでスプーンで少しずつ食べられる

言葉

- 言葉や日常の動きを模倣して遊ぶようになる
- 言われたことを理解するようになる
- 意味を持った「マーマ」などを言う

発達の特徴 など

- 自我が芽生えてきて自分の欲求が高まる（噛みつきが出ることがある）

指針・要領には、発達の特徴を踏まえながら5領域「健康」「人間関係」「環境」「言葉」「表現」で示されています。子どもの発達は諸側面が密接に関連し合うものであるため、各領域のねらいは相互に結び付いているものであり、また内容は子どもの実際の生活と遊びにおいて総合的に展開されていきます。5つの領域にかかわる保育の内容は、乳児期の子どもの保育の内容の3つの視点と満3歳以上の子どもの教育・保育の内容における5つの領域と連続することを意識し、この時期の子どもにふさわしい生活や遊びの充実が重要です。著しい発達の見られる時期ですが、その進み具合や諸側面のバランスは個人差が大きく、家庭環境も含めて、生まれてからの生活体験もそれぞれ異なります。生活や遊びの中心が、大人との関係から子ども同士の関係へと次第に移っていく時期でもあり、子ども一人一人に応じた発達への援助が大切です。

もくじ

はじめに	2
未満児保育の重要性	3
０歳児保育とは	4
指導計画立案にあたって	5
生きる力の基礎となる「乳幼児期からの教育」の流れ	6
乳児期の３つの視点	7
満１歳以上満３歳未満の５領域の記述	8
指導計画立案のすすめ方	9
立案の注意すべきポイント	10
教えて！　指導計画作成のＱ＆Ａ	11
０〜３歳児の発達の姿	12
０歳児の発達の姿	
０〜５か月児の特徴	14
６〜10か月児の特徴	15
11か月〜満１歳児の特徴	16
１歳１か月〜１歳11か月児の特徴	17

年間指導計画の見方	20

年間指導計画

年間 ①〜④	22

月間指導計画の見方	30

月間指導計画

4月 ①〜⑥	32		10月 ①〜⑥	104
5月 ①〜⑥	44		11月 ①〜⑥	116
6月 ①〜⑥	56		12月 ①〜⑥	128
7月 ①〜⑥	68		1月 ①〜⑥	140
8月 ①〜⑥	80		2月 ①〜⑥	152
9月 ①〜⑥	92		3月 ①〜⑥	164

週案の見方・書き方 176
個別指導計画の見方 177

週案
週案 ①春 178
週案 ②夏 180
週案 ③秋 182
週案 ④冬 184

個別指導計画
個別 ①4か月児 186
個別 ②7か月児 188
個別 ③9か月児 190
個別 ④11か月児 192
個別 ⑤1歳2か月児 194
個別 ⑥1歳4か月児 196

食育計画の見方 198
健康と安全の計画の見方 199

食育計画
.... 200
健康と安全の計画
.... 202

CD-ROMの使い方・ダウンロードデータの使い方 204
　CD-ROM収録データ一覧 205
保育総合研究会沿革 206
おわりに 208
執筆者・監修者一覧 208

・こども園の『教育・保育要領』では「保育教諭等」という表現を使っていますが、指導計画そのものが、保育教諭と園児とのかかわりを
　示しているので、本書では「保育教諭」と示しています。ただし、保育教諭以外の職員がかかわる場合もあります。
・本書では保育所の名称を、一般名称の「保育園」で表記しています。法律・保育要領に関しての説明内では保育所のまま掲載しています。
・3期制と4期制について
　小学校は3期制のところが多いこともあり、「小学校教育との接続・連携」に配慮し、こども園2歳児（満3歳）から3期制としました。
　0歳児・1歳児及び保育園2歳児は4期制としています。

年間指導計画の見方

❶ 年間目標

園の方針をもとに、一年間を通して園児の成長と発達を見通した全体的な目標を記載しています。

❷ ねらい

「年間目標」を具体化したもので、「教育的時間」と「教育的時間を除いた時間」の両方に共通するねらいです。「園児の姿」をもとに、保育教諭（保育者）の援助によって園児が身に付けることを望まれる、心情、意欲、態度などを記載しています。

❸ 行事

入園式や始業式、運動会など園全体で行うものや、誕生会などクラス単位で行うものなどを記載しています。

❹ 園児の姿

4期に分けて、予想される園児の発達状態や、園での様子を記載しています。保育教諭（保育者）が設定した環境の中で、園児がどのように遊びや活動にかかわるのかを予測して取り上げています。

❺ 養護（生命の保持・情緒の安定）

「ねらい」を達成するためにどのような保育を展開するかを、保育教諭（保育者）が行うことが望まれる援助の視点で記載しています。

❻ 教育（3つの視点）

「教育的時間」と「教育的時間を除いた時間」の園児の活動について、「健やかに伸び伸びと育つ」「身近な人と気持ちが通じ合う」「身近なものと関わり感性が育つ」の3つの視点を意識して記載しています。

年間指導計画 ①

年間目標
- ❶ 落ち着いた雰囲気の中で欲求を満たし、情緒の安定を図りながら一人一人の豊かな個性を育み、信頼関係や愛着関係を育てる
- 個人差に配慮しながら、離乳の完了や、歩行、発語への意欲を育む
- 保健的で安全な環境の中で様々な経験を重ね、感覚の発達を豊かにし、身近な物事への興味・関心を持てるようにする

	1期 4月〜5月	**2期 6月〜8月**
ねらい	❷ ●一人一人の家庭での生活リズムを大切に受け止め、欲求を満たし、家庭と連携しながら安心して過ごす ●保育教諭（保育者）に抱かれたり、見守られたり、応答的なかかわりを持ったりしながら安心感を得ることで、信頼関係を築く	●梅雨期、夏期の衛生面、環境面に留意し、一人一人の体調を把握しながら快適に過ごす ●沐浴、水遊びをして汗を流し、心地よく過ごす
行事	❸ 入園、進級式、保護者会総会、健康診断、個別面談、遠足、誕生会、身体測定、避難訓練	保育参観、七夕会、プール開き、誕生会、身体測定、避難訓練

月齢・年齢	**57日〜3か月未満**	**3か月〜6か月未満**	**6か月〜9か月未満**
園児の姿	❹ ●目の前の物を追視したり、音のするほうを見たりする ●快と不快を表情や声で表す ●手足を生き生きと動かして遊ぶ	●昼夜の区別がつくようになり、睡眠のリズムが安定してくる ●首がすわり、やがて自分で寝返りができるようになる ●あやす声に応じて声を出す	●離乳食を食べはじめる ●一回の睡眠時間が長くなる ●人見知りが始まる ●お座りが安定し、座った状態で玩具を持って遊ぶ
養護（生命の保持・情緒の安定）	❺ ●生理的欲求を満たし、快適に過ごせるようにする ●スキンシップを多く取り、安心感を持って過ごす	●一人一人の生活リズムを把握し、情緒を安定させる ●甘えたい気持ちや不快などの泣きに対応し、愛着関係を深める	●一人一人の発育状態に沿った離乳食を検討し、食べる意欲を育む ●睡眠リズムの変化に対応して、活動時間や内容を調節する
教育（3つの視点）	❻ ●安心できる保育教諭（保育者）に抱かれ、心地よさを感じる ●安心できる環境の中で快・不快を素直に表すことができる	●身近な保育教諭（保育者）とのスキンシップの心地よさを感じる ●体を動かしたり、動かしてもらうことを喜ぶ	●安心できる環境の中で体を動かして遊ぶ ●身近な保育教諭（保育者）に親しみを強く持つ
■環境構成 ★援助・配慮	■ゆったりとした温かい環境を作る ★授乳やおむつ交換は優しく声をかけながら行う ❼ ★睡眠中の顔色や呼吸をチェックし、変化を見逃さないようにする	■安全で清潔な玩具を準備する ■園児の目を見ながら語りかけ、ゆったりとした時間を作る ★スキンシップを取る中で優しく名前を呼び、安心して過ごせるようにする	■活動範囲の広がりに伴い、安全面や衛生面に留意し、活動しやすい環境を整える ★人見知りや後追いをする時は特定の保育教諭（保育者）が丁寧にかかわり、安心して過ごせるようにする
子育ての支援（保護者支援）	●園や家庭での様子を伝え合い、保護者との信頼関係を築きながら、❽ 共通の思いで子育てを進めるようにする	●園と家庭での生活が連続したものとなるように、家庭での様子を細かく聞き、園での様子も伝える	●離乳食の進み具合を聞き取り、園での食事の様子を伝えながら、同じ援助ができるようにする

22

〈 健康・安全・災害 〉

- 視診、触診、検温を行い、健康に過ごすために感染症の早期発見に努める ❾
- 睡眠チェックを行い、乳児突然死症候群などの予防に努める
- 危機管理マニュアルの確認を行う
- 施設内の環境設備を行う

〈 一年間の教育・保育に対する自己評価 〉

- 保育教諭（保育者）との丁寧なかかわりを通して、一人一人と信頼関係を築くことができた ❿
- 家庭との連携を密にし、年間で定期的に話し合いの場を設けたことで、共通理解の下、かかわることができた

年間計画

4月 / 5月 / 6月 / 7月 / 8月 / 9月 / 10月 / 11月 / 12月 / 1月 / 2月 / 3月

3期 9月〜12月	4期 1月〜3月
●気候に応じた戸外遊びや散歩を多く取り入れ、自然に触れて体を動かす楽しさを味わう ●保育教諭（保育者）と応答的にかかわり、満たされながら情緒が安定する	●冬の感染症に留意し、健康に過ごす ●探索活動を通して様々な人とかかわる中で、興味や関心を広げる ●保育教諭（保育者）が出すリズムを体で感じ、リズムの楽しさや心地よさを感じる
試演会、運動会、健康診断、バス遠足、保育参観、クリスマス会、誕生会、身体測定、避難訓練	発表会リハーサル、発表会、節分、玩具供養、ひな祭り、お別れ会、遠足、誕生会、身体測定、避難訓練

9か月〜12か月未満	1歳〜1歳3か月未満	1歳3か月〜2歳未満
●食べることに意欲的になり、手づかみ食べをする ●午前、午後の2回睡眠になる ●ずりばい、四つんばい、高ばいなどで移動し、つかまり立ちをする	●離乳がほぼ完了する ●歩行ができるようになり、行動範囲が広がる ●「ママ」「ブーブー」など、意味のある一語文を話すようになる	●歩行が安定し、段差を上り下りするなどの上下の運動に挑戦する ●感情表現が豊かになり、自分の欲求を通そうとする ●他児への興味を示す
●一人一人、スプーンや手づかみで食べることを経験できるようにし、食への意欲を育てる ●保育教諭（保育者）との愛着関係を築き、好奇心を満たすようになる	●食後に手や口の周りを洗い、着替えをし、気持ちよさを感じられるようにする ●言葉に優しく応え、安心感が味わえるようにする	●安全な環境の中で体を動かして遊べるようにする ●安心して欲求を表せるようにし、伝えたい気持ちを受け止める
●興味を持った物に視線を向けたり、指差しをしたりして、知らせようとする ●歌や音楽に興味を持ち、リズムに合わせて体を動かして遊ぶ	●いろいろな食材をよく噛んで食べる ●散歩に出かけ、自然に触れて遊ぶ ●指先を使った遊びを楽しむ ⓫	●登る、走る、跳ぶ、くぐるなど全身を使って遊ぶ ●衣服の着脱に意識が向き、自分でしようとする
■興味や発達に合わせ、好奇心や探求心が十分に満たされる環境に整える ■誤飲や転倒などの事故がないように、安全な環境を整える ★手遊びや触れ合い遊びの中で、楽しさや喜びを感じられるようにする	■思いきり体を動かして遊べるように、安全で活動しやすい環境に整える ■手の届く場所に興味を引きそうな玩具を置く ★一人一人に語りかけ、自然に触れることの楽しさを知らせる	■自分でやりたい気持ちが十分に満たされるように環境を整える ★他児への関心が少しずつ持てるように仲立ちする ★保育教諭（保育者）が気持ちを代弁、共感することで言葉の獲得を促す
●園児の様子を伝え合い、生活リズムの安定を図る ●はいはいをする大切さを伝え、歩行を無理に急がせないようにする	●自我の芽生えは成長の大切な一つだということを伝え、悩みをしっかり受け止めていく	●自分でできた満足感が意欲につながることを伝え、身の回りのことに自ら取り組む時はさりげなく援助するなど、かかわり方を伝える

教育（5領域）

23

❽ 子育ての支援（保護者支援）

保護者に伝えるべきことや、園と家庭で連携して進めたい事柄について記載しています。また、園に通っていない地域の親子への支援についても記載しています。

❾ 健康・安全・災害

子どもが健やかな生活を送るための、日々の健康観察や、災害発生時などの安全を確保するための対策などを取り上げています。

❿ 一年間の教育・保育に対する自己評価

一年間を振り返って、指導計画をもとに行った教育・保育の内容や指導方法が、園児の発達段階や状況に対して適切であったかどうか、設定していた「ねらい」を達成できたか、また、不足していた点や改善点について記載しています。この項目は、年度の終わりに記入します。

❼ 環境構成・援助・配慮

「ねらい」を達成するために、子どもの活動を行う際、どのような環境を設定したらよいか、また、どのような援助や配慮が必要かを記載しています。

⓫ 教育（5領域）

すべての園児が教育・保育を受ける、「教育的時間」内の園児の活動について、5領域（健康・人間関係・環境・言葉・表現）を意識して記載しています。「教育的時間を除いた時間」の内容をまとめて記載します。

21

年間指導計画①

年間目標
- 落ち着いた雰囲気の中で欲求を満たし、情緒の安定を図りながら一人一人の豊かな個性を育み、信頼関係や愛着関係を育てる
- 個人差に留意しながら、離乳の完了や、歩行、発語への意欲を育む
- 保健的で安全な環境の中で様々な経験を重ね、感覚の発達を豊かにし、身近な物事への興味・関心を持てるようにする

	1期 4月〜5月	2期 6月〜8月
ねらい	●一人一人の家庭での生活リズムを大切に受け止め、欲求を満たし、家庭と連携しながら安心して過ごす ●保育教諭（保育者）にあやされたり、見守られたり、応答的なかかわりを持ったりしながら安心感を得ることで、信頼関係を築く	●梅雨期、夏期の衛生面、環境面に留意し、一人一人の体調を把握しながら快適に過ごす ●沐浴、水遊びをして汗を流し、心地よく過ごす
行事	入園、進級式、保護者会総会、健康診断、個別面談、遠足、誕生会、身体測定、避難訓練	保育参観、七夕会、プール開き、誕生会、身体測定、避難訓練

月齢年齢	57日〜3か月未満	3か月〜6か月未満	6か月〜9か月未満
園児の姿	●目の前の物を追視したり、音のするほうを見たりする ●快と不快を表情や声で表す ●手足を生き生きと動かして遊ぶ	●昼夜の区別がつくようになり、睡眠のリズムが安定してくる ●首がすわり、やがて自分で寝返りができるようになる ●あやす声に応じて声を出す	●離乳食を食べはじめる ●一回の睡眠時間が長くなる ●人見知りが始まる ●お座りが安定し、座った状態で玩具を持って遊ぶ
養護（生命の保持・情緒の安定）	●生理的欲求を満たし、快適に過ごせるようにする ●スキンシップを多く取り、信頼感を持って過ごす	●一人一人の生活リズムを把握し、情緒を安定させる ●甘えたい気持ちや不快などの泣きに対応し、愛着関係を深める	●一人一人の発育状態に沿った離乳食を検討し、食べる意欲を育む ●睡眠リズムの変化に対応して、活動時間や内容を調節する
教育（3つの視点）	●安心できる保育教諭（保育者）に抱かれ、心地よさを感じる ●安心できる環境の中で快、不快を素直に表すことができる	●身近な保育教諭（保育者）とのスキンシップの心地よさを感じる ●体を動かしたり、動かしてもらうことを喜ぶ	●安心できる環境の中で体を動かして遊ぶ ●身近な保育教諭（保育者）に親しみを強く持つ
★援助・配慮 ■環境構成	■ゆったりとした温かい環境を作る ★授乳やおむつ交換は優しく声をかけながら行う ★睡眠中の顔色や呼吸をチェックし、変化を見逃さないようにする	■安全で清潔な玩具を準備する ■園児の目を見ながら語りかけ、ゆったりとした時間を作る ★スキンシップを取る中で優しく名前を呼び、安心して過ごせるようにする	■活動範囲の広がりに伴い、安全面や衛生面に留意し、活動しやすい環境を整える ★人見知りや後追いをする時は特定の保育教諭（保育者）が丁寧にかかわり、安心して過ごせるようにする
子育ての支援（保護者支援）	●園や家庭での様子を伝え合い、保護者との信頼関係を築きながら、共通の思いで子育てを楽しめるようにする	●園と家庭での生活が連続したものとなるように、家庭での様子を細かく聞き、園での様子も伝える	●離乳食の進み具合を聞き取り、園での食事の様子を伝えながら、同じ援助ができるようにする

❮ 健康・安全・災害 ❯

- 視診、触診、検温を行い、健康に過ごすために感染症の早期発見に努める
- 睡眠チェックを行い、乳幼児突然死症候群などの予防に努める
- 危機管理マニュアルの確認を行う
- 施設内の環境設備を行う

❮ 一年間の教育・保育に対する自己評価 ❯

- 保育教諭（保育者）との丁寧なかかわりを通して、一人一人と信頼関係を育むことができた
- 家庭との連携を密にし、職員間で定期的に話し合いの場を設けたことで、共通理解の下、かかわることができた

年間計画

4月 5月 6月 7月 8月 9月 10月 11月 12月 1月 2月 3月

3期 9月～12月	4期 1月～3月
●気候に応じた戸外遊びや散歩を多く取り入れ、自然に触れて体を動かす楽しさを味わう ●保育教諭（保育者）と応答的にかかわり、満たされながら情緒が安定する	●冬の感染症に留意し、健康に過ごす ●探索活動を通して様々な人とかかわる中で、興味や関心を広げる ●保育教諭（保育者）が出すリズムを体で感じ、リズムの楽しさや心地よさを感じる
試演会、運動会、健康診断、バス遠足、保育参観、クリスマス会、誕生会、身体測定、避難訓練	発表会リハーサル、発表会、節分、玩具供養、ひな祭り、お別れ会、遠足、誕生会、身体測定、避難訓練

9か月～12か月未満	1歳～1歳3か月未満	1歳3か月～2歳未満
●食べることに意欲的になり、手づかみ食べをする ●午前、午後の2回睡眠になる ●ずりばい、四つんばい、高ばいなどで移動し、つかまり立ちをする	●離乳がほぼ完了する ●歩行ができるようになり、行動範囲が広がる ●「ママ」「ブーブー」など、意味のある一語文を話すようになる	●歩行が安定し、段差を上り下りするなどの上下の運動に挑戦する ●感情表現が豊かになり、自分の欲求を通そうとする ●他児への興味を示す
●一人一人、スプーンや手づかみで食べることを経験できるようにし、食への意欲を育てる ●保育教諭（保育者）との愛着関係を築き、好奇心を満たすようになる	●食後に手や口の周りを洗い、着替えをし、気持ちよさを感じられるようにする ●言葉に優しく応え、安心感が味わえるようにする	●安全な環境の中で体を動かして遊べるようにする ●安心して欲求を表せるようにし、伝えたい気持ちを受け止める
●興味を持った物に視線を向けたり、指差しをしたりして、知らせようとする ●歌や音楽に興味を持ち、リズムに合わせて体を動かして遊ぶ	**教育（5領域）** ●いろいろな食材をよく噛んで食べる ●散歩に出かけ、自然に触れて遊ぶ ●指先を使った遊びを楽しむ	●登る、走る、跳ぶ、くぐるなど全身を使って遊ぶ ●衣服の着脱に意識が向き、自分でしようとする
■興味や発達に合わせ、好奇心や探求心が十分に満たされる環境に整える ■誤飲や転倒などの事故がないように、安全な環境を整える ★手遊びや触れ合い遊びの中で、楽しさや喜びを感じられるようにする	■思いきり体を動かして遊べるように、安全で活動しやすい環境に整える ■手の届く場所に興味を引きそうな玩具を置く ★一人一人に語りかけ、自然に触れることの楽しさを知らせる	■自分でやりたい気持ちが十分に満たされるように環境を整える ★他児への関心が少しずつ持てるように仲立ちする ★保育教諭（保育者）が気持ちを代弁、共感することで言葉の獲得を促す
●園児の様子を伝え合い、生活リズムの安定を図る ●はいはいをする大切さを伝え、歩行を無理に急がせないようにする	●自我の芽生えは成長の大切な一つだということを伝え、悩みをしっかり受け止めていく	●自分でできた満足感が意欲につながることを伝え、身の回りのことに自ら取り組む時はさりげなく援助するなど、かかわり方を伝える

23

年間指導計画②

年間目標

- 特定の保育教諭（保育者）の愛情豊かな受容の下、生理的、心理的欲求を満たすことで、自ら体を動かそうとしたり、食事、睡眠などの生活リズムの感覚が芽生えたりして、健康で安全な生活を作り出す基盤を培う
- 受容的、応答的な愛情深いかかわりの下で、何かを伝えようとする意欲や、身近な大人との信頼関係を育て、人とかかわる力の基盤を培う
- 身近な環境に興味・関心を持てるように保育環境を整えたり、保育教諭（保育者）がかかわったりすることで、表現する力の基盤を作る

	1期 4月〜5月	2期 6月〜8月
ねらい	●新しい環境に慣れるまで心身共に疲れやすい状態となるので、保護者と園児の姿を伝え合い、連携を取ってかかわる ●特定の保育教諭（保育者）との応答的なかかわりの中で、愛着関係を確立し、安心して過ごす	●衛生面と健康面に留意し、水分補給をしたり、汗をかいたら着替えて皮膚トラブルを防いだりして健康に過ごす ●沐浴や水遊びで、汗を流したり、水の気持ちよさを感じたりする
行事	入園・進級式、ふれあい動物村、夏野菜・サツマイモ植え、遠足、身体測定、避難訓練、誕生会	クラス懇談会、内科健診、歯科検診、保育参観、サマーフェス、プール開き、お買い物ごっこ、田植え、手洗い指導、身体測定、避難訓練、誕生会

月齢年齢	57日〜3か月未満	3か月〜6か月未満	6か月〜9か月未満
園児の姿	●快と不快を表情や泣き声で表現する ●睡眠と目覚めをくり返す中で、起きている時間が徐々に長くなる ●目の前の物を追視したり、音のする方を見たりする	●授乳の間隔が安定し、5か月頃から離乳食開始のサインが見られる ●首がすわり、腹ばいや寝返りなどをする ●あやす声に応じて声を出したり、欲求を泣いて訴えたりする	●離乳食を食べ始める ●人見知りが始まり後追いが激しくなる ●お座りが安定し、玩具を持って遊ぶ ●口の感覚を通して、手にした物をなめて確かめる
養護（生命の保持・情緒の安定）	●生理的欲求を満たし、快適かつ安心して過ごせるようにする ●スキンシップや語りかけを積極的に行い、情緒的な絆を育む	●個々のリズムに応じて、ゆったりとした雰囲気の中で授乳する ●保育教諭（保育者）との受動的、応答的なかかわりの中で、愛着関係を形成する	●個々の発育に応じて離乳食のステップアップを行うため、食事中の様子をよく観察する ●甘えや不安を受容し、情緒の安定を図る
教育（3つの視点）	●音や声に反応したり、動く物を注視したりする ●保育教諭（保育者）に抱かれたり、語りかけられることに心地よさを感じる	●目の前の物をつかもうとしたり、手を口に持っていったりするなど、手足の動きが活発になる ●視線が合うことが増え、あやされて喜ぶ	●手にした物をなめて確かめることで、好奇心が芽生える ●身近な保育教諭（保育者）と愛着関係を形成し、安心してやり取りを楽しむ
★援助・配慮 ■環境構成	■心地よい音楽や手触りのよい玩具などを用意し、安心して過ごせる環境を整える ★授乳やおむつ交換は一対一で優しく声をかけながら行う ★仰向け寝や睡眠中の呼吸チェック、観察を行う（0歳児は★SIDS対応と記入）	■持ちやすいサイズや形状の玩具を用意する ■園児が安心して動ける環境を整える ★発声や喃語に応じ、優しく語りかけ、園児の様々な行動や要求に適切に応じる ★SIDS対応	■衛生的で安全な玩具を用意する ★手遊びや触れ合い遊びを通し、人とのかかわりを楽しめるようにする。また、個々の関心に気付いて、取り入れる ★開放感の中、外気浴や散歩などで気持ちよく過ごす ★SIDS対応
子育ての支援（保護者支援）	●園や家庭での様子を伝え合い、園児の成長を喜び合えるよう、信頼関係を築いていく	●健康状態や園での様子を丁寧に伝え、園児の成長が感じられるようにする	●個々の発達状態や離乳食の進み具合を保護者と共有する。また心配なことがある場合は、専門家への相談をすすめる

〈 健康・安全・災害 〉

- 保護者と連携を取り、健やかに成長できるように発達に沿った対応をする
- 保育室の清掃や玩具の消毒、点検を定期的に行い、安心して過ごせる環境を整える
- 災害時の動きや役割などを担任間で確認し、安全に避難できるようにする

〈 一年間の教育・保育に対する自己評価 〉

- 園児の育ちには個人差があり、担任間や保護者と個々の育ちについてよく話をすることで、共通理解の下、著しく成長する園児一人一人の姿に応じたかかわりができた
- 一人一人の園児の欲求に丁寧に応答し、情緒的な絆を育むことができ、安心して園生活を過ごすことができた

年間計画

3期 9月～12月	4期 1月～3月
● 戸外で秋の自然を感じながら、全身を動かして遊ぶことを楽しむ ● 運動会や生活発表会などの活動で音楽に合わせて体を揺らしたり、手をたたいたりして、表現を楽しむ	● 体調の変化に留意し、冬の時期を健康に過ごす ● 進級を意識して1歳児の生活リズムに移行できるよう、段階を踏んでいく ● 保育教諭（保育者）や他児とかかわりながら遊ぶことを楽しむ
敬老祭、運動会、いも掘り、稲刈り、やきいも大会、ダイコン種まき、タマネギ苗植え、ハロウィン、生活発表会、クリスマス会、もちつき、クラス懇談会、身体測定、視力検査、交通安全教室、避難訓練、誕生会	作品展、保育参観、節分（豆まき）、ひな祭り会、お別れ会、卒園式、入園説明会、身体測定、避難訓練、誕生会

9か月～12か月未満	1歳～1歳3か月未満		1歳3か月～2歳未満
● 食べることに意欲的になる ● 指差しや喃語で意思表示をする ● ずりばいやはいはいで自由に移動する ● 名前を呼ばれると反応する	● 睡眠のリズムが午睡1回に安定する ● つかまり立ち、つたい歩きから歩きはじめ、行動範囲が広がる ● 「ママ」「わんわん」など、意味のある言葉を発するようになる		● こぼしながらも、スプーンを使って自分で食べる ● トイレで排泄する感覚が育つ ● 歩行が安定し探索活動が盛んになる ● 自分でやりたい気持ちが芽生える
● スプーンや手づかみで食べようとする意欲の芽生えを大切に、介助をする ● 指差しや喃語などの意思表示を言葉にして応答的にかかわる	● 1日3回の食事を基盤に、生活のリズムが整うようにする ● 個々の排泄の間隔を把握し、午睡明けなどにオマルやトイレに座るようにする		● 自分でしたいという意欲を大切にし、園児がチャレンジしてできた喜びや満足感に共感して、意欲や自己肯定感を育てるようにする
● 使いたい玩具が自由に使える環境の下、探索や探求する活動が増える ● 動作をまねたり、身振りや手振りで要求を伝えようとする	**教育** （5領域）	● 話をじっと聞き、うなずくなどして応じる ● 指先でつまんだり、手づかみで食べたりするなど、手と目の協応が見られる	● 好きな遊びにじっくりと取り組み、思考力や想像力を育む ● 語彙が増え、二語文で話すようになる
■一人遊びが楽しめるよう、園児の人数に応じたスペースや玩具の数を確保する ★手遊びや触れ合い遊びをくり返し行い、保育教諭（保育者）の模倣ややり取りを楽しめるようにする ★SIDS対応	■つたい歩きや歩行が十分に行える環境を整え、戸外での活動を増やす ★保育教諭（保育者）の見守りの下、安心して探索活動を楽しめるようにする ★微細遊びや感触遊びなど、手指の機能を高める遊びを取り入れる ★SIDS対応		■トラブルを想定し、保育教諭（保育者）の配置や玩具の出し方などを工夫する ★他児とのかかわりに、より関心が持てるよう保育教諭（保育者）が仲立ちをする ★難しいところはさりげなく援助し、「自分でできた」と感じられるようにする ★SIDS対応
● 手づかみや、こぼしながらもスプーンで食べることを意欲と捉えられるよう伝え、家庭での離乳食につなげる ● 後期健診での発達状態を共有する	● 個人差を踏まえ、個々の成長を伝える ● 簡単な衣服の着脱など、自分でしようとする意欲へのかかわり方を伝える ● 卒乳、離乳食完了に向けて連携を図る		● 自己主張をすることは成長であることを伝え、心身の成長を喜び合う ● スプーンやフォークを使って自分で食べられるよう、保護者と連携を図る

年間指導計画③

年間目標
- 安全な環境の中で欲求を満たし、情緒の安定を図りながら、信頼関係や愛着関係を育てる
- 個人差に留意しながら離乳の完了へ導くとともに、歩行や発語への意欲を育む
- 保育教諭（保育者）とのかかわりの中で、身近な物事への興味・関心を持つ

	1期　4月〜5月	2期　6月〜8月
ねらい	●一人一人の生活リズムを大切にし、保護者と連携しながら、新しい環境に慣れるようにする ●話しかける、抱く、あやすなど、応答的なかかわり合いの中でスキンシップを十分に取り、信頼関係を築いていく	●梅雨期や夏期の室温や除湿に注意し、衛生的な環境を整え気持ちよく過ごす ●保育教諭（保育者）とのかかわりの中で、触れ合い遊びをし、満足して伸び伸びと過ごす
行事	入園・進級式、保育参観、誕生会、身体測定、避難訓練、こどもの日の集い	七夕会、プール開き、健康診断、歯科検診、納涼大会、誕生会、身体測定、避難訓練

月齢年齢	57日〜3か月未満	3か月〜6か月未満	6か月〜9か月未満
園児の姿	●快と不快を感じ声に出して表す ●睡眠と目覚めを何度もくり返す ●人の声や音が出る物、動く物に反応を示す	●首がすわり、だんだんと寝返りができるようになる ●睡眠のリズムが安定してくる ●声を出して笑ったり、喃語で応えたりする	●離乳食を食べはじめる ●一回の睡眠時間が長くなる ●お座りが安定し、両手を使って玩具で遊ぶ
養護（生命の保持・情緒の安定）	●生理的欲求に丁寧にかかわり、安心して過ごせるようにする ●スキンシップを取りながら信頼関係を築いていく	●一人一人の生活リズムを把握し、快適に過ごせるようにする ●一人一人の甘えや依存欲求を満たし、愛着関係を築いていく	●離乳食は一人一人の発達に応じて進め、家庭とも連絡を密に進めていく ●喃語や身振りなどにくり返し応答していく
教育（3つの視点）	●保育教諭（保育者）とのかかわりを通して信頼感を深める ●ゆっくり動く物を注視する	●保育教諭（保育者）とのかかわりに対して手足を動かして喜ぶ ●目の前にある玩具に興味を持ち、自分から手を伸ばして触ろうとする	●お座りやずりばいなどで自ら移動ができ、喜びを感じる ●特定の保育教諭（保育者）との触れ合いやかかわりを楽しむ ●手遊びや触れ合い遊びを喜ぶ
■環境構成 ★援助・配慮	■ゆったりとした温かい雰囲気の中で過ごせるようにする ★授乳やおむつ交換は優しく声をかけながら、心地よさを感じられるようにする ★睡眠中の姿勢や体調の変化を注意深く観察する	■口に入れても安全な玩具を用意し、清潔に保つ。また、目で追ったり、手で持ったりできる玩具を用意する ★視線を合わせて表情豊かにゆっくりと語りかけ、安心して過ごせるようにする ★常に安全な環境が整っているか、保育教諭（保育者）間で確認を行う	■活動範囲の広がりにともない、安全面や衛生面に留意し、活動しやすい環境を整える ★人見知りや後追いをする時は、特定の保育教諭（保育者）が丁寧にかかわり、情緒の安定を図る
子育ての支援（保護者支援）	●一人一人の家庭でのリズムを知り、保護者と連携、協働しながら園生活に慣れるようにする	●健康状態や日々の園児の様子などを会話で伝え合い、共に成長を喜べるようにする	●離乳食は家庭との連携を密にしながら進める ●食材チェック表に記入してもらい、アレルギー反応についても確認する

26

❮ 健康・安全・災害 ❯

- 睡眠チェックを行い、乳幼児突然死症候群などの予防に努める
- 保育室の清掃や換気、玩具の消毒、点検を行い、安心、安全に過ごせる環境を整える
- 様々な災害に備えて危機管理マニュアルを確認し、安全に避難できるようにする

❮ 一年間の教育・保育に対する自己評価 ❯

- 一人一人に合った生活リズムを大切にしてかかわることで、信頼関係を育むことができた
- 離乳食の開始や歩行、発語の開始など、それぞれの成長の様子を丁寧に見守り、家庭との連携を密にすることで、発達を促すことができた

年間計画

3期 9月～12月	**4期** 1月～3月
● 自分で食べる喜びや楽しさを感じる ● 一人一人の発達に応じた全身運動を楽しむ ● 気温に応じた戸外遊びや散歩を多く取り入れ、自然に触れる	● 友達に関心を持ち、人とかかわる喜びを味わう ● 安定した環境の中で、探索活動を通し、言葉のやり取りを楽しむ ● 冬の健康管理に配慮しながら外気にも触れる
運動会、ハロウィン、健康診断、歯科検診、誕生会、身体測定、避難訓練、発表会	豆まき、ひな祭り会、お別れ会、誕生会、身体測定、避難訓練

9か月～12か月未満	**1歳～1歳3か月未満**	**1歳3か月～2歳未満**
● 手づかみで意欲的に食べようとする ● はいはいやつかまり立ち、つたい歩きをして移動する ● 指差しや喃語で思いを伝えようとする	● 離乳がほぼ完了し、幼児食へ徐々に移行する ● つたい歩きから一人歩きができるようになる ● 「マンマ」「ブーブ」など、一語文を話すようになる	● 歩行が安定する ● 感情表現が豊かになり、自分の欲求を通そうとする
● スプーンや手づかみで食べることを経験できるようにし、食べる意欲を育てる ● 身の回りの物に対する興味や好奇心を育てる	● 食後に手や口の周りを清潔にしてもらい、気持ちよさを感じる ● 自分の意思や欲求を安心して喃語や片言で伝える	● 安全な環境の中で十分に体を動かせるようにする ● 自分でしたいという気持ちを大切に、意欲的に生活できるようにする
● 関心のある物を指差して、発見や喜びを伝えようとする ● 歌や手遊びに心地よさを感じ、リズムに合わせて体を動かして遊ぶ	**教育**（5領域）● 体を動かすことを喜び、自由に体勢を変えたり移動したりすることを楽しむ ● 絵本の読み聞かせなどを通して、喃語や片言のやり取りを楽しむ	● 友達に親しみを持ち、意欲的にかかわろうとする ● 様々な物に触れておもしろさを発見し、くり返し楽しむ
■ 興味や発達に合わせて、好奇心や探索活動が十分満たされるような環境を整える ★ 興味・関心のある玩具を用意し、安心して伸び伸びと遊べるようにする ★ 子どもの発見や喜びの経験を大切にし、優しく言葉がけをする	■ 好きな遊びをじっくりと楽しめるような環境を作る ■ 手の届く場所に興味を引きそうな玩具を置く ★ 体を十分に動かせるよう安全な場所を整える	■ 自分でやりたい気持ちが十分に満たされるよう、環境を整える ★ 友達への関心が表われてくるので、一緒に楽しい思いを共有できるようにする ★ 玩具の取り合いなどのトラブルには、言葉を添えながら仲立ちしていく
● 発語や移動運動など、成長が著しい時期なので、互いに成長を喜び合い、子育ての楽しさを伝える	● 探索活動が盛んになるため、安全に過ごせるよう、環境への対策を知らせ、連携と協働を図る	● 自我の芽生えについて話し、ゆったりとした気持ちでかかわることの大切さを伝えていく

4月 5月 6月 7月 8月 9月 10月 11月 12月 1月 2月 3月

年間指導計画 ④

年間目標
- 安心できる人的、物的、質的環境の中で情緒の安定を図り、愛着関係を育む
- 運動的な活動を促し、五感の働きを豊かにする基礎を培う
- 受容的、応答的なかかわりを基礎に快と不快を感じ分け、発語や身振り手振りで表現するなどの自己表出が活発になるようにする

	1期 4月〜5月	2期 6月〜8月
ねらい	●保護者と連携を取りながら一人一人の生活リズムを大切にし、新しい環境に無理なく慣れていく ●応答的なかかわりの中で安心して過ごせるようスキンシップを取り生理的欲求を満たし、信頼関係を築く	●保育室内外の温度や湿度に注意し、換気や水分補給を適宜行って健康に過ごす ●一人一人の発達や体調に合わせて水遊びで五感を刺激し、伸び伸びと遊ぶ
行事	入園・進級式、身体測定、内科健診、歯科検診、避難訓練、遠足、誕生会	身体測定、避難訓練、運動会、夏祭り、誕生会、給食試食会

月齢年齢	57日〜3か月未満	3か月〜6か月未満	6か月〜9か月未満
園児の姿	●快と不快を感じ、発声や表情で表現する ●昼夜の区別なく、一日を通して浅い眠りをくり返す ●目の前で動く物を追視し、音のする方に顔を向ける	●首のすわりがしっかりとして、徐々に腹ばいや寝返りができるようになる ●睡眠のリズムができてくる ●保育教諭（保育者）のあやす声に反応し、盛んに喃語を発する	●離乳食を食べはじめる ●人見知りが激しくなったり、後追いをしたりする ●お座りが安定し、手の動きが活発になり、両手で玩具を持って遊ぶ
養護（生命の保持・情緒の安定）	●安心、安全に過ごせるよう、生理的欲求を満たしていく ●スキンシップや語りかけをし、信頼関係を育む	●一人一人の生活リズムを把握し、落ち着いた雰囲気の中で授乳する ●保育教諭（保育者）との受容的、応答的なかかわりの中で、愛着関係を築いていく	●家庭との連携を密に取り、一人一人の発達に合わせて離乳食を進める ●表情や発声に応答し、甘えたい気持ちを受け止め情緒の安定を図る
教育（3つの視点）	●動く物を注視する ●保育教諭（保育者）との受容的、応答的なかかわりを通して安心して過ごす	●目の前にある玩具に興味を示し、手を伸ばしてつかもうとする ●あやされて声を出して喜ぶ	●特定の保育教諭（保育者）とかかわり、安心してやり取りを楽しむ ●安心できる環境の中で、ずりばいやはいはいで体を動かして遊ぶ
★援助・配慮 ■環境構成	■安心して過ごせるよう、肌触りのいい玩具や心地よい音楽を用意する ★授乳やおむつ交換の際は特定の保育教諭（保育者）が優しく声をかけ、心地よく感じられるようにする ★睡眠中の衣類や布団の状態に注意し、仰向け寝と呼吸をチェックして変化に気付けるようにする	■手に持ちやすい玩具や目で追うことのできる玩具を用意する ■寝返りができるような安全なスペースを作る ■口に入れた玩具は共有せず、消毒を徹底する ★優しく語りかけ、喃語に応答し、安心して過ごせるようにする	■大きさや衛生面に気を付けた安全な玩具を用意する ■安全な環境を整え、探索活動や興味を持った遊びが十分に楽しめるよう、生活や遊びの範囲を広げていく ★人見知りが出てくるので、甘えや不安をその都度受け止め、情緒の安定を図る
子育ての支援（保護者支援）	●家庭での様子を聞き、園での様子を丁寧に伝えながら信頼関係を築き、育ちを共に考え語り合えるようにする	●成長をイメージしやすいよう、健康状態や日々の園での様子を具体的に伝える	●離乳食は、形状や大きさ、量を一人一人に合わせ、撮影して共有する ●食物アレルギーの心配がある場合は医療機関への相談をすすめる

❮ 健康・安全・災害 ❯

- 伝染性疾患や流行性疾患について職員間で情報を共有し、保護者と連携を図り健やかな成長を促す
- 玩具の消毒や定期的な点検を行い、安全に遊べる環境を整える
- 災害時の職員の動きや非常持ち出し袋、非常食を確認、点検し、安全に避難できるようにする

❮ 一年間の教育・保育に対する自己評価 ❯

- ドキュメンテーションや連絡帳などで一人一人の成長について保護者と情報共有したことで、園児の発達を促すことができた
- 快適な環境を作ることで、心身共に情緒の安定を図り、愛着関係を育むことができた

年間計画

4月 5月 6月 7月 8月 9月 10月 11月 12月 1月 2月 3月

3期 9月～12月

- 体調に合わせ、戸外遊びや散歩などで見る、聞く、触れるなどの経験を通して、秋冬期の自然に興味・関心を持つようになる
- 音楽に合わせて体を揺らしたり、踊ったりして自己表現を楽しむ

身体測定、内科健診、歯科検診、避難訓練、誕生会、給食試食会、発表会

4期 1月～3月

- 探索行動を通して他児とかかわることで興味・関心が広がる
- 1歳児クラスの生活リズムにスムーズに移行できるよう、遊びや食事などを通して徐々に慣れていく

身体測定、避難訓練、誕生会、給食試食会、節分（豆まき）、ひな祭り会、お別れ会、卒園式、新入園説明会

9か月～12か月未満

- はいはいやずりばい、つかまり立ちなどの移動運動が活発になる
- 食べることに意欲的になる
- 歌や手遊びを楽しむ

- 食材の大きさや硬さなどに配慮し、食べる意欲を育てる
- 指差しや喃語などの意思表示に応答的にかかわる

- 使いたい玩具のそばに自ら移動して手に取るなど、探索活動が増える
- 歌や手遊びに体を揺らして反応し、動作をまねようとする

- ■一人一人の発達や興味に合わせた玩具や場所を設定する
- ■楽器の音や声の大きさ、場所などに合わせて季節の歌や手遊びを準備する
- ★大きさや重さ、形状などが様々な玩具で遊ぶことで、興味・関心を広げられるよう声をかける

- 移動運動が活発になるので、家庭での安全対策を知らせる
- 手づかみ食べは食べる意欲の表れと伝え、共に成長を喜ぶ

1歳～1歳3か月未満

- 睡眠のリズムが徐々に安定し、午睡が1回になる
- つたい歩きから歩きはじめと、一人一人の行動範囲が広がる
- 「ワンワン」「ねんね」など、意味のある単語を話すようになる

- 食事や睡眠などの基本的な生活リズムが整うようにする
- 好奇心が満たされるような人的、物的、質的環境を設定する

教育（5領域）
- 行動範囲が広がり、探索活動を楽しむ
- 絵本を見ながら簡単な単語を話し、保育教諭（保育者）とのやり取りを楽しむ

- ■つたい歩きができるよう、家具や玩具の配置に気を付ける
- ■簡単な単語で表現できる絵本を用意し、発語を楽しめるようにする
- ★衣服のそでや裾が手元や足元の動きの邪魔にならないよう整える
- ★絵本の読み聞かせをする際は、応答的なかかわりをする

- 子どもが興味を持った絵本を保護者に紹介し、発する単語が増えてきたことを伝える

1歳3か月～2歳未満

- 歩行が安定し、探索活動が活発になる
- トイレに興味を示し、トイレで排泄する感覚が育つ
- 様々な事柄を自分でしたいという意欲が出てくる

- 様々なことを体験し、全身を動かして楽しめるようかかわる
- 見守られている安心感の中で、自分のやりたい気持ちを表すことができるようになる

- 好きな遊びに自ら進んでかかわり、くり返し楽しむ
- 保育教諭（保育者）の応答を喜び、言葉を発する

- ■トイレで安心して排泄できるよう、利用する園児の人数や保育教諭（保育者）の配置を工夫する
- ■歩行の確立に合わせ、探索が十分にできるよう、環境を整える
- ★他児への関心からトラブルにもなるので、一人一人の要求を見極めてかかわっていく

- 自我の芽生えについて話し、ゆったりとした気持ちでかかわることの大切さを伝える

29

月間指導計画の見方

❶ ねらい

その月ごとに、園児の成長、発達に合わせた「ねらい」を記載しています。

❷ 配慮すべき事項

月の「ねらい」を達成するために、どのような配慮（受け入れ・励まし・声かけ・助言など）が必要かを、具体的に記載しています。

❸ 子育ての支援（保護者支援）

保護者に伝えるべきことや、園と家庭で連携して進めたい事柄について記載しています。また、園に通っていない地域の親子への支援についても記載しています。

❹ 月初め・前月末の園児の姿

園児の発達状態や、園での様子を記載します。保育教諭（保育者）が設定した環境の中で、園児がどのように遊びや活動にかかわっていたのかを、5領域（健康・人間関係・環境・言葉・表現）の視点から記載しています。

❺ 養護（生命の保持・情緒の安定）

保育教諭（保育者）が行うことが望まれる援助（養護）を「生命の保持」「情緒の安定」の2つの視点に分けて記載します。

❻ 教育（3つの視点）（5領域）

「教育的時間」と「教育的時間を除いた時間」の園児の活動について、「健やかに伸び伸びと育つ」「身近な人と気持ちが通じ合う」「身近なものと関わり感性が育つ」の3つの視点、または5領域（健康・人間関係・環境・言葉・表現）を意識して記載しています。

4月の月間指導計画 ①

ねらい ❶
- 一人一人の生活リズムを大切にし、それぞれの要求に応えて安心して生活ができるようにする
- 保育教諭（保育者）などとのスキンシップや優しい言葉がけから、少しずつ新しい環境に慣れるようにする
- 安心できる環境の中、保育教諭（保育者）などに見守られながら興味ある物に触れたり、手足を動かしたりして遊ぶことを楽しむ

配慮すべき事項 ❷
- 新入園児を迎え、はじめは泣く園児も多いと思うが、不安な気持ちを一人一人受け止め、落ち着いた環境の中で生活できるよう配慮する
- 一人一人の生活リズムを把握し、保育教諭（保育者）間で共通理解をしておく

子育ての支援（保護者支援） ❸
- 園生活で不安なことや分からないことなどを聞いたり、分かりやすく説明したりする
- 園児の園での様子をノートや口頭で細かく伝え、安心できるようにする
- 保護者と連絡をとりながら、授乳や食事の様子、睡眠時間など園児の生活リズムを把握し、スムーズな園生活への移行へつなげる

こうたくん　4か月

月初めの園児の姿 ❹	・首がすわり、腹ばいになると首を持ち上げようとする ・浅い眠りをくり返す ・空腹を感じたり排泄があったりする時は泣いて知らせる ・玩具を手に持っていくと、つかもうとする
養護（生命の保持・情緒の安定） ❺	・生理的欲求を満たし、安心して過ごせるようにする ・特定の保育教諭（保育者）などとの触れ合いを通して安心感を感じる
教育（3つの視点） ❻	・静かな環境の中、安心して眠る ・表情豊かに保育教諭（保育者）などとのかかわりを喜ぶ ・色鮮やかな玩具や音の出る物をじっと見つめたり触ってみたりして、興味を示す
食育 ❼	・家庭での授乳時間やミルクの量などを把握し、園での様子を伝えながら無理なく□□できるようにする
■環境構成 ★援助・配慮 ❽	■安心して入眠できるよう、抱き方や静かな環境を整える ■活発な園児との空間を区切り、落ち着いた雰囲気の中、腹ばいになるなどして遊べるようにする ■玩具を清潔に保ち、誤飲のないよう確認をする ★特定の保育教諭（保育者）が授乳やおむつ替えなど生理的欲求を満たすこと□□関係を築いていく ★目を合わせながら優しい声で言葉がけをしたりスキンシップを取ったりして、人と触れ合う心地よさを感じられるようにする
自己評価 ❾	・特定の保育教諭（保育者）などとのかかわりを主にし、安心してミルクを飲んだ□□することができていた

❽ 環境構成・援助・配慮

「ねらい」を達成するために、保育をする際、どのような環境（用具・教材・分量・安全性・施設などの準備）を設定したらよいか、また、どのような援助・配慮（受け入れ・励まし・声かけ・助言など）が必要かを、具体的に記載しています。

❾ 自己評価

自分が行った教育・保育によって、園児にどのような変化が見られたか、問題点やよかった点をあげながら記載しています。また、今後の教育・保育でどのように対応していくべきかなどの反省点も取り上げています。園児の姿を通しての「自分の評価」と捉え、単に園児の姿を記入するのではなく、自分の計画や保育を振り返り、次の計画に生かすための材料となるよう心がけましょう。

❿ 園の行事

園全体で行う行事のほか、遠足やクラス懇談会など学年・クラス単位で行う行事について記載しています。

園の行事：●入園式 ●避難訓練 ❿ ●身体測定

	みさきちゃん 7か月	あいなちゃん 1歳
年間計画 4月	●だっこが好きでしてほしい時は泣いて訴える ●園での離乳食が始まる ●保育教諭（保育者）などにあやされることを喜び、よく笑う ●腹ばいになり、腕をついて方向転換をする	●新しい環境に不安を感じ泣くことが多く、特定の保育教諭（保育者）などに抱かれたり、あと追いをしたりする ●手づかみをしたりスプーンを握りながら食事をしたりする ●機嫌がよいと、つたい歩きをしたり自分で立ったりする
養護（生命の保持・情緒の安定）	●保育教諭（保育者）などに抱かれ、離乳食を食べる ●不安な時はだっこをしたりスキンシップを取ったりしながら、安心して過ごせるようにする	●生活リズムを把握し、睡眠や食事の時間を個別に合わせながら無理なく過ごせるようにする ●特定の保育教諭（保育者）などとのかかわりを深め、少しずつ新しい環境に慣れ、安心して過ごせるようにする
教育（5領域）	●保育教諭（保育者）などに抱かれ、安心して眠りにつく ●絵本の読み聞かせを喜び、じっと見つめたり喃語が出たりする ●腹ばいやお座りなど様々な体勢になり、玩具に手を伸ばそうとする	●つたい歩きをしたり押し車を押したりして歩行への意欲を育む ●安心できる保育教諭（保育者）などの下で好きな玩具や遊びを見つける ●絵本の読み聞かせを喜び、「マンマ」「ワンワン」などの一語文を話す
	●ミルクの量、離乳食の内容など、保護者や給食担当者と連絡を取りながら無理なく進められるようにする	●完了食は保護者や給食担当者と連絡を取りながら、発達に合わせた硬さや大きさを考える
	■衛生面に十分注意し、快適に過ごせるよう室内環境を整え、園児の体調に十分気をつけていく ■安心して睡眠ができるように静かな環境を整える ■腹ばいで遊んだりお座りをしたりと様々な体勢でも安全に遊べるよう環境を整える ★特定の保育教諭（保育者）などとのかかわりを主にし、生理的欲求を満たされることで信頼関係を築けるようにする ★優しい言葉で語りかけたり、喃語に応えたりする ★目を合わせ、優しく歌ったり一緒に手遊びをしたりする	■保育教諭（保育者）などとの触れ合いや見守りを通して、少しずつ新しい環境に慣れるようにする ■落ち着いた環境の中、食事や睡眠など生理的欲求を満たし安心して過ごせるようにする ★絵本の読み聞かせや手遊びなど一対一で遊びを楽しめるようにし、保育教諭（保育者）などとのかかわりを喜べるようにする ★様々な玩具を用意し、一緒に遊んでいきながら興味を持って意欲的に遊びを楽しめるようにする
	●不安な時はだっこをすることですぐに泣き止んでいた。優しく語りかけながら丁寧にかかわることで、徐々に安心感を得て新しい環境にも慣れることができた	●だっこや一対一のかかわりを大切にしたことで、少しずつ新しい環境に慣れてきた。引き続き安心して過ごせるよう、信頼関係を築いていく

❼ 食育

食に関する活動内容や配慮事項などを取りあげて、具体的に記載しています。

4月の月間指導計画 ①

ねらい
- 一人一人の生活リズムを大切にし、それぞれの要求に応えて安心して生活ができるようにする
- 保育教諭（保育者）などとのスキンシップや優しい言葉がけから、少しずつ新しい環境に慣れるようにする
- 安心できる環境の中、保育教諭（保育者）などに見守られながら興味ある物に触れたり、手足を動かしたりして遊ぶことを楽しむ

配慮すべき事項
- 新入園児を迎え、はじめは泣く園児も多いと思うが、不安な気持ちを一人一人受け止め、落ち着いた環境の中で生活できるよう配慮する
- 一人一人の生活リズムを把握し、保育教諭（保育者）間で共通理解をしておく

子育ての支援（保護者支援）
- 園生活で不安なことや分からないことなどを聞いたり、分かりやすく説明したりする
- 園児の園での様子をノートや口頭で細かく伝え、安心できるようにする
- 保護者と連絡をとりながら、授乳や食事の様子、睡眠時間など園児の生活リズムを把握し、スムーズな園生活への移行へつなげる

こうたくん 4か月

月初めの園児の姿
- 首がすわり、腹ばいになると首を持ち上げようとする
- 浅い眠りをくり返す
- 空腹を感じたり排泄があったりする時は泣いて知らせる
- 玩具を手に持っていくと、つかもうとする

養護（生命の保持・情緒の安定）
- 生理的欲求を満たし、安心して過ごせるようにする
- 特定の保育教諭（保育者）などとの触れ合いを通して安心感を感じる

教育（3つの視点）
- 静かな環境の中、安心して眠る
- 表情豊かに保育教諭（保育者）などとのかかわりを喜ぶ
- 色鮮やかな玩具や音の出る玩具をじっと見つめたり触ってみたりして、興味を示す

食育
- 家庭での授乳時間やミルクの量などを把握し、園での様子を伝えながら無理なく授乳ができるようにする

■環境構成　★援助・配慮
- ■安心して入眠できるよう、抱き方や静かな環境を整える
- ■活発な園児との空間を区切り、落ち着いた雰囲気の中、腹ばいになるなどして遊べるようにする
- ■玩具を清潔に保ち、誤飲のないよう確認をする
- ★特定の保育教諭（保育者）などが授乳やおむつ替えなど生理的欲求を満たすことで信頼関係を築いていく
- ★目を合わせながら優しい声で言葉がけをしたりスキンシップを取ったりして、人と触れ合う心地よさを感じられるようにする

自己評価
- 特定の保育教諭（保育者）などとのかかわりを主にし、安心してミルクを飲んだり入眠することができていた

園の行事 ●入園式 ●誕生会 ●身体測定 ●避難訓練

年間計画

4月

みさきちゃん 7か月		**あいなちゃん 1歳**
●だっこが好きでしてほしい時は泣いて訴える ●園での離乳食が始まる ●保育教諭（保育者）などにあやされることを喜び、よく笑う ●腹ばいになり、腕をついて方向転換をする		●新しい環境に不安を感じ泣くことが多く、特定の保育教諭（保育者）などに抱かれたり、あと追いをしたりする ●手づかみをしたりスプーンを握りながら食事をしたりする ●機嫌がよいと、つたい歩きをしたり自分で立ったりする
●保育教諭（保育者）などに抱かれ、離乳食を食べる ●不安な時はだっこをしたりスキンシップを取ったりしながら、安心して過ごせるようにする	**養護**（生命の保持・情緒の安定）	●生活リズムを把握し、睡眠や食事の時間を個別に合わせながら無理なく過ごせるようにする ●特定の保育教諭（保育者）などとのかかわりを深め、少しずつ新しい環境に慣れ、安心して過ごせるようにする
●保育教諭（保育者）などに抱かれ、安心して眠りにつく ●絵本の読み聞かせを喜び、じっと見つめたり喃語が出たりする ●腹ばいやお座りなど様々な体勢になり、玩具に手を伸ばそうとする	**教育**（5領域）	●つたい歩きをしたり押し車を押したりして歩行への意欲を育む ●安心できる保育教諭（保育者）などの下で好きな玩具や遊びを見つける ●絵本の読み聞かせを喜び、「マンマ」「ワンワン」などの一語文を話す
●ミルクの量、離乳食の内容など、保護者や給食担当者と連絡を取りながら無理なく進められるようにする		●完了食は保護者や給食担当者と連絡を取りながら、発達に合わせた硬さや大きさを考える
■衛生面に十分注意し、快適に過ごせるよう室内環境を整え、園児の体調に十分気をつけていく ■安心して睡眠ができるように静かな環境を整える ■腹ばいで遊んだりお座りをしたりと様々な体勢でも安全に遊べるよう環境を整える ★特定の保育教諭（保育者）などとのかかわりを主にし、生理的欲求を満たされることで信頼関係を築けるようにする ★優しい言葉で語りかけたり、喃語に応えたりする ★目を合わせ、優しく歌ったり一緒に手遊びをしたりする		■保育教諭（保育者）などとの触れ合いや見守りを通して、少しずつ新しい環境に慣れるようにする ■落ち着いた環境の中、食事や睡眠など生理的欲求を満たし安心して過ごせるようにする ★絵本の読み聞かせや手遊びなど一対一で遊びを楽しめるようにし、保育教諭（保育者）などとのかかわりを喜べるようにする ★様々な玩具を用意し、一緒に遊んでいきながら興味を持って意欲的に遊びを楽しめるようにする
●不安な時はだっこをすることですぐに泣き止んでいた。優しく語りかけながら丁寧にかかわることで、徐々に安心感を得て新しい環境にも慣れることができた		●だっこや一対一のかかわりを大切にしたことで、少しずつ新しい環境に慣れてきた。引き続き安心して過ごせるよう、信頼関係を築いていく

5月 6月 7月 8月 9月 10月 11月 12月 1月 2月 3月

4月の月間指導計画②

ねらい
- 一人一人の生活リズムを把握し、個々のリズムに合わせた環境作りを心がけることで安心して過ごせるようにする
- 保育教諭（保育者）などとの触れ合いや応答的なかかわりにより情緒的な絆を深め、愛着関係を築く中で、周りの世界に興味を示す

配慮すべき事項
- 保護者から今までの家庭での過ごし方や家庭での生活リズムを聞き、園児に負担がかからないように、無理なくゆっくりと園での生活リズムに慣れるようにしていく
- 園児たちが発した欲求には声かけや触れ合いなどですぐに応答し、愛着関係を築けるようにする

子育ての支援（保護者支援）
- 迎えの時間や、連絡帳での心の通ったやり取りを大切にし、信頼関係の土台が作れるようにする
- 新入園児、在園児ともに、新しい環境で過ごしていく中、疲れが出やすいこともあるということを話し、園児の体調に注意しながらかかわれるよう連絡し合う
- 園児たちが安心して過ごせるように、細かい成長の変化や生活リズムの変化を必ず伝え合うようにしていく

けんとくん 4か月

月初めの園児の姿
- 目の前の物を目で追ったり、手を伸ばして触ろうとしたりする。また、寝返りをし、腹ばいの体勢になり、少しすると泣いて疲れを知らせる
- おむつの汚れや空腹などの不快な気持ちを泣いて訴え、保育教諭（保育者）などが対応し、満足すると泣き止む

養護（生命の保持・情緒の安定）
- 生活リズムを把握することで、十分な睡眠を確保し、起きている時間は機嫌よく一人遊びや触れ合い遊びを楽しめるようにする
- 生理的欲求を満たしてくれる保育教諭（保育者）などとのかかわりから愛着関係を築き、新しい環境や園生活に慣れるようにする

教育（3つの視点）
- 腹ばいで過ごす時間が増え、近くにある玩具に手を伸ばしたり、友達が遊んでいる様子を目で追ったり、周りに関心を持ったりする
- 見たり、聞いたり、触ったりという感覚を刺激するような遊びを楽しむ

食育
- ミルクを飲みたいという欲求に応えた結果、ゆったりとした気持ちや環境の中でミルクを吸う力が付いていき、一定の量が飲めるようになる

環境構成 ★援助・配慮
- ■玩具が散らかったらこまめに片付け、安心して寝返りできるような環境を用意する
- ■感触が違う素材、色鮮やかな玩具、触ると音が鳴る玩具などを用意する
- ★腹ばいの体勢から目を合わせ名前を呼び、着脱やおむつ交換の時も声をかけて行うことで、どんな時も楽しく触れ合える時間となるようにする
- ★活発な園児たちと過ごす空間を区別し、落ち着いた空間の中で、遊びや午睡ができ、ミルクを飲めるようにする

自己評価
- 家庭とこまめに話し合うことで生活のリズムを把握することができ、月齢の高い子と空間を区切ることで、ミルクや睡眠の時間をゆったりと取ることができた

園の行事
- 入園式
- 保護者懇談会
- 誕生会
- 身体測定
- 避難訓練
- 安全教室

年間計画 **4月**

あこちゃん 7か月		あかりちゃん 1歳
● 人見知りが始まり、朝の受け入れの際に泣き出すが、だっこや優しく話しかけられることで落ち着く ● 興味・関心に沿って体を動かそうとし、座っている状態から玩具に手を伸ばそうとしたり、後ろを振り向こうとしたりして、体勢が崩れそうになる		● 喃語から、簡単な言葉の単語をまねして話そうとしている ● つたい歩きから手を離すと、得意げな様子を見せて共感を求めている ● 身の回りのことに興味を示し、やってみたいという意欲を持ってかかわろうとしている
●「おむつ取り換えようね」「ご飯食べようね」など今何をしているのか声をかけながら行うことで、安心して取り組めるようにし、毎日くり返し行うことから生活習慣が身に付くようにする ● 不安になった時には優しく受け止めてもらうことで、保育教諭（保育者）などが安心できる存在になれるようにする	養護（生命の保持・情緒の安定）	● 自分で食べようとする意欲が育ったことで、衣服を汚すこともあるが、すぐに着替えることで清潔を保ち、きれいになった心地よさを感じていけるようにする ● 自己主張が強くなってくるため、意欲を持って取り組んでいることは、満足するまでできるように時間と活動の保障をしていく
● お座りが長い時間安定し、両手で玩具をつかんで遊ぶことが増える ● 手遊びや歌に体を揺らしたり、手をたたいたりして喜ぶ	教育（5領域）	● つたい歩きからの手放しが安定し、初めての一歩から自立歩行につながる ● 保育教諭（保育者）などや友達に興味を示し、日常の会話のやり取りや絵本の読み聞かせから聞こえてくる言葉をまねして、一語文や語尾を話す
● 離乳食が2回となり、ただ飲み込むだけでなく、「かみかみ」「もぐもぐ」と声をかけられながら、口を動かし、舌でつぶそうとする。また、安心できる保育教諭（保育者）から、ミルクを一定量飲むことで満足感を味わう		● 給食を食べている時間は落ち着いて座って食べられるようになり、手づかみ食べをしながらも、食具を使って食べようとする意欲が見られる
■ お座りから倒れそうな時には、手を差し伸べられる距離にいて支え、倒れても安心な座布団や柔らかい素材の物を近くに用意する ■ 何でも口に入れて確かめているため、誤飲しないような大きさの玩具を用意する ★ 手遊びや朝の歌、「いただきます」のあいさつなど日常的にリズムや音、歌にくり返し触れられるようにする ★ 玩具を手を伸ばした先に置くことで、自分から腹ばいの体勢に移行できるように促す		■ 友達と同じ遊びができるように、同じ種類の玩具を複数用意する ■ 興味がある遊びを把握できるように、好きな玩具を選べるコーナーを用意する ★ ズボンの着脱やファスナーの開け閉めなど、少しずつ自分でやろうとする気持ちが育つようにかかわる ★ 毎日の応答的なかかわりから、言葉のやり取りを楽しめるようにする
● 不安な気持ちや甘えたい気持ちを受け止めると玩具に手を伸ばし、遊びはじめた。不安になると泣き出す姿があったが、丁寧に受け止めることで安心して過ごせる時間が増えていった		● 手遊びや絵本、何気ない会話のやり取りから、まねをして話そうとすることが増えていた。伝えたい気持ちをしっかり受け止め、簡単な単語でのやり取りを楽しんでいくようにする

35

4月の月間指導計画 ③

ねらい
- 一人一人の生活リズムを大切にして生理的欲求を満たし、心地よい生活を送る
- ゆったりとした雰囲気の中で、一人一人のありのままの姿を受け入れ、心地よく過ごせるようにする
- 特定の保育教諭（保育者）とかかわりながら触れ合い遊びを楽しみ、信頼関係を深める

配慮すべき事項
- 受け入れ時は特定の保育教諭（保育者）が担当し、安心して過ごせるようにする
- 授乳量、食事、睡眠などの生活の様子を保護者から聞き、職員間で共通理解することで、無理なく環境に慣れていけるようにする

子育ての支援（保護者支援）
- 園児の様子を、保護者と連絡帳や会話でやり取りしながら、共に成長段階を確認する
- 園での園児の様子や成長を伝えながら信頼関係を築く
- 慣れない環境から体調を崩しやすいので、園と家庭での様子を細かく連絡する

ひかるくん 4か月

月初めの園児の姿
- 首がすわり、腹ばいになると首を持ち上げる
- 動く物を目で追い、手足を生き生きと動かして遊び、顔の向きを自分で変える
- 空腹になると泣いて知らせる
- 音に敏感で、睡眠中の少しの物音で起きる

養護（生命の保持・情緒の安定）
- 生理的欲求を満たし、情緒の安定を図る
- 特定の保育教諭（保育者）とのかかわりを通して信頼関係を深め、機嫌よく過ごす

教育（3つの視点）
- 静かな環境の中、安心して眠る
- 特定の保育教諭（保育者）のあやしかけに、表情豊かに反応する
- 手の届くところにある物をつかもうとし、口に持っていき、感触を楽しむ

食育
- 静かな環境の中、安心できる保育教諭（保育者）に抱かれ、満足するまでミルクを飲む

■環境構成 ★援助・配慮
- ■静かな環境を整え、安心して一定時間眠れるようにする
- ■手触りのよい玩具を準備する
- ★優しい笑顔で語りかけ、愛されていると感じられるような温かい雰囲気を作る
- ★玩具を手元に持っていき、感触や手触りを感じられるようにする

自己評価
- 特定の保育教諭（保育者）とのかかわりを大切にすることで、徐々に表情が和らいできた。まだ一定時間眠れず、泣いて起きることが多いので、安心できる環境を整えたい

園の行事
- 入園　● 進級式　● 保護者会総会
- 健康診断（内科、歯科）
- 身体測定　● 避難訓練　● 誕生会

年間計画 **4月**

めぐみちゃん 7か月	はるなちゃん 1歳
● 腹ばいになり、腕を使って方向転換を行う ● 目の前の玩具に手を伸ばし、口の中に入れる ● 泣いている時にだっこすると落ち着く ● 哺乳瓶での授乳を嫌がり、哺乳瓶を見ただけで泣いてしまう ● 名前を呼びながらあやすとほほえむ	● 新しい環境に不安を感じ、だっこやおんぶで過ごすことが多いが、徐々に保育教諭（保育者）から離れ、玩具を触る様子が見られる ● こぼしながらも手づかみでの食事をする ● 歩行が安定し、機嫌がよい時は探索活動を行う

養護（生命の保持・情緒の安定）

● 保育教諭（保育者）の愛のある丁寧なかかわりで、情緒の安定を図る ● 落ち着いた雰囲気の中、信頼できる保育教諭（保育者）にだっこされ、安心してミルクが飲めるようにする	● 特定の保育教諭（保育者）の愛のある丁寧なかかわりで、情緒の安定を図る ● 欲求や気持ちに共感し、丁寧に言葉で返しながら、安心して過ごせるようにする

教育（5領域）

● 目と目を合わせて優しく語りかけながら、コミュニケーションを図る ● 保育教諭（保育者）とかかわりながら、安心して好きな玩具で遊ぶ	● 名前を呼んでもらったり、話しかけてもらったりすることを喜ぶ ● 好きな玩具を見つけ、音を鳴らしたり、動かしたりして楽しむ ● 意欲的にいろいろな食材をよく噛んで食べる

● 哺乳瓶の乳首をくわえるようになり、少しずつミルクの味に慣れる	● 食べたい気持ちを大切にしながら、いろいろな食材に親しめるようにする

■ 誤飲やけがのないように、玩具の大きさや形状、置き場所に注意する ■ 静かで安心できる環境を整え、ゆったりとした授乳時間を設ける ★ 体に優しく触れながら触れ合い遊びをし、安心感が感じられるようにする ★ 玩具の置く場所を調節することで、腹ばいでの移動を促す	■ 優しく名前を呼び、笑顔を見せて安心できる環境作りをする ■ 足を床につけて食事ができるように、足台を準備する ■ 音が出たり、動いたりする玩具を準備する ★ 表情やしぐさなどから欲求をくみ取り、言葉をかける ★ 心地よさや楽しさが感じられるように、声の出し方や動き方を考慮する

● 保護者との細かな伝達により、リズムよく過ごせた。哺乳瓶での授乳は少しできるようになったが、まだ少量のため、引き続きゆったりとした授乳時間を設けていく	● 最初は泣く姿が見られたが、様々な玩具を準備したことで積極的にかかわり、遊ぶ姿が見られた。探索活動を満足するまで行えるように、保育教諭（保育者）が心の安全基地になり、興味の幅を広げていきたい

4月の月間指導計画 ④

ねらい
- 新しい環境に少しずつ慣れていけるよう、子どもの欲求に応じる
- 特定の保育教諭（保育者）がスキンシップを十分取ることで、安心感を感じられるようにする
- 個々の生活リズムを重視し、生理的欲求を満たすことで心地よさを感じ、機嫌よく過ごせるようにする

配慮すべき事項
- 家庭保育から園での生活になるため、園児の成育歴や授乳、離乳食の進み具合、体調面で配慮が必要なことなどを聞き取り、担任間で共有した上で、家庭と連携しながら個別対応ができるようにする
- 新しい環境に慣れるまで、疲れやすかったり、不安に感じたりすることがあるので、園での様子を詳しく伝え、家庭でもスキンシップを十分に取ってもらうように保護者に伝える
- 新入園児には慣らし保育の協力を呼びかけ、少しずつ保育時間を伸ばしていくことで、少しでも園児の負担を軽減できるようにする
- アレルギーや既往歴を把握し、園児の様子をよく観察し、いつもと違う様子があれば、すぐ対応する
- 遊具、玩具の点検及び消毒を定期的に行い安全面に留意する

子育ての支援（保護者支援）
- 家庭と園の日々の様子を詳しく伝え合い、保護者からの質問や不安に感じていることに丁寧に答えていくようにする
- 園児の成長を共に喜び、保護者との信頼関係を築いていく
- 保護者分離の時に後追いで泣いてしまう日々が続く場合があっても、日中の園での様子や機嫌よく過ごしていることなどを伝え、安心して預けることができるようにする
- 離乳食食材の食べはじめは家庭からとし、保護者と連携を取りながら個別対応で進めていく

ゆうなちゃん 4か月

月初めの園児の姿
- 生理的不快を泣いて訴え、授乳やおむつ交換をしてもらうと満足して機嫌よく過ごす
- 首がすわり、うつぶせにすると頭を持ち上げる
- 眠いものの、だっこからベッドに寝かせると、敏感に反応して目覚めてしまうことが多い

養護（生命の保持・情緒の安定）
- 睡眠、授乳、排泄のリズムを把握し、生理的欲求を満たして、園生活を安心して過ごせるようにする
- いつも世話してくれる特定の保育教諭（保育者）とのかかわりを通して、信頼関係を築くことで情緒の安定を図るようにする

教育（3つの視点）
- 保育教諭（保育者）にだっこしてもらったり、あやしてもらうなど、スキンシップを心地よく感じる
- おむつ交換、授乳時など、一対一で対応する機会に優しく話しかけると、じっと顔を見たり声を聞いたりしている

食育
- 授乳は一対一で保育教諭（保育者）にだっこしてもらいながら、ゆったりとした雰囲気の中で行い、満足できるようにする

環境構成 ★援助・配慮
- ■眠い時に安心して眠ることができるように、個別のベッドを用意する
- ■心地よい音楽や歌声であやす。持ちやすく手触りが優しい玩具を用意する
- ★うつぶせにすると頭を持ち上げるが、寝返りをすることができないので、疲れて泣いて訴えた時にはすぐに対応できるように、そばで見守る
- ★一人一人の授乳時間、量などを把握し、家庭と同じ粉ミルクと哺乳瓶を用意することで、安心してミルクを飲むことができるようにする

自己評価
- 慣らし保育が順調に進み、全日保育の生活リズムに慣れて、機嫌よく過ごせるようになった。授乳、睡眠は園児のリズムを重視し、個別の対応をすることで、安心感を感じながら過ごせていた

園の行事
● 入園進級式　● 身体測定
● 誕生会　● 避難訓練

年間計画

4月

みなとくん 7か月		みくちゃん 1歳
●初めての環境に不安を感じ、保護者と離れる時に後追いをして激しく泣く ●一人座りが少しずつできるようになり、持っている玩具をなめて確かめたり、振って音が鳴ることを楽しむ		●初めての環境に不安を感じ、だっこしても激しく泣き、保護者を求めて外を指差して訴える ●泣き疲れて午前中に眠ることがある ●徐々に園生活に慣れ、保育教諭（保育者）にだっこされると泣き止んで玩具で遊ぶようになる ●つたい歩きから、あと少しで一人で立つことができそうになる
●睡眠、授乳、離乳食、排泄などの生理的欲求を満たし、要求に応答的に応じてくれる保育教諭（保育者）と信頼関係を築くことで、安心して過ごせるようにする ●泣いていてもだっこをすると泣き止むことが増える。スキンシップで情緒の安定を図る	養護（生命の保持・情緒の安定）	●園生活のリズムに少しずつ慣れていけるように、睡眠、離乳食、排泄を通してリズムを整えていく ●保護者と離れる不安に共感し、だっこしたり不安な気持ちを代弁したりして、受容されている安心感を感じられるようにする
●支えがなくてもお座りができるようになり、視界が広がる ●ずりばいで自分の力で移動ができるようになる ●保育教諭（保育者）の手遊びや歌を聞いて、じっと見たり、体を揺らしたりして関心を示す ●保育教諭（保育者）が手を出すと同じような手の動きをしてまねる	教育（5領域）	●名前を呼ばれると返事をしたり、「バイバイ」と手を振ったり、指差しで要求を表現したりする ●保育教諭（保育者）の手遊びやしぐさ、動きを模倣して、表現する楽しさを共有し、心を通わせることで意欲が育っていく ●特定の保育教諭（保育者）に愛着を示し、甘えたり、後追いする姿が見られる
●離乳食は量や形状、様子などを保護者と共有しながら進めていき、様々な食材の味や食感に慣れていく ●離乳食の進み具合でミルクの分量や回数を調整していく		●食べることの楽しさを感じ、こぼしながらもスプーンや手づかみで、自分で食べようとする意欲を育てていく ●離乳食の後のフォローアップミルクで足りない栄養を補うようにする
■お座りができるようになったが、安定して座れるようになるまで保育教諭（保育者）がそばについたり、周りにクッションを置いたりして、倒れても支えられるようにする ■安心してうつぶせやずりばいができる場所を確保し、園児が手を伸ばして取りたいと思うような玩具を用意する ★嫌なことや困ったことがあった時に、泣き声や発声で伝えようとする園児の要求に丁寧に応じることで、意思を伝えようとする意欲を育てる ★生活の中で、「おはよう」「いただきます」などのあいさつを保育教諭（保育者）と一緒に行うようにする		■園児の好きな物を保護者に聞き、ぬいぐるみやタオル、ボールなどで楽しく遊べるようにする ■好きな玩具での遊びを保障できるように、一人一人が十分遊べる数を用意する ■つかまり立ちができるように、おもちゃが床に散乱しないようにする ★園児の指差しや喃語に丁寧に応じ、「お外に行きたいね」「だっこして欲しいのね」など言語化して伝え、言葉に関心が持てるようにする ★園生活に慣れてきたら、食事前や午睡明けなどにオマルに座るようにして、排尿を促す
●不安、不快な時は泣いて訴えることができ、その都度だっこしたり、生理的欲求に応じたりすることで、満足して機嫌よく過ごすことができた		●入園したての頃はよく泣いていたが、保育教諭（保育者）が丁寧なかかわりをしていったことで、担任がいると安心して過ごせるようになってきた

5月
6月
7月
8月
9月
10月
11月
12月
1月
2月
3月

39

4月の月間指導計画 ⑤

ねらい
- 家族以外の大人の顔を認識し、少しずつ慣れる
- ゆったりとした雰囲気の中でありのままの姿を受け入れてもらい、安心して過ごす
- 特定の保育教諭（保育者）とかかわる心地よさを知り遊びを楽しむ

配慮すべき事項
- 受け入れ時は特定の保育教諭（保育者）が担当し、安心して過ごせるようにする
- 授乳量、食事、睡眠などの生活の様子を保護者から聞き、職員間で共通理解することで、無理なく環境に慣れていけるようにする
- 保育室や玩具をこまめに消毒して、清潔、安全に遊べる環境を整える

子育ての支援（保護者支援）
- 園児の様子を保護者と連絡帳や会話でやり取りしながら、共通理解を持ち必要なかかわりができるようにする
- 園での園児の様子や成長を伝えながら信頼関係を築く
- 子育てに対する保護者の思いを受け止め、安心して預けられるよう努める
- 一人一人の予防接種の状況や発達、既往歴、出産時状況などを把握し、保育教諭（保育者）間で共通認識をしておく

れんくん 4か月

月初めの園児の姿
- 首がすわり、腹ばいになると首を持ち上げる
- 動く物や人を目で追う。手足を生き生きと動かして遊び、顔の向きを自分で変える
- 眠くなったり、空腹になったりすると泣いて訴える

養護（生命の保持・情緒の安定）
- 生理的欲求を十分に満たし、気持ちよく生活できるようにする
- 特定の保育教諭（保育者）との触れ合いを多く持ち、安心して過ごせるようにする

教育（3つの視点）
- 静かな環境の中、安心して眠る
- 特定の保育教諭（保育者）のあやしかけに、表情豊かに反応する
- 手の届くところにある物をつかもうとし、感触を楽しむ

食育
- 静かな環境の中、安心できる保育教諭（保育者）にだっこされ、満足するまでミルクを飲む

環境構成 ★援助・配慮
- ■静かな環境を整え、安心して一定時間眠れるようにする
- ■手触りのよい玩具を準備する
- ★意識的に目を合わせ、優しく語りかけたり歌を口ずさんだりして、一対一の心地よさを十分に味わえるようにする
- ★玩具の感触や手触りを感じられるようにし、清潔な物を用意する
- ★こまめにおむつ交換を行い、気持ちよさを言葉で伝えていく
- ★本児の様子や表情をよく見て、小さな変化にも気付き適切に対応する

自己評価
- 特定の保育教諭（保育者）とのかかわりを大切にすることで、安心してミルクを飲んだり入眠することができた

園の行事
- 入園式
- 進級式
- 保護者会
- 健康診断
- 身体測定
- 避難訓練
- 誕生会
- 子どもの集い

年間計画

4月

ひなちゃん 7か月	あおいちゃん 1歳	
●腹ばいになり、腕を使って方向転換をしたり進んだりする ●目の前の玩具に手を伸ばそうとする ●眠くなると機嫌が悪くなり泣く ●名前を呼びながらあやすとほほえむ	●新しい環境に不安を感じ、だっこやおんぶで過ごすことが多い。特定の保育教諭（保育者）に甘えを受け入れてもらうことで安心できるようになる ●こぼしながらも手づかみで食事をする ●歩行は不安定だが、機嫌がよい時はよちよち歩きで探索活動を楽しむ	
●保育教諭（保育者）との丁寧なかかわりの中で、情緒の安定を図る ●おむつ交換をしながら気持ちよさを言葉にして伝える	●保育教諭（保育者）に親しみ、気持ちを受け止めてもらいながら情緒の安定を図れるよう、信頼関係を築いていく ●要求や欲求の気持ちに共感し、甘えや不安を代弁する	養護（生命の保持・情緒の安定）
●目と目を合わせて優しく語りかけながらコミュニケーションを図り、発語へとつなげていく ●保育教諭（保育者）とのかかわりを喜び、興味のある玩具に向かってずりばいで移動する ●健康に配慮しながら園庭に出て、春の草花を見たり、外気浴をしたりする	●名前を呼ばれたり、声をかけられたりすると、笑顔で応答し喜ぶ ●音が出たり動いたりする玩具に興味を持ち遊ぶ	教育（5領域）
●落ち着いた雰囲気の中でミルクが飲めるようになる ●離乳食を進める中で、徐々にいろいろな食材や味に慣れる	●食事を手づかみで楽しみながらよく噛んで食べる ●食べたい気持ちを大切にしながら食材に親しめるよう、様々な食材やつまめるような形状の物を提供する	
■誤飲やけがのないよう、玩具の大きさや形状、置き場所に注意し、遊びたい、手に取りたいなどの意欲が育つよう工夫する ■静かで安心できる環境を整え、ゆったりとした授乳時間を設ける ★体に優しく触れながら触れ合い遊びをし、安心感を感じられるようにする ★天気のいい日はベビーカーに乗って散策をするなど、戸外で気持ちよく過ごせるようにする	■音が出たり動いたりする玩具を準備する ■存分に探索活動が行えるよう、危険な場所がないか点検する ★表情やしぐさなどから欲求をくみ取り、優しく言葉をかける ★保育教諭（保育者）との触れ合い、かかわりを通して安心感を持ち、新しい環境に少しずつ慣れるようにする	
●保護者とこまめに連絡を取ることで、生活リズムが安定して過ごせた。安全な環境を整えることで、ずりばいが盛んになり、行きたいところへ移動し活発に活動できた	●歩行が確立しあまり転倒することがなくなった。アスレチック遊びで階段をよじ登るようになってきたので、そばに寄り添い見守ることで、興味を損なわずに援助できた	

5月 6月 7月 8月 9月 10月 11月 12月 1月 2月 3月

4月の月間指導計画⑥

ねらい
- 生理的欲求を満たしてもらいながら安心して過ごす
- スキンシップなどを通して保育教諭（保育者）とかかわり、家族以外の大人にも慣れる
- 安心、安全な環境の中で、興味を持った玩具に触れたり、手足を動かしたりして遊ぶことを楽しむ

配慮すべき事項
- なるべく特定の保育教諭（保育者）が担当し、愛情豊かに応答的にかかわることで愛着関係を築けるようにしていく
- 保護者からの連絡事項を保育教諭（保育者）間で確認し合い、少しずつ新しい環境に慣れていけるようにする
- 災害時に避難する場合の避難用具（おんぶひも・避難車・避難袋など）の数や中身の点検、避難名簿の更新をする
- なめた玩具は共有しないようにして、室内も適宜清掃、消毒する

子育ての支援（保護者支援）
- 初めて子どもを入園させる保護者は特に不安が強いと思われるので、担当の保育教諭（保育者）が丁寧に聞き取りをし、コミュニケーションを深め、安心できるようにしていく
- 家庭での生活リズムを連絡ノートや口頭で確認し合い、園生活へのスムーズな移行につなげていく
- 保護者との連携を密にし、出産時の状況や既往歴、予防接種の状況などを保育教諭（保育者）間で共通認識しておく

ゆいなちゃん（4か月）

月初めの園児の姿
- 浅い眠りをくり返す
- 首がすわり、腹ばいになると頭を持ち上げようとする
- 授乳したり、おむつを交換したりすると機嫌よく過ごす

養護（生命の保持・情緒の安定）
- 生理的欲求を満たし、安心して園生活を過ごせるようにする
- 特定の保育教諭（保育者）とかかわることで情緒の安定を図り、信頼関係を築けるようにする

教育（3つの視点）
- スキンシップやだっこをしてもらうことで保育教諭（保育者）とのかかわりを心地よく感じる
- 音の出る玩具や色鮮やかな玩具をじっと見たり、触ろうとしたりするなど興味を示す

食育
- 静かで落ち着ける保育室でゆったりとミルクを飲み、生理的欲求が満たされる

環境構成★援助・配慮
- ■抱き方や保育室内の音などに気を付け、安心して眠れる環境を作る
- ■玩具の消毒や洗濯などをこまめに行い、清潔を保つ
- ★腹ばいになると頭を持ち上げるが、疲れて泣いた時にはすぐに対応できるようそばで見守る
- ★スキンシップを取りながら優しく語りかけ、保育教諭（保育者）に親しみを持ち、情緒が安定するようにする

自己評価
- 保護者との連絡を密にすることで家庭での生活リズムを把握でき、子どもの様子や発達に対して職員間で共通理解し、情緒の安定につなげることができた

園の行事	●入園・進級式　●身体測定 ●内科健診　●歯科検診 ●避難訓練　●誕生会

年間計画　4月

かいくん 7か月	りんちゃん 1歳	
●玩具に興味を持ち、手に持ってなめて確かめたり、音の出る玩具を振ったりして楽しむ ●腹ばいになり、腕を使って方向転換をしたり、玩具に手を伸ばしたりする ●保育教諭（保育者）がそばを離れるとあと追いをする		●新しい環境に不安を感じ、特定の保育教諭（保育者）のあとを追うが、だっこしてもらうことで安心する ●つたい歩きをしたり、バランスを取って自分で立ったりすることができる
●だっこやスキンシップをして保育教諭（保育者）との信頼関係を築き、安心できる環境で情緒の安定を図る ●安全な環境で離乳食を食べられるようにする	養護（生命の保持・情緒の安定）	●離乳食や睡眠、排泄などを通して、園生活のリズムに慣れていけるようにする ●特定の保育教諭（保育者）と離れることへの不安を受け止め、だっこをしたり気持ちを代弁したりして、安心して過ごせるようにする
●絵本の読み聞かせに興味を持ち、保育教諭（保育者）の話す言葉に反応して喃語を発する ●腹ばいでの移動や、お座りができるようになり、様々な体勢で遊ぶ ●体調や天気を考慮しながら外気浴をして、春の自然を感じる	教育（5領域）	●保育教諭（保育者）と一緒に歌遊びをしたり絵本を読んだりする中で、言葉に興味を持ち、「ワンワン」「マンマ」などの一語文を話す ●保育教諭（保育者）の下で好きな玩具を見つけて遊ぶ ●名前を呼ばれると返事をし、手を振るなどして応答する
●家庭とも離乳食の情報を共有しながら量や食材の形状などを決めていき、様々な食感や味に慣れていく ●離乳食の進み具合を考慮しながら、ミルクの量や回数を調整していく		●食べたい気持ちを大切にし、手づかみや、こぼしながらもスプーンを使うなどして自分で食べようとする意欲を育てる ●食材を手づかみで食べやすい形状にして提供する
■一人でお座りができるようになってきているが、まだ安定して座ることは難しいので、体を支えるクッションなどを用意しておく ■腹ばいやずりばいでの移動ができるようになり、行動範囲が広がるため、安全に動けるよう保育室の環境を整える ★天気のいい日はベビーカーに乗って散策を楽しみ、戸外で気持ちよく過ごせるようにする ★簡単な単語で話しかけたり、喃語に応えたりして、発声を促す		■探索活動が十分にできるよう、保育室内の玩具の配置に気を付ける ■玩具は、一人一人が十分に遊べる分の数や種類を用意する ★指差しなどのしぐさや表情から欲求をくみ取り、言語化することで言葉に関心が持てるようにする ★一つの玩具でも遊び方が様々あることを保育教諭（保育者）がやってみせ、意欲的に遊びを楽しめるようにする
●絵本の読み聞かせや語りかけを増やしたことで、喃語の発声を促すことができた。また、園で読み聞かせている絵本を保護者に紹介したことで、家庭でも絵本の読み聞かせを楽しめたようだ		●不安な様子の時は、だっこをしたり、気持ちを受け止め代弁したりしたことで、保育教諭（保育者）との信頼関係が深まり、新しい環境にも慣れてきた

43

5月の月間指導計画①

ねらい
- 一人一人の生活リズムに合わせ、ゆったりとかかわり、安心して過ごせるようにする
- 保育教諭（保育者）などに見守られながら、興味のある物を見て触れたり、体を動かしたりして遊ぶことを楽しむ
- 天気のよい日は戸外に出て遊び、外気浴を楽しむ

配慮すべき事項
- 連休明けの生活リズムに留意し、ゆっくりと過ごしながら少しずつ日々の生活リズムへと戻るようにする
- 園児一人一人の生活リズムや発達、健康状態を保育教諭（保育者）などが全員で把握できるよう、情報を共有する

子育ての支援（保護者支援）
- 連休中は園児の生活リズムを大切にし、無理のない生活を送ってもらえるよう伝える
- 日々の園児の体調や成長の様子をノートや会話で伝え合い、共に喜びを感じられるようにする
- 保育参観では日頃の園生活や食事の様子などを見てもらい、情報交換の場になるようにする

こうたくん　5か月

前月末の園児の姿
- ミルクの量が足りないと泣いて知らせる
- 睡眠の時間が安定してくる
- 腹ばいになると、両手をついて上体を支える
- 手を伸ばして玩具をつかんだり、口に運んだりする

養護（生命の保持・情緒の安定）
- 腹ばいや寝返りなど体を動かし機嫌よく過ごせるようにする
- 安心できる保育教諭（保育者）などに見守られながら過ごす

教育（3つの視点）
- 手足をばたつかせたり寝返りをしたりと体を動かして遊ぶ
- 「いないいないばあ」など保育教諭（保育者）との触れ合いを喜びほほえむ
- 腹ばいになり周りの様子を見渡したり、近くの玩具に興味を示し手を伸ばそうとする

食育
- 白湯をスプーンで飲むなどしながら、離乳開始の準備をする

■環境構成　★援助・配慮
- ■寝返りや腹ばいなど、落ち着いて体勢を変えながら遊べる空間を整える
- ■口に入れても安全な玩具を用意し、使用後は洗浄、消毒を行い、清潔に保つ
- ■室内遊びだけでなく、戸外に出て外気浴をしながら心地よさを感じられるようにする
- ★特定の保育教諭（保育者）とのかかわりを多く持ちながら、信頼関係を築いていく
- ★目を合わせながら優しく話しかけたり、子どものほほえみや喃語に応えながら応答的にかかわる

自己評価
- 保護者との連絡を密にすることで生活リズムが安定してきた。手足を動かして遊べる環境をもう少し設定し、十分に体を動かせるようにしたい

園の行事: ●保育参観 ●誕生会 ●身体測定 ●避難訓練 ●歯科検診 ●内科健診

年間計画 4月 **5月** 6月 7月 8月 9月 10月 11月 12月 1月 2月 3月

	みさきちゃん 8か月	あいなちゃん 1歳1か月
	●離乳食に慣れ、食べられる素材や量が増えた ●腹ばいやお座りの状態で手足を動かしたり、玩具を手に取って遊んだりする ●特定の保育教諭（保育者）など以外の大人に人見知りをすることが増えた	●発熱で休みが続き、登園後はまだ泣くことが多い ●食事は手づかみで口にはこぶようになるが、あまり噛まずに飲み込む姿も見られる ●立ち上がってから一歩が出るようになった ●保育教諭（保育者）などに甘えることが多いが落ち着くと玩具で遊びはじめる
養護（生命の保持・情緒の安定）	●落ち着いた雰囲気の中、ミルクを飲んだり離乳食を食べられるようにする ●不安な気持ちを受け止めてもらいながら、安心して過ごせるようにする	●無理なく園生活が送れるように、睡眠を取るようにする ●不安な時はスキンシップを取り、優しく言葉がけをしながら情緒の安定を図る
教育（5領域）	●戸外に出て、外気浴をしながら心地よさを感じる ●してほしいことがあると、安心できる保育教諭（保育者）などに声を出したり手を伸ばしたりしながら訴える ●近くの玩具に興味を示し、姿勢を変えながら移動しようとする	●自分で立ち、歩こうとする ●好きな玩具を見つけ、一人遊びに夢中になる ●指差しや喃語、一語文を発し、知らせようとする ●戸外に出て、心地よさを感じながら身近な自然に触れることを楽しむ
	●園や家庭での離乳食の進め方について保護者と連絡を取りながら共通理解をし、進めていく	●「もぐもぐ」「かみかみ」などと言葉がけや噛むまねをしながら、丸呑みにならないように働きかける
	■行動範囲の広がりを考え、安全面に考慮して自由に遊べる環境を整える ■様々な素材の玩具を用意し、自ら手にとって遊ぶ意欲が増すようにする ★人見知りをする時は、優しく言葉がけをしながらだっこをし、落ち着くようにする ★戸外に出て、心地よい風や日差しを肌で感じられるようにする	■落ち着いた環境を整え、安心できる保育教諭（保育者）などの下で生活できるようにする ■手押し車を押したり歩行できるよう、安全で広い環境を整える ★指差しや喃語などに共感し、応答的なかかわりを大切にする ★心地よい風や自然物に気付けるよう、言葉がけをしながら戸外遊びを楽しめるようにする
	●音の出る玩具、動かす玩具など興味に合わせた物を用意したことで、ずりばいをして移動したり意欲的に遊ぶことができていた	●だっこをしたり優しく言葉がけをしたりと、不安が少しでも取り除けるよう接していった。安心して過ごし、一人遊びに夢中になれるような環境を整えていきたい

45

5月の月間指導計画 ②

ねらい
- 安定した生活リズムの中で一人一人の欲求を受け止め、満足感を味わえるようにする
- 天気のよい日は戸外に出て、自然に触れながら外気浴を楽しむ。また、発達に応じた運動遊びをしていく中で、十分に体を動かす

配慮すべき事項
- 自分から動こうとすることが増えていくような環境を整え、声かけを心がける
- 園児の目を見て笑顔で話しかけ、スキンシップを図ることで保育教諭（保育者）などとのかかわりを喜べるようにする

子育ての支援（保護者支援）
- 連休中は外出が多くても、登園前日は無理をせず、心も体もゆっくり休息するようお願いする
- 入園してからの様子、体調、成長の過程や離乳食の形状、食材の種類など少しの変化についてもこまめにやり取りしていく大切さを伝えていく
- いつでも耳を傾け、話ができる安心感を持ってもらえるようにする

けんとくん　5か月

前月末の園児の姿
- 自分の足をつかんで遊ぶ姿が頻繁に見られるようになる
- 寝返りからうつぶせになると、腕で上半身を持ち上げ、周りを見渡している
- くすぐったり、あやしたりすると声を出して笑う
- おむつが濡れると泣いて教える

養護（生命の保持・情緒の安定）
- 生活リズムが整い、ミルクの間隔や睡眠の時間が安定することで落ち着いて過ごせるようにする
- 抱きしめたり、言葉をかけたりして、安心感を得られるようにする

教育（3つの視点）
- 触れ合い遊びを通して十分に体を動かし楽しむ
- ほほえみや発声に応じてくれる保育教諭（保育者）などや近くに座っている友達に気付き、興味を持つ

食育
- 給食の時間を一緒の空間で過ごすことで、友達や保育教諭（保育者）が食べている様子に興味を示し、口が動く

■環境構成 ★援助・配慮
- ■口に入れても安全で清潔な玩具を用意する
- ■手の届く所、視界に入る所に玩具を用意する
- ★保育教諭（保育者）などに支えてもらいながら、お座りの体勢から見える世界を楽しみ、玩具を両手で持ったり、手首を動かしたりして観察できるようにする
- ★いつでも欲求を受け止めてくれる保育教諭（保育者）などの存在を感じ、安心感を持ってかかわれるようにする

自己評価
- 生理的欲求を受け止めてもらうことで、安心感を持つことができ、機嫌がよいと喃語を発したり、目が合うと笑ったりする姿が増えていった

園の行事
- 前期保護者面談
- 保育参観
- 総合避難訓練
- 歯科検診
- 内科健診
- 菜園作り
- 園外清掃活動

5月

あこちゃん 8か月	あかりちゃん 1歳1か月	
●保育教諭（保育者）などが離れるとあとを追い、泣き出すことがある ●保育教諭（保育者）などの支えがなくても、お座りしている時間が増え、手を伸ばして腹ばいになり、ずりばいからの方向転換を楽しんでいる	●表情や言葉で自分の思いが伝わることを喜んでいる ●歩行を喜び、転んでもまた立ち上がり歩きはじめる ●椅子を用意すると、離乳食を食べることが分かり、自分から座りに来る	
●楽しく、おいしく食べ進めていくことで、ミルクだけではなく、離乳食を食べて満足感を味わえるようにしていく ●機嫌のよい時は喃語が盛んになり、同じ言葉を返すことで言葉を発することを楽しめるようにする	●おむつが濡れたらすぐ取り替え、さっぱりした気持ちを感じられるようにする ●甘えてきた時には抱きしめ、また自分から遊びに気持ちが向けられるようにする	養護（生命の保持・情緒の安定）
●はいはいの動きがスムーズになり、自分が行きたい所へ行ける楽しさを感じる ●他児や他児の行動に関心を持ち、観察したり触れようとしたり、かかわりを持とうとする	●戸外に出て自然に触れる気持ちよさを知り、靴を履いて散歩を楽しむ ●名前を呼ぶと、手をあげて返事ができたり、何歳か聞くと1歳を指で表現できたりと、保育教諭（保育者）などとのやり取りを楽しむ	教育（5領域）
●手でつまみやすい離乳食の形状にし、手づかみで食べることを楽しむ	●幼児食に向けて食べられる食品が増えたことで、新しい食材や味に少しずつ慣れ、楽しんでいく	
■新しい場に慣れたことで周りへの興味が広がっているので、安心して探索できる環境を用意する ■握りやすい大きさの玩具を用意する ★お座りから、腹ばい、はいはいなどいろいろな体勢を体験できるようにする ★「いっぽんばしこちょこちょ」など保育教諭（保育者）などとの触れ合いを楽しむ中で、自然と喃語を発していけるようにする	■マットや跳び箱などで高低差をつけた道を作り、上り下りできるような環境を用意する ■戸外散歩に出かける際は、草花や心地よい風が感じられるような場所を選んで歩けるようにする ★戸外に出かけた際は、草花や生き物に触る機会を持ち、「きれいだね」と声をかけながら、身の回りの自然に興味を持ち、外遊びの楽しさを感じていけるようにする ★くり返し手遊びをしていく中でまねして楽しめるようになり、好きな絵本やリズム感のある絵本を読んでいくことで、集中して楽しめるようにする	
●園生活に慣れると同時に、疲れも見られるようになった。遊んでいる友達や近くにある玩具に興味を示し、積極的にかかわろうとする姿が見られるようになったため、健康管理に気を付け、快適に過ごせるようにする	●積極的に戸外活動を楽しむことができた。来月は梅雨に入るため、雨天時でも、十分に体を動かして楽しめるよう、環境を設定していきたい	

47

5月の月間指導計画 ③

ねらい
- ゆったりとした雰囲気の中で、一人一人に合った生活リズムで安定して過ごせるようにする
- 安心できる保育教諭（保育者）から見守られながら、触れ合い遊びや興味を持った玩具で機嫌よく遊ぶ
- 天気のよい日は外気浴をしたり、園庭で遊んだりする

配慮すべき事項
- 連休明けの不安な気持ちを受け止め、生活リズムを整えられるようにゆったりとかかわる
- 月齢の高い園児と低い園児では動きに違いがあるので、遊ぶスペースや時間を分けて活動できるようにする

子育ての支援（保護者支援）
- 園と家庭での生活が連続したものとなるように、家庭や園での様子を細かく伝え合う
- 送迎時に園児の様子を伝え、園児も保護者も安心して園生活を送れるようにする
- 日によって気温差があるので、調節しやすい衣服を用意してもらう

ひかるくん 5か月

前月末の園児の姿
- 仰向けの姿勢で手で足を持つ
- 身近な大人のほほえみに対してほほえみを返す
- 眠くなると不機嫌になる
- 便秘の状況が続きやすい
- 目と手の協応が始まり、見た物に手を伸ばし、しっかりと握る

養護（生命の保持・情緒の安定）
- 睡眠の間隔や授乳時間を把握し、心地よい生活リズムで過ごせるようにする
- 特定の保育教諭（保育者）と信頼関係を築き、安心して過ごせるようにする

教育（3つの視点）
- 特定の保育教諭（保育者）とのスキンシップや触れ合いの心地よさを感じる
- 腹ばいで手を伸ばして玩具を触ったり、引き寄せたりして遊ぶ

食育
- 授乳時に汗をかきやすいので、風通しをよくしたり、タオルを準備したりするなどして、心地よく授乳できるようにする

■環境構成 ★援助・配慮
- ■室内外の温度、湿度、換気に留意し、過ごしやすい環境を整える
- ■口に入れても安全な玩具を準備し、常に消毒をして清潔を保つ
- ★好きな遊びを楽しみ、情緒の安定を図ったあと、ゆったりと睡眠に入れるようにする
- ★特定の保育教諭（保育者）とのかかわりを多く持つようにし、安定して過ごせるように優しく丁寧にかかわる

自己評価
- 一定量授乳できるようになる。まだ一定時間眠れないが、おんぶすることで眠れるようになった。引き続き、特定の保育教諭（保育者）が丁寧にかかわり、欲求を満たしていきたい

園の行事
- 個人面談
- 身体測定
- 避難訓練
- 誕生会

年間計画　5月

めぐみちゃん 8か月	はるなちゃん 1歳1か月	
●うつぶせ、仰向けをくり返し、転がるように移動しながら、はいはいの体勢になる ●人見知りが始まる ●見た物に手を伸ばして取ったり触ったり、なめたりする ●哺乳瓶を見ると手で引き寄せて乳首をくわえるが、すぐに出す	●保育教諭（保育者）に甘えたり、触れ合い遊びを喜んだりと、信頼関係の深まりや情緒の安定が見られ、探索活動を楽しむ ●指差しや片言で、自分の思いや要求を伝える ●食事の時間を喜び、自ら席に座ろうとする	
●いろいろな感情をその都度受け止め、要求が満たされることで常に安心して過ごせるようにする ●人見知りやあと追いをする時には、特定の保育教諭（保育者）が丁寧にかかわり、心の安定を図る	●欲求や甘えを受け入れ、愛のある丁寧なかかわりをすることで安心して過ごせるようにする ●安心して一定時間眠れるように、静かな環境を整える	養護（生命の保持・情緒の安定）
●座ったり、はいはいをしたりして自由に動くことを楽しむ ●保育教諭（保育者）と一緒に「いないいないばあ」をくり返し楽しむ ●ベビーカーに乗り、外気浴をして心地よさを感じる	●戸外遊びを喜び、春の自然を見たり触れたりする ●自分で選んだり手に取ったりして、気に入った玩具で遊ぶ ●名前を呼ばれると手をあげたり、「ばいばい」と手を振ったりして、やり取りを楽しむ	教育（5領域）
●特定の保育教諭（保育者）が授乳し、飲み方の癖や特徴、飲みやすい姿勢などを把握し、少しずつ授乳量が増える	●対面で保育教諭（保育者）が同じ食材を食べながら、食べ方やよく噛む姿を見せ、食べる意欲につなげる	
■ずりばい、はいはいなどが十分できるように、安全な場所を確保する ■手触りを感じられる玩具を準備する ★不安になっている気持ちを受け止め、優しく声をかけたり、だっこしたりするなどして無理なく過ごせるようにする ★表情豊かに触れ合い、楽しさを共有できるようにする	■存分に探索活動を行えるように、危険な物や場所がないか点検する ■外から帰ってきた時は丁寧に手を洗い、清潔にする ★笑顔で向かい合って喃語を受け止め、その都度応えながら発語を促す ★戸外へ出た際は、草花や生き物に触れ、見せながら「きれいだね」などと声をかけ、身の回りの自然を感じ、楽しめるようにする	
●不安になった時はその都度抱き寄せるなどして、安心できるようにかかわった。保育教諭（保育者）がそばにいれば、安心しているように感じた	●一対一で過ごす時間を大切にして、かかわるようにした。少しずつではあるが、笑顔が見られるようになり、自分からかかわりを持とうとするようになった	

5月の月間指導計画 ④

ねらい

- 一人一人の生活リズムを大切にして園児の欲求に応じることで、安心して過ごすことができる
- 天気のいい日は戸外に出て外気浴をしたり、自然に触れたりして遊ぶことを楽しむ
- 戸外で過ごすことで開放感を味わい、散歩や走るなど全身を動かすことを楽しむ

配慮すべき事項

- 一人一人の成長、発達に応じたかかわりや活動ができるように、担任同士で園児の姿やかかわり方について共有する
- 園児の機嫌や食欲、便の状態などでいつもと違う様子から、体調の変化に気が付けるように健康観察を行い、適切な対応をする
- 入園して1か月が経ち、疲れが出て体調を崩しやすくなる頃なので、体調観察を丁寧に行う
- 防災頭巾などの防災グッズの点検や避難経路について、担任間で確認をする

子育ての支援（保護者支援）

- 連休明けに、保護者と離れる時に泣いてしまうこともあるが、日中の様子や機嫌よく過ごせていることを伝え、安心して預けられるようにする
- 日々成長する園児に応じた対応ができるように、離乳食の段階やトイレトレーニングなどを家庭と連携して行えるように、様子を伝え合うようにする
- 離乳食のステップアップについては、保護者と相談しながら進めていく

ゆうなちゃん　5か月

前月末の園児の姿
- 寝返りができるようになり、腹ばいになって手足を動かして遊んでいる
- 自らほほえんだり、あやされて喜んだりする
- 手に持っている物をなめて、確かめている
- ミルクを飲む量が増え、物足りなくて泣いて怒ることがある

養護（生命の保持・情緒の安定）
- 生活リズムを重視し、眠い時に眠り、授乳のタイミングに合わせることで、園で安心して過ごせるようになる
- いつも要求に応じる保育教諭（保育者）が触れ合い遊びをしたり、あやしたりすると声を出して喜び、愛着関係が芽生えるようになる

教育（3つの視点）
- 触れ合い遊びをしたりあやされたりすると声を出して笑って喜ぶ
- 寝返りをしたり、手足を動かしたり、目の前にある玩具を取ったりするようになる

食育
- ミルクを一定量飲めるようになり、授乳時間の間隔が安定する
- ミルク以外に白湯で水分補給する

■環境構成　★援助・配慮
- ■なめたり、口に入れても安全で清潔な玩具を用意する
- ★「あーあー」という発声や喃語に応じたり、「楽しいね」「どうしたの？」など、子どもの心情に応じた言葉をかけていく
- ★園児の要求にすぐに応じるようにし、応答的なかかわりをして心を通わせることで、愛着関係を育む

自己評価
- 特定の保育教諭（保育者）に生理的欲求に応じてもらうことで、安心して過ごすことができた。天気のいい日にはできるだけ戸外に出るようにし、外気に触れて機嫌よく過ごすことができた

園の行事
- 身体測定
- 避難訓練
- 誕生会
- ふれあい動物村
- 夏野菜・サツマイモ植え
- 遠足

5月

みなとくん 8か月	みくちゃん 1歳1か月
●一人座りが安定し、ずりばいで移動範囲が広がる ●つかまり立ちができるようになるが、自分の力で座れず、疲れると泣いて訴える ●人見知りが始まり、見知らぬ人が近づくと泣く	●園生活に慣れ、保育教諭（保育者）に甘えたり、好きな玩具で一人遊びを楽しむ姿が見られる ●安心できる保育教諭（保育者）の見守りの下、探索活動を楽しむ ●指差しが盛んになり、思いを伝えたり意思表示をするようになる
養護（生命の保持・情緒の安定） ●生理的欲求に応じて丁寧にかかわることで、健やかな心身の成長につなげられるようにする ●人見知りの不安な気持ちや甘えなど、様々な感情を受け止め、特定の保育教諭（保育者）が丁寧にかかわることで、安心して過ごせるようにする	●一定の時間午睡することで、午後からも機嫌よく過ごせるようにする ●活動の節目でおむつに排尿していない時はオマルに座らせ、排泄の感覚が分かるようにする ●触れ合いや優しいまなざし、語りかけで、甘えを受容されていることを全身で感じられるようにする
教育（5領域） ●お座りが安定し、座ったまま両手で玩具を持って遊び、反対の手に持ちかえたり、打ちつけたりして意図的に手を使って遊ぶ ●手遊びや触れ合い遊びで特定の保育教諭（保育者）と遊ぶ喜びを感じる ●人に関心を持ち始め、じっと顔を見たり笑い返したりして表情が豊かになる	●歩行が始まり、長い距離を歩くことを楽しむ ●探索活動が盛んになり、身近な物に関心を示す ●戸外で遊ぶことを喜び、砂、植物、虫など、身近な自然に触れることで興味や関心を広げる ●指差しで意思表示したり、「まんま」「ワンワン」など一語文で意味のある言葉を話すようになる ●保育教諭（保育者）と動物を一緒に見て楽しむ
●離乳食を喜んで食べ、そしゃくと嚥下を促すように、「あーん」「もぐもぐ」など、保育教諭（保育者）が口を動かして見せるようにする	●保育教諭（保育者）の補助の下、コップを持ってお茶などをこぼさずに飲めるようになる ●こぼしながらも手づかみやスプーンを使って自分で食べようとする
■ずりばいやつかまり立ちができるように、安全な場所を確保する ■カラフルな色や違う素材の物、音の鳴る玩具など、様々な種類の玩具を用意し、子どもの手の感覚を刺激したり好奇心を育てたりするようにする ■戸外に出る時は散歩カーを用意し、園庭散歩を楽しむ ★園児のほほえみに表情豊かに応じるようにし、喜びや悲しみなどの感情に共感する ★離乳食の様子をよく観察し、離乳食の形状や量が適切か、ステップアップするタイミングがいつかなどの判断ができるようにする	■戸外に出て広々とした園庭をたくさん歩いたり、遊具で遊んだりして、全身を使って遊ぶ機会を増やす ■様々な素材の物に触れ、手指の感覚や機能を高める ★園児が関心を持っている物を言葉で共感したり、指差しや意味のある言葉に応じ、伝えたいという意欲を育てるようにする ★トイレトレーニングでは子どもの排尿間隔を把握し、午睡明けなど排泄のタイミングが合わせやすい時にオマルに座らせるようにする。タイミングが合い、排泄に成功した時は一緒に喜ぶようにする
●室内で十分に体を動かせる場所を確保したことで、ずりばいからはいはいへと体勢をかえ、さらに行動範囲が広がった。戸外では周りの景色を見て機嫌よく過ごすことができた。身近な自然に関心が持てるよう、園児の見ている物を言語化することで、共感することができた	●歩行の始まりで転倒の危険があるため、安全な環境を整えたことで、自由に動き回る姿が見られた。園児の伝えたい気持ちを十分に受け止め、応答的にかかわることで、一語文で意味のある言葉を話すようになった

5月の月間指導計画 ⑤

ねらい
- 園生活に慣れ、保育教諭（保育者）との愛着関係の下で安心して過ごせるようになる
- 天気のいい日は戸外へ出て、園庭で遊んだり花や虫などを見たりして楽しむ
- 保育教諭（保育者）に見守られながら興味を持った玩具で遊んだり、触れ合い遊びを楽しんだりする

配慮すべき事項

- 連休明けの不安な気持ちを受け止め、生活リズムを整えられるようゆったりとかかわる
- 一対一のかかわりを大切にし、コミュニケーションを十分に取り、心の安定を図る
- 高月齢児と低月齢児では動きに違いがあるので、遊ぶスペースや時間を分けて活動できるようにする
- 連休明けで不安定な日が続く時は、ゆったりと保育教諭（保育者）とかかわれるようにし、疲れによる体調の変化に留意する
- 気温が高い日には水分や休息をしっかり取る
- 玩具や保育室はこまめに消毒し、玩具の破損の点検などを行い、清潔で安全に過ごせるようにする

子育ての支援（保護者支援）

- 園と家庭での生活が連続したものとなるよう、園児の様子を細かく伝え合う
- 送迎時に園児の様子を伝え、園児、保護者共に安心して園生活を送れるようにする
- 日によって気温差があるので、調節しやすい衣服を用意してもらう
- 様々な感染症への注意を呼びかけ、健康状態を確認する

れんくん　5か月

前月末の園児の姿
- 仰向けの姿勢で手足を持つ
- 身近な大人のほほえみに対してほほえみを返し、機嫌よく過ごす
- 眠くなると不機嫌になるが、だっこで安心して入眠する
- 目と手の協応が始まり、見た物に手を伸ばししっかりと握る

養護（生命の保持・情緒の安定）
- 睡眠の間隔や授乳時間を把握し、心地よい生活リズムで過ごせるようにする
- 特定の保育教諭（保育者）との愛着関係を結び、安心して過ごせるようにする

教育（3つの視点）
- 腹ばいで手を伸ばして玩具を触ったり、引き寄せたりして遊ぶ
- 戸外に出て、日差しの心地よさやまぶしさを感じる

食育
- 特定の保育教諭（保育者）に授乳され、安心して一定量が飲め、満足する

■環境構成 ★援助・配慮
- ■室内の温度や湿度、換気に留意し、過ごしやすい環境を整える
- ■握りやすい玩具を提供したり、口に入れても安全な玩具を準備し、常に消毒をして清潔を保つ
- ★特定の保育教諭（保育者）とのかかわりを多く持つようにし、安定して過ごせるように優しく丁寧にかかわる
- ★睡眠中はこまめに様子を観察し、SIDSの予防に努める

自己評価
- 引き続き特定の保育教諭（保育者）が丁寧にかかわり、欲求を満たすことで生活が安定した

園の行事	●身体測定 ●避難訓練 ●誕生会

ひなちゃん 8か月

- ●ずりばいをしながら自由に動き、腕を使いながら方向転換をする
- ●人見知りが始まる
- ●見た物に手を伸ばして取ったり触ったり、なめたりする
- ●名前を呼ばれたりあやされたりすると笑顔を見せる

あおいちゃん 1歳1か月

- ●保育教諭（保育者）に甘えたり、触れ合い遊びを喜んだりする
- ●部屋の角や狭い所に入るなど、探索活動を楽しむ
- ●食事の時間を喜び、自ら椅子に座ろうとし、手づかみで食べ進める

	ひなちゃん		あおいちゃん
養護（生命の保持・情緒の安定）	●午前、午後ともに静かな空間で一定の睡眠時間が取れるように環境を整える ●人見知りや後追いをする時には、特定の保育教諭（保育者）がかかわり、心の安定を図る		●欲求や甘えを十分受け入れ、丁寧にかかわることで情緒が安定し、安心して過ごせるようにする ●一定時間眠れるよう部屋の温度や湿度の調節を行い、静かな環境を整え、午後からも機嫌よく過ごせるようにする
教育（5領域）	●保育教諭（保育者）と一緒に「いないいないばあ」などの触れ合い遊びをくり返し楽しみ、まねしてみようとする ●天気のいい日はベビーカーやだっこで外気浴をして、春の自然を肌で感じる		●歩行が安定し、靴を履いて戸外での探索活動を楽しむ ●名前を呼ばれると手をあげたり、「マンマ」「ママ」など一語文を話すようになり、やり取りを楽しむ

- ●離乳食を進めるにあたって食材チェック表を活用し、家庭との連携を大切にする

- ●大きさや硬さに留意し、「もぐもぐ」など声をかけながらよく噛むことを促す

- ■ずりばいや、はいはいなどが十分にできるように、安全な場所を確保し動きを見守る
- ■興味の持てるような玩具を用意し、一緒に遊びを共有し触れ合っていく
- ★泣いている時には気持ちを受け止め、優しく声をかけたり、だっこしたりするなどして無理なく過ごせるようにする
- ★誤飲やけがのないように玩具の大きさや形状、置き場所に注意する

- ■十分に体を動かしながら自由に探索活動を楽しめるよう、安全で広い環境を整える
- ■様々な素材の物に触れながら、手指の感覚や機能を刺激する
- ★できるだけ同じ生活リズムで過ごし、安定して生活できるよう、日々のくり返しを大切にする
- ★戸外へ出た際は、草花や生き物を見せながら「きれいだね」などと声をかけ、発語を促す

- ●興味に合わせた玩具を用意したことで、ずりばいでの探索活動が意欲的にできた

- ●戸外では心地よい風や自然物に気付けるよう声をかけることで、戸外遊びを楽しむことができた

5月の月間指導計画 ⑥

ねらい
- 天気のいい日は戸外に出て、草花や虫などを見て楽しむ
- 一人一人に合った生活リズムで園生活に慣れ、安心して機嫌よく過ごす
- 保育教諭（保育者）との触れ合い遊びを楽しみ、そばで見守られている中で体を動かしたり、探索活動をしたりする

配慮すべき事項
- 入園から1か月で大型連休に入り、疲れや生活リズムの乱れから体調不良を起こす場合があるので、無理なくゆったりと過ごせるよう、保育環境を整える
- 一人一人の成長に留意しながら、発達に合わせたかかわりや活動ができるよう職員間で園児の情報を共有する
- 連休明けで生活リズムや体調が不安定な日が続く時は、ゆったりとした保育環境を整え、生活リズムの安定を図る
- 避難経路や保護者への連絡の仕方などを再確認する
- 外気浴をするために、紫外線対策やベビーカーの安全点検をしておく

子育ての支援（保護者支援）
- 連休明けは泣いて保護者と離れたくない気持ちを表すことが多くなるが、登園後少しすると泣き止み、遊びはじめていることを伝え、保護者の心配する気持ちをくみ取りながら園での様子を知らせ、不安の軽減に努める
- 保護者と相談しながら離乳食を進めていく

ゆいなちゃん（5か月）

前月末の園児の姿
- ミルクの量が足りないと泣いて知らせる
- 保育教諭（保育者）が笑いかけると笑い返し、あやされて喜ぶ
- 手に持っている玩具をなめて確かめている

養護（生命の保持・情緒の安定）
- 腹ばいや寝返りができる空間を確保し、体を十分に動かせるようにする
- 特定の保育教諭（保育者）があやし、触れ合い遊びやスキンシップを取ることにより、愛着関係を築いていく

教育（3つの視点）
- 手足を伸ばして、そばにある玩具を手に取る
- 発声や喃語に応じ、園児の気持ちを代弁するような語りかけに興味を持ち楽しむ

食育
- 授乳の間隔が安定し、ミルクを一定量飲めるようになる

■環境構成 ★援助・配慮
- ■口に入れたりなめたりすることを想定し、安全な玩具を用意する
- ■体勢を変えながら遊べる空間を作り、寝返りがしやすいような環境を作る
- ★目を合わせながら優しく語りかけるなどして、応答的に接する
- ★授乳の際は静かで落ち着いた環境でミルクを飲めるようにする

自己評価
- 安心して過ごせるよう、なるべく特定の保育教諭（保育者）とかかわる時間を多く取ったことで、愛着関係が深まり、園での生活リズムも安定してきた

園の行事

- 身体測定
- 避難訓練
- 誕生会
- 遠足

年間計画 4月 5月 6月 7月 8月 9月 10月 11月 12月 1月 2月 3月

かいくん 8か月		りんちゃん 1歳1か月
●人見知りが始まる ●あやされたり声をかけられたりするとほほえみ、喜ぶ表情を見せる ●ずりばいをしながら移動し、探索活動を楽しむ		●指差しが盛んになり、表情豊かに保育教諭（保育者）に意思表示する ●自分で立ち上がり、一歩足が出るようになった ●手づかみで食べることを喜び、園の離乳食の味にも慣れてきた
●人見知りなどの不安な気持ちを受け止め、安心して過ごせるようにする ●ずりばいやお座りなどの体勢の変化に合わせた玩具を用意する	養護（生命の保持・情緒の安定）	●園での食事、排泄、睡眠のリズムを無理のないよう整える ●離乳食の時間が楽しみになるよう声をかけ、食べる意欲を促す
●外気浴やベビーカーで散歩しながら、戸外の雰囲気に興味を示す ●音が出る玩具を振り、自分で音を出すことを楽しむ	教育（5領域）	●自分で立ち、歩こうとする ●一語文を発し、自分の気持ちや状況を伝えようとする ●好きな遊びや玩具を見つけ、一人で遊ぶことを楽しむ
●保育教諭（保育者）が口を動かしてみせ、咀嚼や嚥下の仕方を伝える		●食材をよく噛んで食べられるよう、「もぐもぐ」や「かみかみ」などと声をかけ、咀嚼を促す
■様々な素材や音が出る玩具を用意し、手に取って遊びたいという意欲を引き出せるようにする ■誤飲やけがのないよう、玩具の形状や大きさ、配置場所に気を付ける ★人見知りで不安な様子の時は、優しく声をかけて気持ちを落ち着かせ、安心できるようにする ★戸外に出た際は、保育教諭（保育者）が「暖かいね」「鳥の声が聞こえるね」などと言葉で伝え、発語への意欲を促していく		■好きな遊びや玩具、絵本に十分かかわれるような保育時間を設定する ■安全に歩行を楽しめるよう保育室を整え、十分な広さを確保する ★関心を持った絵本や物に保育教諭（保育者）が言葉に出して共感し、発声や喃語に応答的に応えることで、伝わる楽しさを感じられるようにする ★離乳食は栄養士や調理師と連携を取りながら、食材の大きさや形状を決め、状況によって変えるなどして対応する
●様々な音が出る玩具を用意したことで興味を持ち、手に取って振る、腹ばいで玩具に手を伸ばすなどの活動につなげることができた		●離乳食の進み具合について、保護者と連絡ノートや口頭で密に連絡を取ることで、きめ細かく対応できた。それにより、食に興味を持ち、スプーンを持つ意欲につなげることができた

55

6月の月間指導計画①

ねらい
- 梅雨期の衛生に留意し、感染症や熱中症に気を付け、健康に過ごせるようにする
- 一人一人の発達に合わせた環境を作り、体を動かすことを楽しむ
- 興味のある物に触れながら、意欲的に遊びを楽しむ

配慮すべき事項
- 少しずつ気温や湿度が上がってくると思われるため、空調管理をしたり汗をかいたら着替えや沐浴をするなどして清潔に過ごせるようにする
- 室内外の清掃、玩具などの洗浄や消毒を行い、衛生面に配慮する

子育ての支援（保護者支援）
- 1日の気温差があるため調節しやすい衣服や着替えを多めに用意してもらう
- 感染症について掲示板で知らせたり、園児の体調に変化があればすぐに知らせ、早めの対処をお願いする

こうたくん　6か月

前月末の園児の姿
- スプーンで白湯を飲むことに慣れてくる
- 午前、午後の睡眠のリズムが安定してくる
- あやされると機嫌よく笑ったり喃語が出たりする
- 寝返りや腹ばいなどの体勢になり、手足を動かしながら玩具に手を伸ばし、つかんで遊ぶ

養護（生命の保持・情緒の安定）
- ■落ち着いた雰囲気の中で安心して授乳や睡眠がとれるようにする
- ■生理的欲求が満たされ特定の保育教諭（保育者）などとのかかわりに安心する

教育（3つの視点）
- ★腹ばいで両腕をしっかりついて上体を起こし、目の前にある物に手を伸ばしてつかもうとする
- ★保育教諭（保育者）などの語りかけを喜び、喃語で答える
- ★寝返りや腹ばいなど体勢を変えながら、興味のある物を見たり触れようとしたりする

食育
- 離乳食の開始にあたり、食べた食材や形状など保護者と連携を取りながら無理なく進めていく

環境構成 ★援助・配慮
- ■温度調節や換気などを行い、快適に過ごせるようにする
- ■寝返りが十分にできるスペースを確保したり、片手で握って遊べるような玩具を用意したりする
- ★スキンシップをとりながら一対一のかかわりを十分に持ち、触れ合ううれしさを感じられるようにする
- ★優しく語りかけたり絵本の読み聞かせをしたりしながら喃語に応じる

自己評価
- おむつ換えや着替えの時なども優しく言葉がけやスキンシップを取ることで、笑顔を見せたり喃語がよく出るようになった

園の行事	●誕生会　●身体測定　●避難訓練

みさきちゃん　9か月

- 離乳食では形のある物を手づかみで食べる
- はいはいを盛んにしながら探索活動を楽しむ
- 保育教諭（保育者）などにあやされることを喜び、よく笑う
- 興味のある物へ近づき、触ったり引っぱり出したりする

あいなちゃん　1歳2か月

- 園生活にも慣れ泣かずに過ごすことが増えた
- 歩きながら好きなところへ行くなど、探索活動が盛んになっている
- オマルに座り、タイミングが合えば排尿する
- 友達に少しずつ興味を示し、持っている物を欲しがったりする

	みさきちゃん	あいなちゃん
養護（生命の保持・情緒の安定）	■汗をかいた時は着替えをしたり沐浴やシャワーをして体を清潔にし、気持ちよさを感じられるようにする ■甘えや不安を保育教諭（保育者）などに受け止めてもらいながら安心して過ごす	■歩行や指先を使った遊びなど、体を動かして意欲的に遊べるようにする ■安心できる保育教諭（保育者）などの下、探索活動を十分に楽しめるようにする
教育（5領域）	★つかまり立ちをしたり、指先で小さな物をつまんだりする ★絵本を読んでもらったり、喃語を発しながら保育教諭（保育者）などとの応答的なかかわりを喜ぶ ★自分の興味のある物へ自由に移動したり触ったりする	★指差しや一語文を通して、保育教諭（保育者）などと気持ちが通じ合うことを喜ぶ ★雨の降る様子や音を保育教諭（保育者）などと見たり聞いたりして興味を持つ ★音楽や歌に合わせ、手をたたいたり体を揺らしたりする

- 食材を手づかみで食べられるような大きさにし、自分で食べる意欲を育てていく

- 自分で食べようとする姿を認めつつ、スプーンの使い方を優しく知らせていく

■室内の換気や温度調節をこまめに行い、快適な環境を整える
■保育教諭（保育者）に見守られながら探索活動ができるよう、安全面に配慮し、環境を設定する
★甘えや不安を受け止めながら、保育教諭（保育者）などへの信頼感が高まるようにする
★食事の時は「もぐもぐ」「おいしいね」などと言葉がけをしながら、楽しく意欲的に食べられるようにする
★手遊びや触れ合い遊びを多く取り入れ、スキンシップを大切にする

■安全な環境作りに配慮し、探索活動を十分に楽しめるようにする
★排泄は午睡後などタイミングを見て無理なくトイレに誘うようにする
★絵本の読み聞かせなどで言葉のやり取りを楽しんだり、動物や野菜などその物の名前を知らせていく
★雨の降る様子などを言葉にして伝えたり指差しに共感したりしながら、興味を持ってかかわれるようにする
★音楽に合わせ体を動かしたり、歌に合わせて手遊びをしたりと、触れ合いながら体を動かすことを楽しめるようにする

- はいはいからつかまり立ちをするようになり、それに合わせて安全面に配慮しながら遊具や玩具の設定を行ったことで、自由に好きな遊びを楽しむようになった

- 探索活動や一人遊びが盛んになったが周りの園児への興味が増し、玩具の取り合いなどのトラブルも出てきた。噛みつきなどに注意し、仲立ちをする

年間計画　4月　5月　**6月**　7月　8月　9月　10月　11月　12月　1月　2月　3月

57

6月の月間指導計画②

ねらい
- 雨が降っている様子や音に興味を示したり、運動会の練習や応援する声、音楽に耳を傾けたりすることで、この季節ならではの雰囲気を感じる。また、歩行が安定している園児は遊戯に参加し、楽しめるようにする
- 絵本を読んでもらうことで、絵や言葉のリズムに興味を示し、くり返し読んでもらうことで、次のページの展開を楽しみにする

配慮すべき事項
- こまめに水分補給をし、たくさん汗をかいて活動できるようにする
- 日差しが強く気温が高い日は、戸外活動の時間を短めにし、熱中症に十分気を付けるようにする
- 分かりやすく、はっきり発音し、ゆっくりと言葉を話すよう心がけ、話していることに興味を示せるようにする

子育ての支援（保護者支援）
- 楽しく運動会に参加できるように、発達の様子を保護者と話し合うことで、無理せず参加できるようにする
- 保護者が無理のない範囲で家庭でゆったり過ごす時間を作ることが、園児の情緒の安定につながり集団生活がよりよいものになることを伝えていく。また、感染症について知らせたり、細かい体調の変化を伝え合ったりする

けんとくん　6か月

前月末の園児の姿
- 保育教諭（保育者）などに支えてもらいながら座位の体勢を楽しんでいる
- 寝返りや腹ばいをしたり、足をバタバタさせたりして動かそうとしている
- 初めて会う人の顔をじーっと見つめる

養護（生命の保持・情緒の安定）
- 汗をかいたら、こまめに体を拭いたり着替えたりして、肌の清潔を保ち、快適に過ごせるようにする
- 視線を合わせて語りかけ、触れ合う楽しさを感じていけるようにする

教育（3つの視点）
- 興味のある玩具を選び、手から手に持ち替えながら遊ぶ
- 保育教諭（保育者）などの声かけに喃語で応答し、言葉のやり取りや気持ちのやり取りを楽しむ

食育
- 二回食が始まるにあたり、食材や形状など家庭での工夫を細かく知ることで、安心して保育教諭（保育者）などと楽しく離乳食を食べていく

環境構成★援助・配慮
- ■室温や湿度をこまめに確認し、定期的に換気を行い、心地よく過ごせるような環境を用意する
- ■興味に合わせて、握りやすくつかみやすい玩具を用意する
- ★手の届く所に音が出たり、おもしろい動きをする玩具を置き、保育教諭（保育者）なども一緒にかかわることで、おもしろさを引き出せるようにする
- ★保育教諭（保育者）などに触れられることや言葉をかけられることを喜び、安心感を持てるようにする

自己評価
- こまめに湿度管理や着替えをし、快適に過ごすことができた。腹ばいでの移動やお座りでの体勢を楽しむ中で、他児の姿を見たり、触れ合ったりして、人への関心を広げていきたい

園の行事

●運動会 ●避難訓練 ●安全教室

あこちゃん 9か月	あかりちゃん 1歳2か月	
●離乳食が運ばれてくることが分かり、手をたたいて喜びを表そうとする ●手を伸ばしてだっこを求め、自分から保育教諭（保育者）などとかかわろうとする		●友達や保育教諭（保育者）などの顔を覗いて笑顔を誘おうとする ●安定した歩行での移動が増えている ●簡単な言葉の理解が進み、「座ろうね」と言うと座ったり、「まだだよ」と言うと止まったりしている
●「きれいにしようね」「さっぱりしたね」と声をかけられながら顔を拭いてもらうことで、気持ちよさを感じていけるようにする ●信頼できる保育教諭（保育者）などとのかかわりから、安心して自分の欲求を表現できるようにする	養護（生命の保持・情緒の安定）	●戸外では帽子を着用し、水分補給をこまめに行うとともに、摂取量や排尿の有無を確認し、健康状態を把握していく ●園児が感じている気持ちを言葉で表現し、保育教諭（保育者）などとの共感が芽生えるようにかかわる
●自分の興味のある物へ、はいはいをしたり、つかまり立ちをして探索活動を楽しむ ●季節の歌や手遊びの歌を、保育教諭（保育者）などと一緒に楽しむ ●友達に近づいていき、手を伸ばして触れてみる	教育（5領域）	●音楽や歌に合わせて、体を揺らしたり、手をたたいたり、簡単な動きを模倣したりする ●絵本を見て指を差し、興味のある物や知っている物に関心を示す
●手で触れて食べ物の感触を知り、持ちやすくつまみやすい形状にし、握り食べから、つまんで食べられるようになる		●自分で食べたいという意欲が育ち、フォークやスプーンをくり返し使ってみようとする
■はいはいで十分に体を動かし、探索活動ができるように、安心して活動できるスペースを用意する ■自分で食べることを楽しめるように、こぼれてもよい環境を用意する ★甘えや不安を受け止めて、信頼関係を深めていけるようにする ★保育教諭が表情豊かに応答し、喃語や表情で伝えたいという気持ちが持てるようにする		■午睡中は湿度や気温に留意し、ぐっすり眠れるような環境を用意する ■いつでも保育教諭（保育者）が見てくれているという安心感の中、探索活動や歩行が十分に楽しめる安全な環境を用意する ★楽しく運動会の活動に参加できるよう、触れ合いながら体を動かし、一緒に喜んでいく ★手遊びや絵本など簡単な言葉のやり取りを通して、友達や保育教諭（保育者）などと一緒に楽しめるようにしていく。また、動物や食べ物などには名前があることを伝えていく
●音楽や手遊び、絵本に喃語で反応したり、手をたたいたりして楽しむことができた。はいはいが盛んになってきたため、けがのないよう活動範囲を広げ、伸び伸びと体を動かしていきたい		●初めての運動会も機嫌よく参加することができた。雨が降っている様子を一緒に見ながら言葉を添えたことで、指を差して、雨が降っている様子を伝えようとしていた。一緒に季節を感じることができてよかった

6月の月間指導計画③

ねらい
- 梅雨期の衛生面や環境面に留意し、快適に過ごす
- 梅雨期ならではの自然の変化に触れる
- 保育教諭（保育者）との安定したかかわりの中で、興味のある物に触れたり、体を動かしたりして遊ぶ

配慮すべき事項
- 気温に合わせ、室温や衣服、寝具などを調節し、梅雨期から夏期を快適に過ごせるようにする
- 室内、戸外にかかわらず、こまめな水分補給をする
- 園児が触れる場所はきれいに消毒する

子育ての支援（保護者支援）
- 感染症が流行しやすい時期なので、体調に変化がある時は早めに知らせ、早期発見・早期治療に努める
- 汗をかいた時に着替えやシャワーができるように、衣服やタオルを準備してもらう

ひかるくん　6か月

前月末の園児の姿
- 寝返りができるようになる
- 保育教諭（保育者）と目が合ったり、体に触れたりすると声を上げて笑い、手足をバタバタと動かす
- 眠たい時やお腹が空いた時、かまってほしい時に激しく泣いて知らせる
- 午睡中のちょっとした物音で目が覚める

養護（生命の保持・情緒の安定）
- 汗を拭き、こまめに衣服を着脱して清潔に保ち、心地よく過ごせるようにする
- 信頼できる保育教諭（保育者）との触れ合いの中で愛着を深め、安心して自分の欲求を表現できるようにする

教育（3つの視点）
- いろいろな形や大きさ、感触の玩具に触れて遊ぶ
- 腹ばいで手を伸ばし、玩具を触ったり引き寄せたりして遊ぶ

食育
- 白湯をスプーンで飲むなどし、園での離乳食開始の準備をする

環境構成 ★援助・配慮
- ■湿度が高く気温の変化も著しい時期なので、健康状態、室内の温度調節、衛生に十分気を配る
- ■様々な素材を使った手作り玩具を準備する
- ★だっこをしたり、スキンシップを取ったりしながら、様々な体位を経験できるようにかかわる
- ★喃語にその都度応答し、安心して発語できるようにする

自己評価
- 冷房の風ばかりではなく自然の風を取り入れ、こまめに気温、湿度の調節を行うことができたことにより授乳時の汗が少なくなり、心地よくミルクを飲んでいる様子が見られた

園の行事
- 虫歯予防デー
- 身体測定
- 避難訓練
- 誕生会

めぐみちゃん 9か月	はるなちゃん 1歳2か月	
●手で体を支え、お座りする姿が見られる ●「おいで」と手を出すと、自分から体を乗り出して抱いてもらおうとする ●母親と離れる時に泣くようになる ●ぐっすりと眠れるようになったが、たびたびうつぶせになる	●帽子を渡すと戸外へ行くことが分かり、扉のほうへ駆け寄る ●機嫌のよい時はさかんに声を出す ●欲しい物や見つけた物を指差しして知らせる ●「おいで」や「座ろうね」などの言葉の理解が感じ取れる	
●汗を拭き、必要に応じて沐浴を行うことで、心地よく快適に過ごせるようにする ●信頼できる保育教諭（保育者）が応答的にかかわり、安心して過ごせるようにする ●うつぶせになった際は優しく仰向けに寝かせ、睡眠中のきめこまかな観察を行う	養護（生命の保持・情緒の安定）	●十分に体を動かして遊べる環境を整える ●戸外へ行く時は、日陰で遊ぶなど日差しにも配慮し、こまめな水分補給をすることで熱中症対策を行う
●お座りしたり、はいはいをしたり転がったりと、体を動かして遊ぶことを楽しむ ●保育教諭（保育者）の膝の上で絵本を読んでもらい、楽しさを共有し、情緒の安定が得られる	教育（5領域）	●衣服の着脱に興味を持ち、手足を動かそうとする ●探索活動を通して、見る、聞く、触れる、嗅ぐなどの感覚の働きが豊かになる ●指差しや喃語、片言で自分の思いや要求を伝える
●園での離乳食開始初日は保護者に来てもらい、食材の大きさや食べ具合について確認し合いながら食べさせる	●スプーンやフォークを使おうとする姿を受け止め、徐々に慣れるようにする	
■温度、湿度に気を配り、換気や冷房を使用するなどして、快適に過ごせるようにする ■十分に動ける広いスペースを準備する ★「汗をかいたね」「気持ちいいね」などと声をかけながら、シャワーや着替えを行い、きれいになる心地よさを感じられるようにする ★ゆっくりと落ち着いた環境で絵本を読むようにし、声の大きさや抑揚に配慮する	■室内の温度や湿度に留意し、快適に過ごせる環境を整える ■お茶、紙コップを準備し、いつでも水分補給ができるようにする ★「ぽつぽつと音がするね」「カエルが鳴いているね」などと声をかけながら、雨の日ならではの環境を感じ取れるようにする ★話したいという気持ちが増すように、表情豊かに言葉を返し、うれしくなるような応答をする	
●十分に動けるスペースを準備したことで、はいはいを促し、体幹を鍛えることにつながった。お腹にあせもができているので、引き続き沐浴などで肌を清潔に保っていきたい	●雨の降っている日はベランダに出て、雨音やにおい、温度などを一緒に体感できた。外の様子に興味を示し、指差しをしたり片言を話したりし、思いを代弁することで発語への意欲も引き出せた	

61

6月の月間指導計画 ④

ねらい
- 梅雨期の衛生面に留意し、快適に過ごせるようにする
- 雨で戸外に出る機会が減るため、室内でできる粗大遊び、運動遊びなどで体を動かすことを楽しむ
- 好きな遊びをくり返し楽しむ

配慮すべき事項
- 気温に合わせ、室温や衣服、寝具の調整を行い、快適に過ごせるようにする
- 雨で戸外に出られない日が続く場合は、室内での遊びを工夫し、遊戯室の広々とした空間で、はいはいや歩行が十分できるようにする
- 梅雨期に入り、気温、湿度が上がり感染症が流行しやすくなるため、保育室の清掃と消毒に努める
- 内科健診、歯科検診を行い、発育及び健康状態を確認する

子育ての支援（保護者支援）
- 気温に合わせてタンス内の衣替えをお願いする
- 感染症の早期発見、治療ができるように、園内で流行している感染症があれば、全保護者に周知する
- 参観やクラス懇談会を開催し、日頃の園での様子や活動のねらい、今後の取り組みなどについて伝え、理解につなげる。また保護者の疑問を聞く機会にする
- 虫歯予防デーに合わせ、食後の口腔内の洗浄や歯磨きの大切さについて保護者に伝える

ゆうなちゃん 6か月

前月末の園児の姿
- うつぶせから仰向けに寝返りができるようになる
- 視線が合うことが増え、あやされて喜ぶ
- 手に持った玩具を反対の手に持ち替えて遊ぶようになる
- 他児の食事の様子を見て、口を動かしたり、よだれが多く出たりしている

養護（生命の保持・情緒の安定）
- 汗をかいたらこまめに拭いたり、1枚脱がせるなど衣服を調節し、快適に過ごせるようにする
- 視線を合わせて語りかけたり、触れ合ったりすることを通して、情緒の安定を図るようにする

教育（3つの視点）
- 目の前にある玩具に手を伸ばしたり、手に持っている物をなめて、口の感覚で確かめる
- 保育教諭（保育者）が語りかけたり、笑いかけたりすると笑い返したり、喃語で応じる。また、保育教諭（保育者）の姿が見えなくなると「あーあー」と声を出して呼ぶこともあり、優しく応じる

食育
- 家庭での離乳食の進み具合を聞きながら、2回食になるタイミングで園での離乳食を開始する
- 家庭と連携して離乳食を進めていくため、保護者と食べている食材や量、様子を共有する

■環境構成 ★援助・配慮
- ■戸外ではだっこやおんぶで園庭を散歩したり、日陰にシートを敷いたりして、心地よく過ごせるようにする
- ■離乳食は機嫌のよい時に進めるようにし、食べている様子をよく観察するようにする
- ★子どもが見ている物や関心を示している物に対して共感し、言葉で名称を伝えたり、気持ちを代弁して、たくさんの言葉をかける
- ★子どものペースに合わせて介助し、「おいしいね」「ごっくんできたね」などと声をかける

自己評価
- 食事前に短い睡眠を取ったことで、眠くならずに機嫌よく離乳食が進められた。喃語に対して応答的にかかわることで、心を通わすことができた

園の行事
- 内科健診
- 歯科検診
- 歯磨き教室
- 手洗い指導
- 参観
- クラス懇談会
- 誕生会
- 避難訓練

みなとくん 9か月	みくちゃん 1歳2か月
●はいはいができるようになり、保育教諭（保育者）が「おいで」と声をかけると、うれしそうにはいはいで移動する ●人見知りで、いつも世話をする保育教諭（保育者）以外の人が近づくと激しく泣く ●名前を呼ばれると反応する	●「ママ」など意味のある言葉を言うようになる ●不安や不快を泣いて訴えるが、保育教諭（保育者）の温かいかかわりで気持ちが落ち着くと、機嫌よく過ごせるようになる ●両手でバランスを取りながら歩くことを楽しむ
●特定の保育教諭（保育者）と愛着関係を築き、見守られている安心感の下、玩具で遊んだり機嫌よく過ごしたりできるようにする	**養護（生命の保持・情緒の安定）** ●オマルでの排泄の成功が増え、排尿感覚が分かるようになる ●食後の歯磨きで、歯ブラシに興味を持てるようにする
●「おいで」と手を差し伸べられると、自分からだっこをしてもらおうとする ●はいはいで移動するのが上手になり、欲しい物を自分で取りに行こうとする ●紙や布、音の鳴る玩具などで、五感を使って遊ぶことを楽しむ ●持っている物を落として、転がる様子を楽しむ	**教育（5領域）** ●戸外に出て遊ぶことを楽しみ、身近な自然に関心を持つ ●梅雨期に合わせ、雨の様子を見るなど梅雨に関することを活動に取り入れる ●保育教諭（保育者）の言っていることに反応したり、うなずくなど、言葉が少しずつ分かるようになってきている ●探索活動が盛んになり、好きな玩具を次々と出して遊ぶようになる
●離乳食後期にステップアップし、1日3回食になる ●離乳食の移行に伴い、フォローアップミルクに変える	●完了期食をしっかりそしゃくして食べるように、言葉をかけていく ●手づかみやスプーンを使って自分で食べる意欲がますます高まる
■高月齢児と遊ぶ空間を分け、安心して動ける環境の下、活動できるようにする ■様々な形状や素材の物を遊びに取り入れ、保育者と感触遊びを楽しめるようにする ★バナナくらいの硬さの物を舌や歯茎でつぶして食べているか、よく観察する ★子どもの心情に寄り添い、表情やしぐさから読み取ったことを言葉に置き換え、応答的なやり取りをすることで安心感や言語発達の基盤になるようにする	■室内の気温や湿度に配慮し、快適に過ごせるようにする ■雨の様子に関心が持てるように、外の様子を見にいく機会を持ち、「雨が降っているね」「水たまりが大きいね」など、雨に関する話をたくさんするようにする ★排尿間隔を把握し、タイミングを合わせてオマルに座るようにする。また、成功したことを園児と共に喜び、次につなげるようにする ★仕上げ磨きは楽しい雰囲気で行い、きれいになった気持ちよさを感じられるようにする
●後期食に移行し、食事の様子を保護者と共有しながら無理なく進めていくことができた。はいはいで自由に移動できることを十分楽しめた	●保育教諭（保育者）が応答的なかかわりをしたことで、言葉を理解して行動するようになってきた。戸外での活動は少なかったが、雨の様子を見て喜び、関心を広げることができた

6月の月間指導計画 ⑤

ねらい
- 梅雨の季節を室内で快適に過ごし機嫌よく遊ぶ
- 保育教諭（保育者）との安心できる環境の下で発達に合った玩具で遊ぶ

配慮すべき事項

- 気温に合わせ、室温や衣服、寝具などを調節し、梅雨期から夏期を快適に過ごせるようにする
- 室内、戸外にかかわらず、こまめな水分補給をする
- 園児が触れる場所や玩具はこまめに消毒する
- 室内清掃や消毒をこまめに行い、感染症の予防に努める
- 子どもの目線に立ち、危険な箇所に気を付け発達に応じた玩具を用意する
- 衛生管理に注意を払い、快適に過ごせるようにする

子育ての支援（保護者支援）

- 感染症が流行しやすい時期なので、体調に変化がある時は早めに知らせ、早期発見、早期治療に努めるよう連携する
- 汗をかいたら着替えやシャワーができるよう、衣服やタオルを多めに準備してもらう
- 送迎時や連絡帳を通して園での様子を伝えるとともに、子育ての喜びや不安を共有し保護者との信頼関係を築いていくようにする

れんくん　6か月

前月末の園児の姿
- 保育教諭（保育者）と目が合ったり、体に触れたりすると声を上げて笑い、手足をバタバタと動かす
- 眠たい時やお腹が空いた時、甘えたい時には泣いて知らせる
- 午睡中のちょっとした物音に目が覚める

養護（生命の保持・情緒の安定）
- 汗をかいたらこまめに着替えをして清潔を保ち、沐浴やベビーマッサージなどで心地よく過ごせるようにする
- 特定の保育教諭（保育者）と継続的なかかわりを通して信頼関係が築かれ、安心して過ごす

教育（3つの視点）
- いろいろな形や大きさ、音の出る玩具などをじっと目で追ったり触ったりして遊ぶ
- 腹ばいで手を伸ばし、近くにある玩具を触ったり、引き寄せたりして遊ぶ

食育
- 白湯をスプーンで飲むなどし、園での離乳食の開始の準備をする
- ミルクや母乳以外の味やにおいを感じる

■環境構成　★援助・配慮
- ■授乳間隔を把握し、一対一でゆっくりとかかわり、落ち着いた環境の中で授乳を行う
- ■湿度が高く気温の変化が著しい時期なので、健康状態や室内の温度調節、衛生に十分に配慮する
- ■様々な素材を使った手作り玩具を準備する
- ★だっこや触れ合いなどを多く取り入れ、スキンシップを通して信頼関係を築く
- ★目と目を合わせることで心が満たされ喃語での応答を楽しめるようにする

自己評価
- 睡眠のリズムができ、心地よく眠りにつけるようにかかわることができた。一対一でゆっくりと授乳を行うことができた

園の行事
- 歯科検診
- 身体測定
- 避難訓練
- 誕生会

ひなちゃん 9か月

- 特定の保育教諭（保育者）に甘えを受け止めてもらい「おいで」と誘われると、自分から体を乗り出してだっこしてもらおうとする
- ずりばいからお尻が上がるようになり、盛んに探索活動をする

- 汗を拭き、必要に応じて沐浴を行うことで、心地よく快適に過ごせるようにする
- 特定の保育教諭（保育者）が応答的にかかわり、離れる時には「すぐに戻るよ」などと声をかけ、安心して過ごせるようにする

- お座りをしたり、はいはいをしたり転がったりと、体を動かして遊ぶことを楽しむ
- 保育教諭（保育者）の膝の上で絵本を読んでもらい、楽しさを共有し、一対一のかかわりを大切にし情緒の安定を図る

- 園での離乳食が始まり、食材の大きさや食べ具合について家庭と確認しながら進める

- ■温度や湿度に配慮し、換気や冷房を使用するなどして、快適に過ごせるようにする
- ■十分に動ける広いスペースを準備する
- ★遊びを通して具体的に身の回りの物の名前や動作を言葉にして伝えていく
- ★布や玩具を使い、「いないいないばあ」など、触れ合い遊びや模倣遊びを楽しめるようにする

- 玩具を振ったりなめたりすることが多くなったため、消毒や破損の点検を心がけたことで安全に遊べた。また安全に動けるスペースを準備したことで自由な遊びを楽しめた

あおいちゃん 1歳2か月

- 帽子を渡すと戸外に行くことが分かり、扉の方へ駆け寄る
- 機嫌のよい時は盛んに声を出す
- 「おいで」や「座ろうね」などの言葉を理解している

養護（生命の保持・情緒の安定）
- 甘えたい気持ちを十分に受け止めてもらうことで、安心して興味を持った遊びを楽しめるようにする
- 戸外に行くことで気持ちが切り替わり、開放的な遊びを楽しめるようにする

教育（5領域）
- 探索活動を通して自分の好きな場所、つかまって遊べる玩具、肌触りのよい玩具などで感覚を刺激する
- 保育教諭（保育者）のまねをして、簡単な振り付けのある踊りを楽しむ

- 給食担当者と連携を密にし、食事の量や子どもの様子などを伝え合う

- ■室内の温度や湿度に留意し、快適に過ごせるよう環境を整える
- ■いつでも水分補給ができるようお茶やコップを準備し、汗をかいたら着替えをして気持ちよく過ごせるようにする
- ★発語への意欲が高まるよう、わらべ歌や手遊び歌などを表情豊かにうたい、穏やかなやり取りを重ねる
- ★雨の日が続く時には戸外へ出られないことでストレスが溜まらないよう、トンネルや斜面遊びなどを取り入れ、体を動かして遊ぶ心地よさを味わえるようにする

- 保育教諭（保育者）との応答的なやり取りをくり返すことで、バイバイや手をあげて返事をすることなどを楽しめるようになった

6月の月間指導計画 ⑥

ねらい
- 梅雨期のため、室温や湿度の調整を行い、沐浴をして快適に過ごせるようにする
- 寒暖差に留意し、熱中症や感染症に気を付け、健康に過ごす
- 室内での運動遊びに興味を持ち、体を十分に動かして楽しむ
- 興味を持った玩具でくり返し遊ぶ

配慮すべき事項
- その日の気温や湿度に合わせて、室温や湿度、衣服の調節を行い、快適に過ごせるようにする
- 梅雨期で戸外遊びができない場合は、室内でも十分に体を動かして遊べるよう、保育室や遊戯室の環境構成を工夫する
- 保育室の清掃や玩具の消毒をこまめに行い、衛生管理に留意する
- 口腔内を清潔に保つことの大切さと虫歯予防について家庭と園で共通理解する
- 豪雨災害などの際に役立つ情報収集の仕方を職員間で確認する
- 喫食時間（調理後2時間以内）を厳守し、食中毒の予防に努める

子育ての支援（保護者支援）
- 流行している感染症について掲示板や保健だよりで知らせ、早期発見、早期治療ができるよう、園児の体調について保護者と連絡を取り合う
- 1日の中で気温差があるので、衣服の調節ができるよう着替え袋の中身を確認してもらう

ゆいなちゃん 6か月

前月末の園児の姿
- 少しの物音で午睡から目覚める
- 玩具に手を伸ばし、持っている玩具と持ち替えながら遊ぶ
- 保育教諭（保育者）と目が合うようになり、声をあげながら笑い、あやされることを喜ぶ

養護（生命の保持・情緒の安定）
- 汗をかいたら、こまめに体を拭いたり肌着を交換したりして、梅雨期を快適に過ごせるようにする
- 安心できる環境の中で保育教諭（保育者）と視線を合わせて遊びながら、情緒の安定を図る

教育（3つの視点）
- 保育教諭（保育者）が目を見て語りかけることを喜び、喃語で応える
- 両腕で自分の体を支えるようにして上体を起こしたり、目の前の玩具に手を伸ばしてつかもうとしたりする

食育
- 家庭での離乳食の進み具合を聞き、園でも無理なく始められるよう、食材や形状、量などの情報を共有する
- 白湯をスプーンで飲むなどして、スプーンの形状、硬さなどに慣れ、園での離乳食開始の準備をする

環境構成★援助・配慮
- ■室内の温度や湿度、換気に留意し、快適に過ごせる環境を作る
- ■保育室内に、寝返りや腹ばいを十分できるスペースを確保する
- ★触れ合い遊びやスキンシップを多く取り入れ、愛着関係を育む
- ★玩具や物、人などへの興味の気持ちを代弁しながら、優しい口調で名称や気持ちを表現する言葉を伝えていく

自己評価
- 喃語が増えるよう意識して声をかけたことで、保育教諭（保育者）の語りかけに応答することが多くなった。今後もたくさん話しかけ、喃語の発達を促したい

園の行事
- 身体測定
- 避難訓練
- 誕生会
- 運動会

かいくん 9か月	りんちゃん 1歳2か月	
●はいはいができるようになり、活発に探索活動を行う ●食材を手づかみし、意欲的に食べようとする ●名前を呼ばれると顔を向け、反応する	●「おいで」と声をかけると、ゆっくりだが歩いてくる ●友達に少しずつ興味を示し、そばに寄っていく	
●汗をかいたら着替えたり沐浴をしたりして体を清潔に保ち、快適に過ごす心地よさを感じられるようにする ●特定の保育教諭（保育者）に甘えや不安を受け止めてもらい、安心して過ごせるようにする	●タイミングが合えばオマルで排尿できるので、午睡明けなどにオマルでの排泄に誘う ●甘えたい気持ちを十分に満たすことで情緒を落ち着かせ、自分の好きな遊びを楽しめるようにする	養護（生命の保持・情緒の安定）
●絵本の読み聞かせや保育教諭（保育者）の語りかけで喃語を発し、応答的なかかわりを楽しむ ●探索活動が活発になり、はいはいで自分の興味のある玩具に向かっていく ●手触りの違う玩具や、音や色がはっきりしている玩具に興味を持ち、五感を使って楽しむ	●保育教諭（保育者）の簡単な動きを模倣して体を動かす ●梅雨期の雨の降る様子や音に興味を示す ●興味のある場所まで歩いて行き、探索活動を楽しむ	教育（5領域）
●離乳食が進んでいるので、フォローアップミルクに変更する ●自分で食べる意欲を高めるため、食材を手でつかみやすい大きさにする	●手づかみやスプーンを使って食べることで、食べる意欲が増す ●栄養士や調理師とも連携しながら、離乳食の完了期の食材や量などの情報を家庭と共有する	
■喃語の発達を促すため、いつでも読み聞かせができる環境を作る ■安全面に配慮して遊戯室のような広い場所ではいはいをし、安心して探索活動ができるようにする ■様々な玩具や素材を用意し、触れ合い遊びや模倣遊びを楽しめるようにする ★応答的なやり取りをすることで安心感を持ち、様々な物や人に関心を持てるようにする ★特定の保育教諭（保育者）が可能な限りそばに付くことで、興味のある玩具で安心して遊べるようにする	■歩いての探索活動が安全にできるよう、環境を整える ■こまめに水分補給ができるよう、麦茶やコップを準備しておく ★雨で戸外遊びができない日が続いた時は、室内での運動遊びで十分に体を動かせるようにする ★梅雨期の雨の降る様子などを言葉にして伝え、語彙を増やし、発語を促す ★手づかみで食べる姿を見守り、スプーンを使おうとしている時には、一口大にした食材をのせたり手を添えたりして、口まで運べるようにする	
●梅雨期で外気浴や散歩ができない日もあったが、遊戯室などの広いスペースではいはいをすることで、運動面の活動を補うことができた	●保護者に園でのトイレトレーニングの仕方について伝えたことで、家庭でも午睡後にオマルで排尿できたようだ。家庭と連携したことで、無理なくトイレトレーニングを進めることができた	

7月の月間指導計画 ①

ねらい
- 一人一人の体調に気を付け、暑い夏を健康で快適に過ごせるようにする
- 保育教諭（保育者）などとの安定したかかわりの中で、はいはいや歩行などをして探索活動を楽しむ
- 安心できる保育教諭（保育者）などと一緒に、夏ならではの遊びを楽しむ

配慮すべき事項
- 室内外の温度や湿度に留意するとともに、一人一人の健康状態を把握し、水分補給をしたり、着替えや沐浴をして清潔に過ごせるようにする
- 水遊びなどが始まるため、職員間の連携を密にし、安全面には十分に留意する

子育ての支援（保護者支援）
- 水遊びなどが始まるので、家庭との連絡を密に行い、体調の変化を知らせてもらう
- 水遊びなどに必要な物（タオル・水着など）を用意してもらう
- 夏にかかりやすい病気や感染症、皮膚疾患について知らせる

こうたくん　7か月

前月末の園児の姿
- 離乳食を喜んで食べる
- 汗をよくかくので、あせもができやすい
- 腹ばいになり、腕をついて方向転換をしたり、目の前の物に手を伸ばして近づこうとしたりする
- 人見知りをして泣く姿がある

養護（生命の保持・情緒の安定）
- 落ち着いた環境の中、安心して離乳食を食べる
- 特定の保育教諭（保育者）などとのかかわりに安心感を感じ、落ち着いて過ごす

教育（3つの視点）
- おむつを替えてもらったり着替えや沐浴などで体を清潔にしたりして、心地よさを感じる
- 喃語を発し、保育教諭（保育者）などとの応答的なかかわりを喜ぶ
- 身の回りの物に興味を示し、近づいたり触れて見たりしようとする

食育
- 離乳食やミルクの量など、保護者と連絡を取りながら調節していく

■環境構成　★援助・配慮
- ■室内の温度調節などをしながら、快適な室内環境を整える
- ■口に入れても安全な玩具を用意し、腹ばいやお座りなど様々な体勢で楽しめる位置に配置する
- ★人見知りをする時は、安心できるようだっこをしながら優しく言葉をかけ、落ち着けるようにする
- ★発した喃語に優しく応えたり、声をかけたりしながら応答的にかかわっていく

自己評価
- 汗をよくかくため、沐浴などで肌を清潔に保つようにしたり、水分補給の回数を増やすなどして健康に過ごせるよう配慮することができた

園の行事

- 誕生会　● 身体測定　● 避難訓練
- 七夕会　● プール開き

年間計画
4月
5月
6月
7月
8月
9月
10月
11月
12月
1月
2月
3月

みさきちゃん　10か月		あいなちゃん　1歳3か月
● 離乳食では手づかみをしたり、スプーンを握ったりして自分で食べようとする ● はいはいやつかまり立ちをして遊ぶ ● 保育教諭（保育者）などに玩具を渡したり、触れ合い遊びをしたりと、かかわって遊ぶことを喜ぶ ● 絵本の読み聞かせを喜んで見たり、喃語を発したりする		● 保育教諭（保育者）などのそばで、安心して好きな遊びを楽しむ姿が見られる ● 午睡後など、オマルに座ると排尿することが増えてきている ● 周りの友達との玩具の取り合いや噛みつきが見られる
● 着替えをしたり沐浴やシャワーをしたりしながら体を清潔にし、気持ちよく過ごせるようにする ● 保育教諭（保育者）などに見守られながら、安心して眠りにつく	**養護**（生命の保持・情緒の安定）	● 着替えをしたり汗を流したり、清潔に過ごしたりして気持ちよさを感じられるようにする ● 気持ちや欲求を受け止め、保育教諭（保育者）などに見守られている安心感を感じながら生活できるようにする
● はいはいや、つたい歩きなど、体を動かして遊ぶ ● 絵本の読み聞かせや触れ合い遊びなどを通して、保育教諭（保育者）などとの応答的なかかわりを喜ぶ ● 保育教諭（保育者）などと一緒に、水に触れながら感触や気持ちよさを味わいながら遊ぶことを楽しむ	**教育**（5領域）	● 保育教諭（保育者）などに見守られながら、安心して一人遊びを楽しむ ● 水や泥などに触れ、感触を味わう ● 絵本の読み聞かせを喜び、指差しをしたり一語文を発したりする ● 好きな歌に合わせ、体を揺らしたり声を発したりしてうたおうとする
● スプーンを口に運ぶ姿を見守りつつ、手を添えてうまく食べ物を口に運べるよう援助する		● スプーンの使い方や、「もぐもぐ」とよく噛むことを知らせていく
■ 水遊びをする時は、安全面に十分に配慮する ■ つかまり立ちやつたい歩きを安全に楽しめるよう、室内環境に配慮する ★ スプーンを握ったり手づかみで食べたりする姿を見守り、「おいしいね」と言葉をかけながら、落ち着いた雰囲気の中で食事が楽しめるようにする ★ 「いないいないばあ」など、同じ動作をくり返しながら遊ぶ楽しさを味わえるようにする ★ 水遊びでは、そばに寄り添い、「チャプチャプ」「気持ちいいね」などと言葉がけをしながら安心して楽しめるようにする		■ 水遊びなどの事前準備をしたり、職員の配置を確認したりして、安全に遊べるようにする ★ 尿が出る瞬間を一緒に確認したりほめたりしながら、排尿の感覚を知らせていく ★ 水や泥などの感触を無理なく一緒に感じながら少しずつ慣れ、楽しめるようにする ★ 絵本の読み聞かせや普段の遊びの中で、様々な言葉に触れられるようにする ★ 好きな歌を一緒にうたったり楽器を鳴らしたりしながら、音楽に親しみを持ち楽しめるようにする
● 水遊びでは、いつもと違う雰囲気に不安を感じて泣くが、優しく言葉をかけ安心できるよう配慮したことで、少しずつ手を伸ばし水に触れて遊ぶようになった		● 一人で遊ぶことに夢中になれる空間を作ることで、以前より噛みつきなどが減ってきたように思う

69

7月の月間指導計画 ②

ねらい
- 生活リズムが安定し、快適な環境の下、着替えや水分補給を行うことで快適に過ごす
- 温水遊びを通して水に触れる気持ちよさを感じ、五感で様々な素材に楽しく触れていく

配慮すべき事項
- 家庭での様子を登園時の会話や連絡帳で伝え合い、一人一人の様子や体調を把握した上で、夏の遊びを楽しめるようにする
- 活動の合間に水分補給をしたり、衣服が汚れたら着替えたり、園児の様子を見ながらその子に合わせて対応していくようにする

子育ての支援（保護者支援）
- 夏の感染症や皮膚疾患などについての情報を提供し、健康状態についてこまめに伝え合う
- 真夏のお出かけについて、園児の体力的な負担についても知らせておく
- 行事に安心して参加できるように、内容や昨年の参加の様子を伝えていくようにする
- 汗をかき衣服の着替えをすることが増えるため、着替えの補充を忘れないように伝える

けんとくん　7か月

前月末の園児の姿
- 1回食から2回食に進み、様々な食材に触れている。口に入れた物が押し戻される時がある
- 腹ばいの体勢を楽しむ
- 人見知りが強くなるが、特定の保育教諭（保育者）などとのかかわりで安心している
- 歯が生え始め、口の中に手を入れて触ろうとする

養護（生命の保持・情緒の安定）
- 汗をかいたら着替えたりこまめに汗をふいたり、沐浴したりすることで、清潔を保つようにする
- 保育教諭（保育者）などとのスキンシップを通して、信頼関係や愛着関係を深められるようにする

教育（3つの視点）
- 保育教諭（保育者）などとのかかわりの中で、人や物に興味を示していく
- うつぶせやお座りなど様々な体勢になることを喜ぶ
- 欲求が満たされると、自分から声を出し、保育教諭（保育者）などに声をかけてもらうことを喜ぶ

食育
- 保育教諭（保育者）などや友達が食べている様子を示しながら、「もぐもぐ」の模倣が少しずつできるようになる

環境構成 ★援助・配慮
- ■形や素材の違う玩具や音の出る玩具を園児の周りに用意する
- ■歌や手遊びに触れられる機会を用意する
- ★遊びの中で保育教諭（保育者）などや友達、様々な物に興味が持てるような言葉がけをする
- ★玩具を取ろうと体を動かしていく中で、自分で体勢を変えようとする姿を見守り、援助する
- ★喃語に優しい言葉で返し、声が返ってくることを喜べるようにする

自己評価
- 様々な体勢になって遊びを楽しんでいた。汗をかいた時に沐浴や着替えをこまめに行うことで快適に過ごせた

園の行事

- 七夕会
- 夏祭り
- お泊まり保育
- プール開き
- 誕生会
- 安全教室
- 避難訓練

7月

あこちゃん 10か月		あかりちゃん 1歳3か月
●手づかみから口に運ぼうとする回数が増え、自分で食べられることを喜んでいる。好きな物を詰め込んでしまう時がある ●つかまり立ちでの屈伸やつたい歩きが増える ●顔に水がかかると泣いて嫌がる		●普通食に移行したことで、様々なメニューや食材を喜んで食べている。給食を食べ終わったあとに、自分で口を拭こうとする ●名前を呼ばれたり、声をかけられたりすることを喜ぶ ●友達が遊んでいる様子や玩具に興味を示し、観察したり玩具を取り合ったりする
●適度な運動と休息をバランスよく取れるようにする ●不安に思うことがあってもスキンシップを取ることで、また遊びたいという気持ちを持てるようにする	**養護** （情緒の安定・生命の保持）	●温水遊びやシャワーで汗を流すことで、快適に過ごせるようにする ●小さな達成感を感じて生活ができるように、少しのことでも共感し、一緒に喜び合えるようにする
●温水遊びを通して、少しずつ水に慣れ、水の感触や、心地よさを感じる ●一緒に過ごしている保育教諭（保育者）などの存在を知り、自らそばに来たり、名前を呼ばれると笑顔を見せる	**教育** （5領域）	●温水や水、氷、砂、泥など様々な素材に触れ、五感を刺激しながら、夏ならではの遊びを楽しむ ●表情や喃語で自分の思いや欲求を伝えようとすることが増える ●歌や手遊び絵本を喜び、発語に興味を示していく
●手づかみ食べとともに、スプーンやフォークの使い方を伝えていく中で興味を持って使ってみようとする。声をかけることで、よく噛んで食べられるようになる		●フォークに刺して食べる回数が少しずつ増え、できたことを認めてもらいながら食事ができるようになる
■適度な水温のプールを用意する ■つかまり立ちやつたい歩きが積極的にできるような環境を用意する ★顔に水がかかった時は、すぐに顔を拭くなどの対応をし、優しく声をかけ、安心して水に触れることが気持ちよく楽しいと思えるようにする ★保育教諭（保育者）などとの日々のかかわりから、気持ちのやり取りを楽しめるようにする		■温水遊びや水遊びを楽しめるような玩具や素材を用意する。また、口に入れたり、目に入ったりしないように注意する ■くり返しやリズム感のある絵本を用意する ★いろいろな自然物に触れることで感触の違いを意欲的に楽しむ。触った時の表情やリアクションに共感する ★保育教諭（保育者）などがそばで見守り、仲立ちしていく中で、友達とかかわることが楽しいと思えるようにする ★伝えたい気持ちを受け止め、代弁していくことで発語につながるようにする
●保育教諭（保育者）などとのかかわりを楽しむことで、安心した気持ちで過ごせた。友達にも興味を示し、かかわっていけるように今後も仲立ちしていきたい		●夏の遊びに興味を示し、好きな遊びを自分から見つけて楽しむ姿や、友達とかかわって楽しもうとする様子が見られ、安定した気持ちで過ごすことができた

年間計画

4月 5月 6月 **7月** 8月 9月 10月 11月 12月 1月 2月 3月

71

7月の月間指導計画 ③

ねらい
- 一人一人の健康状態に留意し、着替えやこまめな水分補給を行うことで暑い夏を快適に過ごす
- 保育教諭（保育者）と一緒に、水などの感触を味わい、五感が刺激される体験を楽しむ
- 沐浴をして汗を流し、清潔を保つとともにきれいになる心地よさを感じる

配慮すべき事項
- 暑さで疲れが出たり体調を崩したりすることがあるので、検温やこまめな水分補給、十分な休息を取れるようにする
- 水遊びが始まるので、職員間の役割を十分に話し合い、安全に遊べるようにする

子育ての支援（保護者支援）
- 水遊びを楽しむために、保護者の毎日の健康チェックやサインが大事なことを知らせる
- 水遊びなどに必要な着替えやタオルなどを多めに用意してもらう
- 園での沐浴や夏ならではの遊びの様子を伝え、家庭でも楽しめることを伝える
- 保育参観では、活動のねらいや見てほしい園児の姿を伝え、共に成長を喜び合えるようにする

ひかるくん 7か月

前月末の園児の姿
- 腹ばいで好きな場所へ移動する
- 保育教諭（保育者）のあやしやほほえみに対し、声を出して笑う
- 1回食から2回食に進み、様々な食材を食べる

養護（生命の保持・情緒の安定）
- 汗をかいたら着替えたり、シャワーを浴びたりして清潔を保つ
- 身近な保育教諭（保育者）とかかわりながら、安定した生活リズムで過ごす

教育（3つの視点）
- 興味を持った玩具を手に持ったり、持ちかえたりして手指をしっかり動かして遊ぶ
- 保育教諭（保育者）の語りかけに笑顔や喃語で応え会話を楽しもうとする

食育
- 少しずついろいろな食材や味を楽しめるように、家庭での様子や食べ具合を伝え合い、離乳を進める

■環境構成 ★援助・配慮
- ■発達に合った清潔な玩具を用意し、発達をさらに促す
- ■安全に体を動かせるスペースを確保する
- ★優しく体をなでたり、湯をかけたりしながら、楽しく沐浴ができるようにする
- ★触れ合い遊びや絵本の読み聞かせなどで、保育教諭（保育者）との信頼関係を築けるようにする

自己評価
- 体調や機嫌などを見ながら、沐浴や水分補給をして快適に過ごせるようにした。食事では2回食も順調に進んでいる。玩具遊びを通して指先の機能が発達してきたので、手づかみ食べの経験も進めたい

園の行事

- 保育参観
- 身体測定
- 避難訓練
- 誕生会

めぐみちゃん 10か月		はるなちゃん 1歳3か月
●様々な場所でつかまり立ちやつたい歩きをし、笑顔で楽しむ姿が多くなる ●目が合うとにっこりほほえむなど、表情が豊かになる ●揺れる物や音の出る物を指差し、「あーあー」と言って保育教諭（保育者）に伝える		●歩行することを喜び、身近な人や物に自ら近づき、探索を楽しむ ●水遊びが大好きで、積極的に遊ぶ ●好きな音楽が流れると、体を揺らして喜ぶ
●必要に応じて沐浴やシャワー、水分補給を行い、心地よく生活できるようにする ●欲求に応じてもらいながら過ごし、保育教諭（保育者）に信頼感を持てるようにする	養護（生命の保持・情緒の安定）	●汚したり汗をかいたりしたら、こまめに着替えて清潔を保ち、心地よく過ごせるようにする ●保育教諭（保育者）とかかわりながら安心感を持って遊び、眠れるようにする
●つかまり立ちやつたい歩きをしながら移動を楽しむ ●欲求を指差しなどで表し、受け止めてもらうことで満足感を味わう	教育（5領域）	●ぬるま湯や水、氷、泥など、様々な感触に触れながら五感が刺激される遊びを楽しむ ●触れ合い遊びを楽しみ、しぐさをまねしたり曲や歌に合わせて体を揺すったりする
●手づかみで食べようとする意欲を受け止め、満足するまで食事ができるようにする		●フォークに食べ物を刺して渡し、安全に十分配慮してフォークを使って食べる感覚に慣れるようにする
■安全に体を動かせるスペースや、水遊びを楽しめるスペースを確保し、十分に体を動かせるようにする ■眠くなったらすぐに眠れるように、睡眠スペースを設ける ★水遊びでは、「気持ちいいね」などと声をかけながら保育教諭（保育者）も水に触れ、心地よさを感じられるようにする ★つかまり立ちやつたい歩きはバランスを崩しやすいので、そばにつき、すぐに手を出せるようにする ★心地よさを感じられるように、優しく声をかけたり欲求に応えたりしながら、楽しい雰囲気を作る		■泥遊びや水遊びを安全に満足するまで遊べるように、環境を整える ■眠くなったらすぐに眠れるように、睡眠スペースを設置する ★様々な感触を無理なく一緒に感じながら、「気持ちいいね」「冷たいね」などと五感が刺激されるような言葉がけをする ★好きな遊びなどを一緒にくり返し楽しみ、言葉や遊びの幅を広げる
●保育教諭（保育者）も一緒に水遊びを楽しむことで水に触れることを喜ぶようになり、水遊び後のシャワーによって心地よい睡眠も取れた		●様々な感触遊びに参加し、夢中になって遊ぶ姿が見られた。来月は、水遊び用の玩具などを準備し、環境を工夫していきたい

年間計画
4月
5月
6月
7月
8月
9月
10月
11月
12月
1月
2月
3月

7月の月間指導計画 ④

ねらい
- 快適な環境の中、十分な食事（授乳）や水分補給、睡眠を取り、生活リズムを整え快適に過ごす
- 夏ならではの水遊びやプール、沐浴で水の気持ちよさを感じ、汗を流して心地よく過ごす

配慮すべき事項

- 気温や暑さ指数を見て、外に出るかどうかを判断する
- 戸外で遊ぶ際は日陰で過ごすようにし、プールや水遊びを行う際もテントの下で遊べるようにする
- プールや水遊びの際は園児から目を離さないようにする
- 汗をかいたら着替えをし、あせもなどの皮膚のトラブルを予防する
- 体調管理に気を付け、いつもと違う様子がある時は見過ごさないようにする
- 沐浴は一対一で行い、水遊びでは事故が起きないよう、園児から目を離さないようにする
- 夏野菜の栽培を見ることで、食材に興味を持つ

子育ての支援（保護者支援）

- 汗をかいたらこまめに着替えができるよう、衣服の点検と補充を呼びかける
- 夏の感染症や皮膚疾患についての情報を提供し、園児の健康状態について共有するとともに、症状がある場合は看護師に相談の上、早めの受診をすすめる
- 夏祭りの案内をし、親子で楽しめる行事であることを伝える

ゆうなちゃん　7か月

前月末の園児の姿
- 少しずつ一人で座れるようになり、持っている玩具をなめて確かめたり、振って音が鳴ることを楽しむ
- 離乳食を食べることを喜び、様々な食材が食べられるようになる

養護（生命の保持・情緒の安定）
- 睡眠、授乳、離乳食、排泄など、生理的欲求を満たし、要求に応答的かかわりにより保育教諭（保育者）と信頼関係や愛着関係を深められるようにする
- 汗をかいたら着替えたり、沐浴をして清潔を保つようにする

教育（3つの視点）
- 支えがなくてもお座りができるようになり、視界が広がる
- ずりばいで自分の力で移動できるようになる
- 保育教諭（保育者）の手遊びや歌を聞いて、じっと見たり、体を揺らしたりして関心を示す
- 喃語が盛んになる
- 手にしたものを口へ持っていき、形や感触を確かめる

食育
- 離乳食は量や形状、様子などを保護者と共有しながら進め、様々な食材の味や食感に慣れるようにする
- 離乳食の進み具合でミルクの量や回数を調整していく

環境構成 ★援助・配慮
- ■お座りができるようになったが、安定して座れるようになるまで、保育教諭（保育者）がそばについたり、周りにクッションを置いたりして、倒れても支えられるようにする
- ■安心してうつぶせやずりばいができる場所を確保し、園児が手を伸ばして取りたいと思う玩具を用意する
- ★泣き声や発声での要求や欲求に丁寧に応じることで、意思を伝えようとする意欲を育てる
- ★喃語に優しく応じ、応答的なやり取りを楽しめるようにする

自己評価
- 寝返りやずりばいを盛んに行ったことで足の力がつき、保育教諭（保育者）の膝の上でぴょんぴょんすることを楽しむようになった

74

園の行事
- プール開き
- 身体測定
- 避難訓練
- 不審者対応訓練
- 夏祭り
- 夏野菜収穫（随時）
- 終業式

年間計画　4月　5月　6月　**7月**　8月　9月　10月　11月　12月　1月　2月　3月

みなとくん　10か月		みくちゃん　1歳3か月
●はいはいで自由に移動できるようになり、探索を楽しむ ●人見知りが少しずつ始まり、見慣れない人がそばに来ると泣いて助けを求める		●離乳食の完了期で様々な食材や味付けの物を喜んで食べ、口の中の物がなくなると、声を出してアピールする ●一人歩きが安定してきて、たくさん歩くことを楽しむ
●汗をかいたら着替えたりこまめに拭いたりして、清潔を保ち、きれいになった心地よさを感じる ●機嫌のいいタイミングで1日1回沐浴を行う ●おむつで排尿していないタイミングを図り、オマルに座ることに慣れるとともに、排尿を促す	養護（生命の保持・情緒の安定）	●1日3回の食事を基盤に、生活のリズムが整い、午睡が1回に安定するため、他の園児と同じように布団で寝るようにする ●タイミングが合うとオマルで排泄ができるので、出たことを保育教諭（保育者）と共に喜ぶことで、排尿の感覚をつかめるようにする
●欲求を受容してくれる特定の保育教諭（保育者）にあやされ、喜んだり甘えたりして、情緒的な絆を育む ●つかまり立ちやつたい歩きに挑戦したり、マットの段差を乗り越えたりすることを楽しむ ●音の鳴る玩具を気に入り、振ったりたたいたりして遊ぶ	教育（5領域）	●絵本を読んでもらったり、自分でページをめくったりすることを楽しむ ●水遊びやプールで水の冷たさや気持ちよさを感じ、水面をたたいたり、水に浮かぶ玩具を捕まえたり、流れる水に手をかざしたりして、水の感触を楽しむ ●盆踊りの曲が流れると、保育教諭（保育者）や友達の踊る様子を見て、リズムを取って踊ろうとする
●様々な食材を食べることで、味や食感に慣れる。食べられる量が増えて、離乳食を喜んで食べる ●お茶をコップで飲む練習をする際は、誤嚥しないように少量ずつ口に入れるようにする		●こぼしながらも、手づかみやスプーンで食べようとする意欲が高まる ●収穫した夏野菜に興味を持ち、見たり触ったりする
■ミルク以外にお茶や白湯で水分補給をこまめにとるようにする ■沐浴は一対一で行い、適度な温水で汗を流せるようにする ★おむつ交換、沐浴、離乳食解除、授乳など、園児の世話をする時は優しく語りかけながら行い、喃語を育むようにする ★つかまり立ちをしている時は足元を安全に保ち、転倒などの危険がないようそばで見守る		■外で活動する際は日陰で遊ぶようにし、外から帰ってきたら水分補給し、熱中症予防に努める ■水遊びではスコップやバケツ、ジョウロなど、自ら水で遊びたくなるような玩具を用意する ★苦手なものを食べたがらない時は、食材のサイズを小さくするなどして食べられるようにする ★水遊び後は疲れやすいので、園児の様子を観察し、体調の変化に気付けるようにする ★園児が楽しんでいることに共感し、「楽しいね」「水が冷たいね」とたくさん話しかけるようにする
●保育教諭（保育者）の声かけで、食べ物を見ると手を伸ばし、つまめる物は手づかみで食べるなど、食べる意欲がますます高まってきた。沐浴をすることでさっぱりして、機嫌よく過ごすことができた		●プールに入ると泣いていたが、プールサイドで少しずつ水に慣れるようにしたことで、月の後半にはプールに入って玩具で水をすくったり、ジョウロから流れる水に手を伸ばしたりして、楽しむことができた

75

7月の月間指導計画 ⑤

ねらい
- こまめに着替えや水分補給をして、夏を快適に過ごす
- 保育教諭（保育者）と一緒に、安全な環境の中、一人一人の機嫌や体調を把握し、水遊びを楽しむ
- 水の感触を楽しみながら、沐浴やシャワーで汗を流し、清潔を保つ心地よさを感じる

配慮すべき事項
- 熱中症に気を付け、戸外での帽子の着用、検温やこまめな水分補給、十分な休息を取れるようにする
- 水遊びが始まるので、職員間の役割を十分に話し合い、安全に遊べるよう理解を求める
- 一人一人の健康状態やアレルギーなどを考慮し、無理なく授乳や離乳食などが進められるよう、家庭、職員間で共通理解する
- 登園時に保護者からその日の健康状態を聞く。沐浴や水遊びをする際は空腹時を避け、事前に子どもの様子を確認する
- こまめに着替えやおむつ交換を行い、肌の清潔を保ち、皮膚のトラブルに留意する

子育ての支援（保護者支援）
- 水遊びを楽しむために、毎日の健康チェックやサインが大切なことを伝える
- 水遊びに必要な着替えやタオルなどの多めの用意や記名をお願いする
- 園での沐浴や夏ならではの遊びの様子を伝え、家庭でも楽しめることを知らせる
- 暑さによる寝不足や食欲不振で生活リズムが崩れやすいため、家庭での様子を聞き、健康状態を確認し合う

れんくん 7か月

前月末の園児の姿
- ずりばいで好きな場所へ移動する
- 保育教諭（保育者）の姿が見えないと泣いて訴えるが、スキンシップを取ると落ち着いて泣きやむ

養護（生命の保持・情緒の安定）
- 汗をかいたら着替えや沐浴をして、清潔を保てるようにする
- 睡眠のリズムが安定するよう、午前と午後の二回の睡眠にする

教育（3つの視点）
- 興味を持った玩具を手に持ったり、なめたりして、手指を動かして遊ぶ
- 保育教諭（保育者）の語りかけに笑顔や喃語で応え、コミュニケーションを楽しもうとする

食育
- ミルクの量、離乳食の内容など、家庭や給食担当者と連絡を取りながら、無理なく進められるようにする

環境構成 ★援助・配慮
- ■沐浴時には体調や気温などに配慮し、健康で安全な環境を整える
- ■お座り・ずりばいでの移動を楽しめるよう、安全に体を動かせるスペースを確保する
- ★スキンシップを取ったり、温かいまなざしを向けたりして、和やかな雰囲気を心がける
- ★顔色や発汗の具合などを観察し、こまめに水分補給を行う。室内外の温度調整をしながら、熱中症に気を付ける

自己評価
- 体を動かせるスペースを確保したことでお座り、ずりばいと十分に活動ができた
- 離乳食は少しずつ味や食材に慣れるようにしたので、喜ばせながら進められた

園の行事
- 七夕会
- 納涼大会（夏祭り）
- 内科健診
- 身体測定
- 避難訓練
- 誕生会

	ひなちゃん 10か月	あおいちゃん 1歳3か月
	●興味のある物や人に向かってつかまり立ちやつたい歩きで行こうとする ●目が合うとにっこりほほえみ、表情が豊かになる ●歌や手遊びを喜び、曲に合わせて体を揺らして楽しんでいる	●風邪をひきやすく、熱や咳が出ることがある ●保育教諭（保育者）のまねをして手遊びを楽しんだり、好きな音楽が流れると体を揺らしたりして喜ぶ
養護（生命の保持・情緒の安定）	●必要に応じて沐浴やシャワー、水分補給を行い、砂場や戸外遊びを通して、開放感や心地よさを感じられるようにする ●欲求に応じ、ゆっくりと穏やかな時間を過ごせるようにする	●汚したり汗をかいたりしたら、こまめに着替えて清潔を保ち、心地よく過ごせるようにする ●ゆっくり優しく応答することで、安心感を持って遊び、眠れるようにする
教育（5領域）	●身近な物を見たり、触れたり、引っ張ったりして、手指を使って遊ぶ ●玩具箱からいろいろな物を取り出したり、絵本のページをめくったり、絵を見て発声したりすることを喜ぶ	●ぬるま湯や水、泥などに触れ、満足するまで感触を味わったり、玩具を使ってシャワーや水汲みを楽しんだりする ●触れ合い遊びや手遊びを楽しみ、しぐさをまねしたり曲や歌に合わせて体を揺すったりする
	●そしゃくが上手にできるよう、「あぐあぐ」「ごくん」と口の動きを模倣し、見本を見せる	●食べ物の好き嫌いが少しずつ出てきたため、「おいしいね」「もぐもぐ」などの言葉をかけながらも、無理強いせずに進めていく
	■沐浴や温水遊びを楽しめるよう、水遊びのスペースを確保する ■眠くなったらすぐに眠れるよう、睡眠スペースを設けたり、自由に動けるようにゆったりとした服装にしたりする ★はいはいやつたい歩きによる転倒や衝突に注意し、安全なスペースを用意する ★おむつ替えの時は丁寧に拭いて清潔を心がけ、心地よさを感じられるよう、優しく声をかける	■泥遊びや水遊びに必要な容器やスプーンなどを用意しておく ■子どもの様子を見ながら、だっこしたり、手をつないだりして、安心して過ごせるようにする ★動きやすいテンポの曲や、なじみのある分かりやすい曲を選び、楽しめるようにする ★水遊びでは、水への興味がわくように声をかけ、ゆっくりと足から慣らしていく
	●熱で休みが続いたあとは、登園時に担任に甘える様子が見られたので、気持ちを十分に受け止め、だっこやおんぶでのかかわりを大切にしたことで、安心して過ごすことができていた	●熱が出やすいため、体調の変化に十分注意し、適切に検温するなど配慮したことで、その後は大きく体調を崩すことなく過ごすことができた

7月の月間指導計画 ⑥

ねらい
- 一人一人の健康状態に留意し、清拭や沐浴で清潔に気持ちよく過ごす
- 保育教諭（保育者）にたくさん言葉をかけてもらいながら、やり取りを楽しむ
- 沐浴や水遊び、泥遊びなどで水や温水に触れ、夏ならではの遊びを楽しむ

配慮すべき事項

- 夏の暑さにまだ体が慣れていない時期なので、特に沐浴や水遊び前後の視診や日々の体調の変化に気を付ける
- 沐浴や水遊び中は保育教諭（保育者）間で連携を図り、監視員を置き、危険のないように楽しく水にかかわれる環境を整える
- 離乳食を進めていく中で、食物アレルギーの反応が出る場合もあるため、給食担当者も含め、保育教諭（保育者）間で情報共有を図る
- 園内外の気温差に注意しながら換気し、室温・湿度に配慮する
- 熱中症の予防に努め、個人差に配慮しながら、こまめ（20〜30分を目安）に水分補給を行う

子育ての支援（保護者支援）

- 水遊びが始まるので家庭でも体調管理に気を付けてもらい、園と情報を共有し合う
- 衣服を着替えることが増えるため、十分な着替えを用意してもらう
- 子どもが気に入った水遊びの玩具や簡単な遊び方を伝え、家庭でも楽しめることを伝える
- 普通食への移行は家庭と連携を図り、無理をしないように進めていくことを伝える
- あせもや虫刺されなどによる、とびひなどの皮膚疾患が増えてくる時期なので、肌を清潔に保つ大切さについて保護者に伝える

ゆいなちゃん 7か月

前月末の園児の姿
- 視線を合わせて語りかけると笑い、喃語を発する
- ずりばいが上手になり、移動範囲も広くなってきた
- スプーンの形状や硬さに慣れ、離乳食の際の口の動きも上手になってきた

養護（生命の保持・情緒の安定）
- 季節の変わり目で体調を崩さないよう体調の変化に留意し、変化が見られた時には適切に対応する
- 保育教諭（保育者）がうたう季節の歌を楽しんで聞き、触れ合い遊びを通して情緒の安定を図る

教育（3つの視点）
- 手指を動かし、興味を持った玩具などに触れたり握ったりしようとする
- 身近な人とかかわる楽しさ、心地よさを感じる
- 保育教諭（保育者）の応答的環境によって喃語を発することが増え、受容されているという気持ちが満たされる

食育
- 家庭と給食担当者、保育教諭（保育者）が情報を共有し、離乳食の進み具合になるべく差異が生じないよう気を付ける

■環境構成 ★援助・配慮
- ■沐浴や水遊びが始まる季節なので、遊びを始める前の戸外環境で危険な物がないか、玩具や遊び場所の確認を行う
- ■ずりばいの妨げにならないよう、子どもの行動範囲を予測し、十分に動けるスペースを作る
- ★日々の体調の変化を家庭と共有し、食欲や排泄、睡眠などの生理的欲求が満たされるようにする
- ★保育教諭（保育者）と愛着関係を築けるよう、触れ合い遊びや語りかけの時間を十分に取る

自己評価
- 園での離乳食の様子を保護者に丁寧に伝えたことで、保護者から離乳食に関する不安が軽減されたとの報告があった。これからも保護者との情報共有を大事にしていきたい

園の行事
- 身体測定
- 避難訓練
- 夏祭り
- 誕生会

	かいくん 10か月		りんちゃん 1歳3か月
	●興味のある物や人に向かって行き、つかまり立ちやつたい歩きをしようとする ●保育教諭（保育者）と目を合わせ、にっこりほほえむ姿が見られる ●手遊びや歌が好きで、「あーあー」と声を出しながら体を揺らして喜ぶ		●前月は季節の変わり目で体調を崩すことが多かった ●自分の名前を呼ばれると喜ぶ ●ほとんどの食材は普通食の形態で食べられるようになり、離乳食の完了期となる
養護（生命の保持・情緒の安定）	●汗をかいた時は沐浴で体を清潔にし、水分補給をこまめに行う ●保育教諭（保育者）が欲求を受け止め、信頼感、安心感を育む		●汗をかいたら、沐浴や清拭で体を清潔に保てるようにする ●活動量も多くなるので、静と動の活動バランスを取り、安心して休息できる時間を確保する
教育（5領域）	●感触や硬さの違う玩具を何度も触って、それぞれの玩具の違いを楽しむ ●絵本の読み聞かせや保育教諭（保育者）の語りかけにより、喃語が活発になる ●つたい歩きやつかまり立ちなどが増え、行動範囲や視野が広がる		●温水、水、砂、泥など様々なものに触れ、五感を刺激し水遊びを楽しむ ●触れ合い遊びを通して発語を促し、くり返しの単語や身振り手振りに興味を示していく
	●保育教諭（保育者）が口を動かして見せるなどして、そしゃくを促す ●手づかみ食べができるよう、食材の形や大きさに配慮する		●普通食に移行し、食材の大きさや硬さによってはフォークに刺して自分で食べることができる
	■危険のないよう、水遊びが十分に楽しめるスペースを確保する ■水温の確認や玩具の点検を行う ■地面の温度や外気温、水遊びの活動時間などに気を付ける ★つかまり立ち、つたい歩きの際は特にバランスを崩しやすいので、保育教諭（保育者）が近くで見守る ★「気持ちいいね」「きれいにしようね」などの言葉をかけ、おむつ替えをする		■安全に遊べるように、水遊び用のスプーンや入れ物の破損がないか気を付け、準備する ■簡単なくり返しの単語の絵本を用意する ★様々な感触の素材に触れた際に発した言葉や表情に共感し、オノマトペや身振りなどで応答していく ★友達とかかわりたい気持ちを保育教諭（保育者）が言葉で代弁し、発語を促す
	●戸外遊びや水遊びの時間に気を付けたことで、夏の暑さに徐々に慣れていき、体調を崩すことなく活動を楽しめた		●戸外遊びや水遊び、室内遊びをバランスよく計画し、実施した結果、夏の暑さに徐々に慣れた

8月の月間指導計画①

ねらい
- 一人一人の体調に気を付け、個別に対応しながら無理なく健康に過ごせるようにする
- 保育教諭（保育者）などの言葉がけに表情や動作で応えながら、触れ合って遊ぶことを楽しむ
- 安心できる保育教諭（保育者）などと一緒に、夏ならではの開放的な遊びを楽しむ

配慮すべき事項
- 室内外の温度や湿度に留意し、一人一人の健康状態を把握してこまめな水分補給を心がける
- 水遊びでは水温や水の量に配慮し、無理のない時間設定をする

子育ての支援（保護者支援）
- 暑さで体調を崩したり食欲が落ちたりするため、それぞれの体調に合わせてゆったりと過ごせるよう、家庭との連絡を密に行ったり、無理のない生活リズムを心がけてもらうようお願いする
- とびひやあせもなどの疾患が見られた時は、早めに処置をしてもらう

こうたくん　8か月

前月末の園児の姿
- 離乳食では食べられる食材が増えてきたが、好き嫌いも見られるようになってきた
- 汗をかきやすい
- ずりばいをして前に進むようになってきた
- 声を出して、保育教諭（保育者）などを呼んだり甘えたりする

養護（生命の保持・情緒の安定）
- 着替えや沐浴などで体を清潔にし、気持ちよく過ごせるようにする
- 安心できる保育教諭（保育者）などのそばで、安心感を持って過ごせるようにする

教育（3つの視点）
- 玩具をつかんだり、ずりばいをしたりして体を動かして遊ぶ
- 保育教諭（保育者）などとの触れ合いを喜ぶ中で喃語を発する
- めあての物に向かって近づき、触れて遊ぼうとする

食育
- 苦手な物は切り方などを工夫して少し変えてもらいながら、徐々に慣れるようにする

■環境構成　★援助・配慮
- ■室内の温度調節などをしながら、快適に過ごせるようにする
- ■はいはいでの行動範囲を考え、安全な室内環境を整える
- ★こまめに水分補給をしたり着替えや沐浴などをしたりして、清潔に過ごせるようにする
- ★喃語や動作で伝えようとする姿を優しく受け止め、応えていく
- ★テラスに出て開放感を味わいながら、水に触れて気持ちよさを感じられるようにする

自己評価
- 目の前の玩具に手を伸ばし、ずりばいで前に進めるようになってきたので、そのうれしさに共感し、体を動かして遊ぶ意欲へとつなげていきたい

園の行事
- 誕生会
- 身体測定
- 避難訓練

みさきちゃん 11か月		あいなちゃん 1歳4か月
●離乳食では食べる量が増え、スプーンから食べることも上手になってきた ●つたい歩きをすることを楽しむ ●水に手を入れて感触を楽しみながら遊ぶ ●歌に合わせて、声を出したり体を動かしたりして機嫌よく遊ぶ		●保育教諭（保育者）などと一緒に遊ぶことを楽しむ中で、一人で遊びに夢中になる姿も見られる ●行きたい場所やほしい物があると、指差しや声を出して知らせる ●水遊びを喜び、たらいの水に体をつけ、全身で水の感触を楽しんでいる
●保育教諭（保育者）などに欲求を受け止めてもらいながら、安心して過ごせるようにする	養護（生命の保持・情緒の安定）	●着替えやシャワーなどで体を清潔にし、気持ちよく過ごせるようにする ●子どもの欲求を満たし、安心して過ごせるようにする
●つたい歩きをして体を動かしたり、玩具を使い手指を使って遊んだりする ●保育教諭（保育者）などとの一対一のかかわりや触れ合い遊びを喜び、喃語を発する ●保育教諭（保育者）などのそばで、水の感触を味わったり水遊びの玩具で遊んだりすることを楽しむ	教育（5領域）	●保育教諭（保育者）などに見守られながら安心して一人遊びに夢中になる ●水や泥などに触れ、感触や開放感を味わいながら遊ぶ ●一語文を発しながら、保育教諭（保育者）などとのやり取りを楽しむ ●好きな歌が流れるとうたおうとしたり、体を動かして踊ったりしながら遊ぶことを楽しむ
●スプーンに手を添えて使い方を少しずつ知らせながら、「もぐもぐ」「おいしいね」などと言葉がけをし、楽しく食事をする		●苦手な物はスプーンで小さくしたりしながら、様々な食感や味に少しずつ慣れるようにする
■水遊びに必要な玩具などを事前に準備し、そばで見守りながら安全に遊べるようにする ■つたい歩きなどを十分に楽しめるよう、安全面にも気を付けながら環境を設定する ★スプーンを使う姿を見守りつつ、さりげなく手を添えて援助し、使い方を知らせていく ★一対一の落ち着いた環境の中で触れ合い遊びをしたり優しく言葉がけをしたりしながら、やり取りを楽しめるようにする ★水遊びでは何に興味を持っているのか観察し、言葉がけや一緒に遊ぶなどして十分に楽しめるようにする		■手の届く場所に様々な玩具を用意し、自由に取り出しながら探索活動が楽しめるようにする ■水や泥に触れて遊ぶ時は危険な物を排除し、安全に遊べる環境を整える ★水や泥などの感触を一緒に感じながら楽しさに共感していく ★指差しや伝えたいことを言葉に置き換えながら、やり取りを楽しんでいく ★保育教諭（保育者）などと一緒に歌ったり体を動かしたりと、楽しい雰囲気の中で楽しめるようにする
●一対一でゆっくりとかかわれる環境を作ったことで、安心して遊ぶ姿が見られた。つたい歩きなど、探索活動を広げて遊べる環境を整えていきたい		●遊びに夢中になれる環境を整えることができた。また、水や泥に触れながら感触を楽しむ姿に寄り添い、言葉がけをしながら楽しさを共有することができた

8月の月間指導計画②

ねらい
- 温水遊びや絵の具遊びを通して、指先を動かし、夏ならではの遊びを積極的に楽しむ
- 身の回りのことやいろいろな物に興味・関心を持ち、意欲を持って取り組んだり、かかわろうとしたりする

配慮すべき事項
- 水遊びの際は、事前に検温や体調の確認を行うとともに、転倒や熱中症に気を付ける
- 楽しみながら身近な環境に自発的に働きかけ、探索する意欲を高められるようにする

子育ての支援（保護者支援）
- 感染症にかかりやすくなる季節のため、日々の体調の変化をこまめに伝え合い、家庭と園との双方で、健康状態を確認できるようにする
- 園児たちの何気ない行動の一つ一つが発達であることを保護者に伝え、子育ての楽しさや喜びを分かち合えるようにする

けんとくん 8か月

前月末の園児の姿
- 離乳食が運ばれてくると声を出して喜ぶ。前歯を使って噛もうとする
- お座りが安定し、座っている状態からうつぶせへ、自分から体勢移動することを何度も楽しむ
- 友達が遊んでいる様子を目で追い、声を出して喜ぶ

養護（生命の保持・情緒の安定）
- 冷房の温度を調節し、戸外との気温の差が大きくなりすぎないように工夫していく
- 一対一の関わりを十分に取り、安心して過ごせるようにする

教育（3つの視点）
- 温水遊びを通して、手や足から伝わる感触を楽しむ
- 名前を呼ばれると、振り向いたり手足をバタバタさせてほほえんだりする
- 不安になった時に必ず受け止めてくれる存在を知り、安心感を持って過ごす

食育
- 食材に触れたり、握ったり、つぶしたりと、食べ物の感触を手で確かめながら、楽しく食事していく。また、手に取った物を口に運べるようになる

■環境構成 ★援助・配慮
- ■気温に応じて水の温度を調節し、ミニプールやたらいなどを用意する
- ■音の出る玩具、動かして遊べる玩具など、手を伸ばして握って遊べる手作り玩具を用意する
- ★「気持ちいいね」「ぱしゃぱしゃ」といった保育教諭（保育者）などの声かけからも、温水遊びの気持ちよさを感じていけるようにする
- ★不安になった時はいつでも保育教諭（保育者）などがそばにいることを示し、安心できるようにだっこや声かけでかかわる

自己評価
- 安心できる保育教諭（保育者）などがかかわることで、自分から目の前にある玩具に触れて遊ぶ姿が多く見られた

園の行事
- 園外水泳教室
- 給食試食会
- 菜園収穫祭
- 小学校訪問
- 地域巡回活動
- 避難訓練
- 安全教室
- 誕生会

あこちゃん 11か月	あかりちゃん 1歳4か月	
●自分で好きな物を選び、手づかみで食べることが多い ●温水遊びに慣れ、水の中に手を入れ動かし、水の感触を楽しむ ●つかまり立ちのあとに、手を離して立とうとする ●3回食になり、皿に好きな物があると手をたたいて喜ぶ	●暑さで食欲がなくなり、自分から食べようとすることが減ってきている ●喜んで絵本を見たり、保育教諭（保育者）などの模倣をしたり、喃語が進み、自ら伝えようとしたりする ●水に触れることを怖がる時もあるが、不安な気持ちを受け止めると自分から水に入って遊ぶ	
●自分で食べようとする気持ちを大切にし、必要に応じて援助をしながら満足感を得られるようにする ●喃語や表情で自分の気持ちが保育教諭（保育者）などや友達に伝わる喜びを感じていけるように、応答的なかかわりを楽しむ	●生活や行動に結びつくように分かりやすい言葉で語りかけ、喃語や言葉を引き出すようにする ●水遊びで、顔や体に温水がかかることを不快に感じず、心地よさを感じるように、不安な時は気持ちをしっかり受け止める	養護（生命の保持・情緒の安定）
●温水遊びに慣れ、自分から意欲的にかかわろうとする ●様々な物に興味・関心が増え、はいはいでの探索活動が盛んになり、指差しや喃語で伝えようとすることが増える	●絵の具遊びを通して、感触や絵の具が広がる様子に興味を持って楽しむ ●絵本を見て指差ししながら喃語を話すことを楽しむ ●つかむ、握る、引っ張るなど、指先を使って遊ぶことを楽しむ	教育（5領域）
●好きな物を食べる喜びを感じながら、自分で食べる経験を重ね、意欲的に食べ進め、スプーンやフォークを使うことが増える	●「ぱっくん」「もぐもぐ」「ごっくん」とリズミカルに声をかけてもらうことで、食べることはおいしくて楽しいことだと思える体験を重ね、少しずつ食欲が戻ってくる	
■温水遊びの際、感触の違う様々な素材のスポンジを用意する ■興味・関心が向いている玩具や遊具を用意する ★暑さから疲れが出やすくなるため、体調管理、水分補給を行い、ゆったりできる時間を設ける ★清潔で安全な環境を整え、安心して探索活動をしたり、伸び伸びと体を動かしたりして遊べるようにする	■柔らかい素材や、危険がない様々な水遊びの玩具を用意する ■季節に応じた絵本を用意する ★発見したことに共感し、水遊びを十分に味わえるようにする ★園児の目線になり、園児の言葉をまねて、話す楽しさが味わえるようにする	
●喃語や指差しで伝えてきたことに共感し、喃語をまねしたり、言葉に変えて返したりしていく中で、もっと伝えたいという意欲が育ち、喃語で伝えようとすることが増えた	●保育教諭（保育者）などと一緒に遊んでいく中で、興味を持った玩具で集中して遊ぶことが増えた	

年間計画
4月 5月 6月 7月 **8月** 9月 10月 11月 12月 1月 2月 3月

83

8月の月間指導計画③

ねらい
- 一人一人の健康状態に合わせ、ゆったりと快適に過ごせるようにする
- 水の冷たさや不思議な感触を感じながら、保育教諭（保育者）と積極的に水遊びを楽しむ
- 信頼関係を築いた保育教諭（保育者）との関係の中で、欲求を満たし、かかわることを十分に楽しむ

配慮すべき事項
- 一人一人の健康状態をこまめに伝え合い、感染症の早期発見に努める
- 水遊びでは、個々に合わせて遊びに誘い、無理なく水の感触に慣れていけるようにする
- あせもやおむつかぶれになりやすいので、こまめな着替えや沐浴をし、肌を清潔に保つ

子育ての支援（保護者支援）
- 暑さによる食欲不振、疲れなどが予想されるので、園と家庭での様子を知らせ合い、体調の変化を見逃さないようにする
- 休息や水分補給の大切さを伝える
- 園での姿を伝え、共に成長を喜び合えるようにする

ひかるくん 8か月

前月末の園児の姿
- 暑さで汗をかきやすく熟睡できないため、機嫌が悪いことが多い
- たらいに入った温水や水に手を伸ばすなど、積極的に水に触れようとする
- つかみやすい物であれば、自分で持って食べようとする

養護（生命の保持・情緒の安定）
- 着替えや沐浴などで体を清潔にする気持ちよさを味わい、安定して過ごせるようにする
- 冷房や扇風機などを併用し、温度差が小さくなる工夫をする

教育（3つの視点）
- はいはい遊びを十分に楽しむ
- 保育教諭（保育者）との応答的なかかわりの中で、人とかかわることの心地よさを感じ、意思を表そうとする

食育
- 離乳食の進み具合、歯の状態、家庭での食べ方などから離乳食のつぶし方を見極め、適切な食事が提供できるようにする
- 十分に手づかみ食べができるようにする

環境構成★援助・配慮
- ■着替えスペースを作り、「気持ちいいね」「すっきりしたね」などと声をかけながら、気持ちよさを感じられる雰囲気にする
- ■安全で清潔な環境を作り、探索活動が十分に楽しめるようにする
- ★保育教諭（保育者）も一緒に、はいはいでの追いかけっこを楽しみながら遊びに誘う
- ★スキンシップを大切にしながら、気持ちよく着脱ができるようにする

自己評価
- 生活リズムが時々乱れることがあるが、体調を崩すことが減ってきた。離乳食は、保護者と密に連絡を取ることで、食べ方や形態が分かり、吐き出さずによく食べるようになった

| 園の行事 | ●身体測定　●避難訓練　●誕生会 |

めぐみちゃん **11か月**		はるなちゃん **1歳4か月**
●離乳食に慣れてきたが、好き嫌いが出てきた ●保育教諭（保育者）に甘えて膝に乗ってだっこされることを喜ぶ ●やりたいこと、欲しい物などがはっきりしていて、泣いたり身振りで伝えようとしたりする		●風邪を引き、体調を崩したあとから情緒が不安定になり、保育教諭（保育者）をあと追いする ●機嫌がよい時に喃語を発する ●スプーンやフォークに興味を持ち、上手持ちで食材を口に運ぶことができるようになる
●自分で食べたり、食べさせてもらったりしながら、少しずつ食べられる物が増えるようにする ●保育教諭（保育者）に十分に甘え、ゆったりとした時間を過ごせるようにする	**養護**（生命の保持・情緒の安定）	●特定の保育教諭（保育者）と安定したリズムの中で、落ち着いて生活ができる環境を整える ●欲求や思いを満たしてもらいながら安心して遊べるようにする
●安全で衛生的に配慮された環境の中で水遊びを楽しみ、水の感触を味わう ●絵本を見て、指差しながら喃語を発することを喜ぶ	**教育**（5領域）	●安全面に注意しながら保育教諭（保育者）と一緒に水遊びを楽しみ、水の感触を味わう ●探索活動を十分に楽しみ、興味を持った物で遊ぶ
●姿勢が崩れやすいので、背もたれ用のクッションや足台を準備するなどして、よい姿勢を保って食事ができるようにする		●上手に食べることができた時にはたくさんほめ、食事への意欲につなげる
■食事の際は顔が見えるように座り、「もぐもぐ」や「おいしいね」などと声をかけ、楽しく食事ができる雰囲気作りを行う ■一対一でかかわることのできる時間を設ける ★欲求や意欲を受け止め、気持ちを代弁しながら、安心して遊べるようにする ★目を合わせ、園児のうれしい気持ちや表情に寄り添う		■水遊びをする際は、直射日光が当たらないように日陰を作り、足元はマットを敷くなどして安全に配慮する ■水遊びが十分に楽しめるように、じょうろや容器などを用意する ★何かを伝えようとしている時は、優しい眼差しと理解しようとしている保育教諭（保育者）の姿を示す ★喃語や指差しを十分に受け止めながら応えたり、共感したりしながら発語を促す
●友達をたたいたり、足で触ったりなど、他児への興味の表し方が危険なので、友達とのかかわり方を保育教諭（保育者）がその都度示しながら見守っていく		●特定の保育教諭（保育者）がかかわり、思いを丁寧に受け止めていくことで徐々に情緒が安定し、泣く時間が減ってきた

8月の月間指導計画 ④

ねらい
- 快適な環境の中、十分な食事（授乳）や水分補給、睡眠を取り、生活リズムを整え快適に過ごす
- 夏ならではの水遊びやプール、沐浴で水の気持ちよさを感じ、汗を流して心地よく過ごす
- 保育教諭（保育者）と触れ合い、共に過ごす喜びを感じ、信頼関係を深める

配慮すべき事項
- 気温や暑さ指数を見て、外に出るかどうかを判断する
- 戸外で遊ぶ際は日陰で過ごすようにし、プールや水遊びを行う際もテントの下で遊べるようにする
- プールや水遊びの際は園児から目を離さないようにする
- あせもやおむつかぶれの予防として、汗をかいたら拭いたり着替えたり、こまめにおむつ交換をしたりすることで、皮膚を清潔な状態に保てるようにする
- 十分な水分補給と睡眠に配慮しながら、体調管理に気を付ける
- 沐浴やプール、水遊びでは事故が起きないよう、園児から目を離さないようにする

子育ての支援（保護者支援）
- こまめに着替えができるよう、衣服の点検と補充を呼びかける
- トイレでの排泄の成功が増えてきたら、紙おむつからトレーニングパンツに移行することを伝え、トレーニングパンツの準備をお願いする
- 園での園児の姿を伝え、成長を共に喜び合うことで、子育ての楽しさを感じられるようにする
- 暑さで体力が消耗しやすいので、十分な栄養と睡眠を取るよう伝える

ゆうなちゃん 8か月

前月末の園児の姿
- 一人座りが安定し、ずりばいで移動範囲が広がる
- つかまり立ちができるようになるが、自分の力で座れず、疲れると泣いて訴える
- 慣れている人にあやされるとよく笑い、表情が豊かである

養護（生命の保持・情緒の安定）
- 生理的欲求に応じ丁寧にかかわることで、健やかな心身の成長につなげられるようにする
- 人見知りによる不安や甘えなどの様々な感情を受け止め、特定の保育教諭（保育者）が丁寧にかかわることで、安心して過ごせるようにする

教育（3つの視点）
- お座りが安定し、座ったまま両手で交互に玩具を持ちかえ、意図的に手を使って遊ぶ
- 「まんま」「あーあー」など喃語や指差しで伝えようとする
- 人に関心を持ちはじめ、じっと顔を見たり笑い返したりして表情が豊かになる
- 機嫌のいい時に沐浴を行い、気持ちよさを感じる

食育
- 離乳食を喜んで食べ、そしゃくと嚥下を促すように、「あーん」「もぐもぐ」など、保育教諭（保育者）が口を動かして見せるようにする

■環境構成 ★援助・配慮
- ■ずりばいやつかまり立ちが存分にできるよう、安全な場所を確保する
- ■カラフルな色や違う素材の物、音の鳴る物など、様々な種類の玩具を用意し、園児の手の感覚を刺激したり好奇心を育てたりできるようにする
- ★園児のほほえみや喃語に表情豊かに応じるようにし、喜びや悲しみなどの園児の感情に共感する
- ★離乳食の様子をよく観察し、離乳食の形状や量が適切か、ステップアップするタイミングはいつがよいかなどの判断ができるようにする

自己評価
- 指差しや喃語が盛んになり、応答的にかかわったことで、安心して甘えてくる様子が見られた。室温を快適に保つことで体調を崩すことなく、機嫌よく過ごすことができた

園の行事	●始業式　●避難訓練　●誕生会　●身体測定　●プールじまい

みなとくん 11か月	みくちゃん 1歳4か月
●食事中に手づかみで食べようとする姿が見られる ●オマルに嫌がらずに座り、タイミングが合うと排尿に成功することがある ●一人で支えなしで立てるようになり、手をつないでもらって歩くことを楽しんでいる	●水遊びを楽しみ、水をすくったり流したりして夢中で遊ぶ ●オルガンの音や歌で体を揺らしたり、声を出したりして歌を楽しむ ●一語文で物の名前を言い、保育教諭（保育者）の言っていることをまねて言おうとする

	みなとくん	養護（生命の保持・情緒の安定）	みくちゃん

みなとくん	養護 （生命の保持・情緒の安定）	みくちゃん
●特定の保育教諭（保育者）との応答的なかかわりで情緒が安定し、安心して過ごせるようにする ●汗をかいたらこまめに拭いたり、着替えたりして気持ちよさを感じられるようにする ●オマルに座ることに慣れ、タイミングが合うと排尿が成功する		●園生活で決まった時間に食事、睡眠、排泄、遊びなどが保障されることで、生活の安定を図り、自分でしようとする気持ちを育む ●園児の気持ちに寄り添うことで、安心して甘えることができるようにする
●身の回りの物に興味を持ち、見たり触れたりして探索が盛んになる ●欲しい物や気になる物を見て盛んに指差しをして訴える ●身近な大人との応答的なやり取りの中で、物の名前や言っていることが少しずつ分かり、頷いたり反応したりするようになる ●水遊びやプールで水の冷たさや気持ちよさを感じる	教育 （5領域）	●保育教諭（保育者）に見守られながら、好きな玩具を取りに行ったり、行きたいところへ自由に移動したりすることを楽しむ ●水遊びや砂遊びではスコップで水や砂をすくったり、バケツに移したりして、道具を使って遊ぶことを楽しむ ●着替えに協力し、自分で着脱しようとする

みなとくん	みくちゃん
●スプーンや手づかみで、こぼしながらも自分で食べようとする ●食事中に眠くなることがあるので、早めに離乳食を食べはじめ、眠くなる前に食べ終われるようにする	●よく噛んで食べられるよう、「もぐもぐ」と噛むまねをしてみせる ●食後に歯磨きをする際、自分で歯ブラシを持って歯磨きをしようとする
■食事中の姿勢が保てるよう、ベビーチェアと背中の隙間にクッションをあてて、安定した姿勢で食事ができるようにする ■初めての水遊びやプールで、少しずつ水に慣れていけるように、足や手にゆっくりと水をかけたり、冷たくて驚かないように水温を高めにしたりする ★園児の指差しや喃語などの訴えを代弁して話しかけ、応答的なやり取りを通して、人とのかかわりや言葉の基盤を形成する	■戸外で遊ぶ際は直射日光が当たらないよう日陰で遊んだり、水遊びやプールの際もテントを設置して、熱中症対策をする ★パンツやズボンの上げ下げを自分でしようとする意欲を大切にし、やりにくそうにしている時はさりげなく手伝うようにする ★トイレに興味が持てるよう、機嫌のいい時にトイレに誘い、保育教諭（保育者）がそばで見守りながら楽しい雰囲気で排泄できるようにする
●「いないいないばあ」やスキンシップ遊び、手遊び等で応答的にかかわったことで、大人との触れ合いを喜び、コミュニケーションが盛んになってきた。欲しい物を指差したり、だっこしてほしい時は手を伸ばしたりして、動作で欲求を伝えるようにもなった	●自分でしようとする気持ちが芽生えはじめているので、気持ちを尊重し、できた時は共に喜ぶようにしたことで、食事や着脱も自分でしようとする姿が見られるようになった

年間計画

4月
5月
6月
7月
8月
9月
10月
11月
12月
1月
2月
3月

8月の月間指導計画 ⑤

ねらい
- ゆったりとした環境で保育教諭（保育者）との信頼関係を深め、心地よく過ごす
- 保育教諭（保育者）と積極的に水遊びを楽しむ
- 健康で安全な環境の中で休息や水分補給をこまめに取り、元気に過ごす

配慮すべき事項

- 一人一人の健康状態をこまめに伝え合い、感染症の早期発見に努める
- あせもやおむつかぶれになりやすいので、こまめな着替えや沐浴をし、肌を清潔に保つ
- 体調のいい時は水遊びや沐浴が楽しめるよう安全な環境を整え、水温のチェックを行い、安心して遊べるようにする
- 肌の異常や感染症の疑いがある時は早めに対応し、流行の拡大を防止する
- 冷房を使う際には、室温に十分留意し、冷えすぎることのないようにする

子育ての支援（保護者支援）

- 暑さによる食欲不振や疲れなどが予想されるので、園と家庭との情報交換をしながら、体調の変化を見逃さないようにする。また休息や水分補給の大切さを伝える
- 園での姿を伝え、共に成長を喜び合い、信頼関係を築いていく
- 汗をかくことが増えるので、着替えを多めに用意してもらうなど個々に必要な物を丁寧に伝える

れんくん 8か月

前月末の園児の姿
- 特定の保育教諭（保育者）にだっこされ、十分甘えを受け入れてもらい、安心して過ごす
- 沐浴を喜び、笑顔で楽しむ
- ずりばいで進みながら気に入った玩具に手を伸ばして遊ぶようになる

養護（生命の保持・情緒の安定）
- 着替えや沐浴などで体を清潔にする気持ちよさを味わい、快適に過ごせるようにする
- 機嫌よく過ごせる午前寝のあとなどに、保育教諭（保育者）との触れ合い遊びの時間を多く取り、安心感や満足感を十分に味わえるようにする

教育（3つの視点）
- はいはい運動を十分に楽しむ
- だっこや喃語の語りかけに豊かな表情で応答してもらい、やり取りを楽しむ
- 夏ならではの遊びの中で、水の気持ちよさに触れる

食育
- ペースト状の物から形のある物に移行し、離乳食のつぶし方を見極め、適切な食事を提供する

環境構成 ★援助・配慮
- ■沐浴のあとは「気持ちがいいね」「すっきりしたね」などと声をかけながら、一つ一つの行為を言葉で伝えていく
- ■ずりばいで移動し、口に物を入れる時期なので、床に危険な物が落ちていないか、常に気を配る
- ★保育教諭（保育者）も一緒にはいはいでの追いかけっこを楽しみながら、触れ合い遊びに誘う
- ★玩具を置く位置を少しずつ移動させることで、身体機能の発達につなげる

自己評価
- 友達への興味から、触れようと手を伸ばすため、保育教諭（保育者）が間に入り、一緒に遊ぶようにしたことで、トラブルなく遊ぶことができた

園の行事　　●身体測定　●避難訓練　●誕生会

ひなちゃん　11か月		あおいちゃん　1歳4か月
●足腰がしっかりしてきて、一人で立ち上がることがある ●保育教諭（保育者）に甘えて膝に乗ってだっこされることを喜ぶ ●やりたいこと、欲しい物などがはっきりしてきた ●名前や「バイバイ」など、言葉としぐさが結びついてくる		●体調を崩したあとは情緒が不安定になり、泣くことがあった ●機嫌がよい時に喃語を発する ●水遊びを喜び、存分に水の感触を味わって遊んだ
●自分で食べたり、食べさせてもらったりすることで、喜んで離乳食を食べられるようにする ●保育教諭（保育者）に十分に甘え、ゆったりとした時間を過ごし、静かな環境で一定時間眠れるようにする	養護（生命の保持・情緒の安定）	●特定の保育教諭（保育者）への甘えたいしぐさを十分に受け止め、安心して過ごせるようにする ●欲求や思いを満たしてもらいながら、安心して遊べるようにする
●安全で衛生的に配慮された環境の中で水遊びを楽しみ、水の感触を味わう ●欲求や要求を表すための指差しや喃語が増え、発語への意欲が出てくる	教育（5領域）	●保育教諭（保育者）と一緒に水遊びを楽しむ ●紙をちぎったりシールをはがしたりするなど、手指を使う遊びを楽しむ
●食欲があり食べられる食材も増えてきたため、量を調節しながら食べさせるようにする		●自分で食べようとする意欲を認め、つめ過ぎに十分注意しながら介助する
■水遊びを楽しめるよう安全で清潔な環境を作り、口に入れてもいいような衛生的な玩具を用意する ■音の鳴る物や形、色、手触りを感じられる玩具を準備し、感覚を豊かにする環境作りを心がける ★欲求や要求を受け止め、気持ちを代弁しながら、安心して遊べるようにする ★だっこをしたり、喃語の語りかけに豊かな表情で応答したりなどして、園児のうれしい気持ちや表情に寄り添う		■水遊びをする際は直射日光が当たらないよう日陰を作り、足元にはマットを敷くなどして安全に配慮する ■簡単な水鉄砲やペットボトルを用意したり、個別にたらいやバケツを準備したりして、一人一人の空間を確保する ★ゆったりとした雰囲気の中、やわらかな口調や声のトーンに気を付けて、絵本やペープサートなどを楽しめるようにする ★保育教諭（保育者）も一緒に水遊びや砂遊びを楽しみながら、「ジャージャー」と発語を促したり、「気持ちいいね」と共感したりする
●保育教諭（保育者）の応答的かかわりで言葉を理解し遊べるようになった。立ち上がることが増えてきたため、転倒に注意してかかわるよう心がけたことで、つかまり立ちを十分に楽しむことができた		●特定の保育教諭（保育者）に欲求や思いを十分に満たしてもらえたことで、睡眠時間の安定と活動においても静と動のバランスが見られるようになった

年間計画

4月　5月　6月　7月　**8月**　9月　10月　11月　12月　1月　2月　3月

8月の月間指導計画 ⑥

ねらい
- 夏ならではの遊びを通して、様々な感触を味わい、体の諸感覚を十分に働かせながら遊ぶことを楽しむ
- 水分補給をこまめにし、熱中症に気を付けながら安全な環境の中でいろいろな物に興味・関心を持つ

配慮すべき事項
- こまめな着替えや沐浴で肌を清潔に保ち、あせもやおむつかぶれ、とびひなどの皮膚疾患の早期発見に努める
- 個々の成長に応じた探索活動ができる環境を整え、自発的に環境にかかわろうとする場を作る
- 汗をかきやすい時期なので、清拭や沐浴、着替えなどで肌を清潔に保つ
- 熱中症にならないよう、こまめな水分補給と休息の時間を取る
- 冷房で体が冷えないよう、床に近い部分の室温に気を付ける
- 室内が冷房中でも定期的に換気する

子育ての支援（保護者支援）
- 熱中症予防にはこまめな水分補給が効果的なことを伝え、休日などは家庭でも水分補給の回数などに気を付けてもらう
- 様々な遊びの中で見られた個々の成長や発達を伝え、子育ての楽しさや喜びを分かち合えるようにする

ゆいなちゃん（8か月）

前月末の園児の姿
- 特定の保育教諭（保育者）と遊ぶことを喜びながらも、友達の様子も観察し、興味を示す
- 温水遊びや沐浴を楽しむ
- 自らお座りとうつぶせの体勢移動を楽しみ、何回もくり返す

養護（生命の保持・情緒の安定）
- 冷房やサーキュレーターで保育室内外の温度差が大きくなりすぎないよう注意する
- 安心して過ごせるよう、保育教諭（保育者）と一対一のかかわりを十分に持つ

教育（3つの視点）
- 名前を呼ばれると、手足を動かしたりほほえんだりする
- 喃語に応答し、保育教諭（保育者）が積極的にかかわることで受け止めてくれる存在に安心感を覚える
- 水の気持ちよさや感触を楽しみ、水の流れる音などに反応する

食育
- 食材を手に取り、口に運べるようになる
- だんだん食材が増える中、はじめての食材は家庭で食べるようにし、アレルギー対応に備える

環境構成★援助・配慮
- ■握って遊べる玩具、感触が違う素材の玩具を用意する
- ■水遊び用のたらいやバケツに入れた水の温度を調節し、冷たすぎないようにする
- ★温水遊びや沐浴の際に「気持ちいいね」「すっきりするね」など、体験と言葉にかかわりがあることを伝えられるような声かけをする
- ★保育教諭（保育者）もはいはいで一緒に移動運動をすることで、行動範囲を広げ、探索活動を楽しめるようにする

自己評価
- 特定の保育教諭（保育者）がそばで見守ることで、安心して自ら玩具に手を伸ばして遊ぶ姿が多く見られた

| 園の行事 | ●身体測定　●避難訓練 |
| | ●誕生会 |

かいくん 11か月	りんちゃん 1歳4か月	
●つかまり立ちやつたい歩きが安定し、時々手を離して立とうとする ●水遊びに慣れ、温水を手で触ったり水の中に玩具を入れたりしようとする ●好きな食べ物があると喜び、指差しをして欲しがる	●体調を崩すことも少なくなり、水遊びを楽しんでいる ●喃語の発声が活発になり、保育教諭（保育者）が応答してくれることを喜ぶ ●水が顔にかかるとびっくりして泣いてしまうことがあったが、保育教諭（保育者）の「大丈夫だよ」の声かけに安心し、また遊びに戻る	
●必要に応じて援助しながら、自ら好きな物を選んで食べる意欲を育てる ●応答的なかかわりが楽しめるよう、保育教諭（保育者）が単語をくり返したり、気持ちを代弁したりする	●他児とかかわりたい気持ちを受け止め、双方の気持ちを保育教諭（保育者）が代弁し、かかわる ●要求や欲求を受け止めてもらい、安心できる環境の中で遊びが継続できるようにする	養護（生命の保持・情緒の安定）
●衛生や安全に配慮した水遊びの環境を設定することで、安心して十分に水遊びを楽しむ ●絵本や手遊びなどを通して、言葉と行動が一致するような語りかけを好む	●手指を使った遊びを楽しむ ●絵の具や色水遊びを通して、色に興味を持って遊ぶ ●絵本の絵を指差しながら、喃語で話すことを楽しむ	教育（5領域）
●夏の暑さで食欲が出ないこともあるので、給食担当者と離乳食の形状や献立を工夫する ●スプーンやフォークを自ら持つ頻度が増えるように促す	●好みの食材だけではなく、いろいろな食材に興味を持って食べられるよう、「もぐもぐ」「おいしいね」などの声かけをしながら食べる意欲を育てる	
■水の音や水が流れる様子が感じられる玩具を用意する ■興味・関心がある玩具や遊具を用意する ■五感を刺激するような玩具や絵本を通して、積極的に遊びにかかわれる環境を設定する ★伸び伸びと体を動かしたり、つかまり立ちなどで移動ができる環境を整え、探索活動ができるようにする ★水分補給をこまめにし、熱中症の予防に努めるとともに、ゆったりと室内で遊べる時間も作る	■直射日光が当たらない場所や日陰に、水遊びの環境を適切に設定する ■一人一人がじっくりと楽しめるよう、十分な数の水遊びの玩具を用意する ★園児自ら積極的にかかわり、発見した事柄に保育教諭（保育者）が共感することで受容体験を増やす ★静と動の遊びの活動のバランスを取り、夏の暑さからくる疲れにより体調を崩すことがないような遊びを取り入れる	
●喃語や指差しが増えてきたので、保育教諭（保育者）がより積極的に応答したことにより、自ら何かを伝えたいという意欲を引き出せた	●水遊び用の玩具を十分に用意したことで、好きな玩具でじっくりと遊ぶことができ、集中して遊ぶ姿が見られた	

年間計画

4月　5月　6月　7月　**8月**　9月　10月　11月　12月　1月　2月　3月

9月の月間指導計画 ①

ねらい
- 夏の疲れが出やすい時期なので、ゆったりと快適に、一人一人の体調に合わせて過ごせるようにする
- 保育教諭（保育者）などの優しく豊かな言葉がけやかかわりにより、喜んで喃語や一語文を発する
- 戸外に出て身近な物に興味を持ち、体を動かして遊ぶことを楽しむ

配慮すべき事項
- 一人一人の健康状態を把握し、室内の環境を整え、それぞれに合わせた活動ができるようにする
- 1日の気温差に気を付け、衣服の調節をしていく
- まだ汗をかくこともあるため、必要に応じて着替えやシャワーをし、清潔に過ごせるようにする

子育ての支援（保護者支援）
- 疲れが出やすい時期なので、家庭と連絡を取り合いながら園児の健康状態などを把握し、無理なく過ごせるようにする
- 朝夕や日中とで気温差があるので、調節がしやすい衣服を用意してもらう

こうたくん　9か月

前月末の園児の姿
- 離乳食では、手づかみをして意欲的に食べようとする
- ずりばいから少しずつはいはいができるようになり、好きな所に行く
- 保育教諭（保育者）などとの触れ合い遊びを喜び、手足をばたつかせたり喃語を発したりする

養護（生命の保持・情緒の安定）
- ゆったりとした雰囲気の中で、落ち着いて食事ができるようにする
- 安心できる保育教諭（保育者）などとのかかわりを喜び、安定して過ごす

教育（3つの視点）
- はいはいをして、十分に体を動かして遊ぶ
- 保育教諭（保育者）などとの応答的なかかわりの中で喃語を発する
- はいはいをしながら行動範囲を広げ、意欲的に遊ぶ

食育
- 食材はつかみやすい大きさにして、意欲的に食べられるようにする

環境構成　★援助・配慮
- ■室温の調節や換気などに配慮しながら、快適に過ごせるようにする
- ■興味のある玩具を用意したり、室内遊具で勾配をつけたりして、はいはいを楽しめるようにする
- ★触れ合い遊びを通して、喃語を発する姿を優しく受け止め、応えながらやり取りを楽しめるようにする
- ★室内だけでなく、ホールやテラスなどではいはいを楽しみ、興味を広げて遊べるようにする

自己評価
- はいはいが盛んになったので、様々な環境を整えることで、意欲的に体を動かして探索活動を楽しむ姿が見られるようになってきた

園の行事

- 誕生会
- 身体測定
- 避難訓練
- 親子遠足

みさきちゃん 1歳	あいなちゃん 1歳5か月
●完了食に移行し、手づかみやスプーンで意欲的に食べている ●つかまり立ちをしながら、片手で玩具を引っ張り出すなどして喜んで遊ぶ ●手押し車を押して、歩くことに興味を持ちはじめる ●絵本の読み聞かせを喜び、指差しをしたり喃語を発したりする	●食事は、スプーンや手づかみでほとんど一人で食べる ●保育教諭（保育者）などと一緒に、パンツを引き上げたり服から顔を出したりと着脱を楽しむ姿が見られる ●保育教諭（保育者）などの言葉をまねして言ったり、歌をうたうなどして楽しむ姿が見られる

養護（生命の保持・情緒の安定）	●活動と休息の時間に配慮し、無理なく過ごせるようにする ●保育教諭（保育者）などに見守られながら、安心感を持って過ごせるようにする	●体調や気温に合わせて、衣服の調節をしながら快適に過ごせるようにする ●保育教諭（保育者）などのそばで安心して好きな遊びを十分に楽しめるようにする
教育（5領域）	●はいはいやつたい歩き、手押し車を押して歩くなど、様々な体勢で体を動かして遊ぶことを楽しむ ●保育教諭（保育者）などと絵本の読み聞かせや手遊びなどを通して、喃語を発しながらやり取りを楽しむ ★好きな場所に移動したり、玩具を取り出したりしながら探索活動を楽しむ ★歌に合わせて手をたたいたり、楽器を鳴らしたりして遊ぶことを楽しむ	●戸外に出て段差を上ったり走ったりと体を動かして遊ぶ手本を示し、近づいたり触れたりする ●絵本の読み聞かせを喜び、指差しをしたり一語文を言ったりする ●保育教諭（保育者）などと一緒に、楽器を鳴らしたり踊ったりして遊ぶことを楽しむ

●完了食は保護者や給食担当と連絡を取りながら、発達に合った大きさや固さに調整する	●保育教諭（保育者）などと「おいしいね」と一緒に食べる楽しさを感じられるようにしながら、手を添えてスプーンの使い方を知らせていく

■手押し車を押す時は、広い空間で思いきり楽しめるようにする ■室内だけでなく、戸外に出て身近な物に興味を持ってかかわれる環境を整える ★手押し車を押して歩くうれしさに共感し、言葉にしながら楽しめるようにする ★落ち着いた環境の中で絵本の読み聞かせをし、指差しや喃語に優しく応えながら、物の名前を知らせていく ★お気に入りの歌や音の鳴る玩具を用意し、保育教諭（保育者）などと楽しんで遊べるようにする	■戸外遊びや散歩など、探索活動が十分にできるよう安全に留意して環境構成をする ■絵本は言葉をまねしやすいようなくり返しのある物や、身近なテーマの物を用意する ★指差しや一語文で伝えようとする姿を受け止め、共感していく ★楽器を鳴らしたり踊ったりと、歌や音楽に合わせて遊ぶ楽しさを味わえるようにする

●一人で立ったり、手押し車を押したりと喜んで遊ぶ姿が見られた。まだ安定しないため、引き続き安全面に配慮しながら少しずつ歩行へ移行できるよう援助する	●戸外遊びでは、安全面に配慮しながら探索活動を楽しめる環境を整えたことで、安心して体を動かして楽しむ姿が見られるようになった

年間計画

4月 5月 6月 7月 8月 **9月** 10月 11月 12月 1月 2月 3月

9月の月間指導計画②

ねらい
- 夏の疲れに留意し、休息を取りながら安定した生活リズムの中で健康に過ごす
- 運動機能を使って、探索活動を楽しむ

配慮すべき事項
- 一人一人の表情や様子を観察し、休息できる時間を持つことで、元気に遊び、けがをしないようにする
- 身近な環境に自発的に働きかけ、探索する意欲を高められるようにする

子育ての支援（保護者支援）
- 夏の疲れによる体調の変化を見逃さないようにし、連絡帳や送迎の時に園児の様子を伝え合う
- 園児たちの活動が活発になってきたので、けがや誤飲などに気を付けていることを伝え、共通理解を図る
- 汗をかいた時には着替え、沐浴やシャワーを行うことを伝え、着替えやタオルを多めに準備してもらう

けんとくん 9か月

前月末の園児の姿	●暑さで機嫌が悪く、ぐずったり、寝つきが悪かったりする ●ずりばいで興味がある玩具を取ろうとしたり、体を支えはいはいの体勢から進もうとする ●保育教諭（保育者）などとの触れ合いを泣いて求め、だっこすると安心した表情を浮かべる
養護（生命の保持・情緒の安定）	●落ち着いた空間で午前寝や午睡をし、十分な休息が取れるようにする ●信頼できる保育教諭（保育者）などとの触れ合いの中で、依存的欲求を満たし、情緒を安定させていくようにする
教育（3つの視点）	●安心できる場所で、はいはいでの探索活動を楽しむ ●保育教諭（保育者）などと、触れ合い遊びを十分に行い、落ち着いて過ごす
食育	●手づかみで食べられるように形状を工夫してもらうことで、自分で口に運んで食べることを喜ぶ
★環境構成 援助・配慮	■あごをぶつけてけがをしないように、柔らかいマットの上で安心してはいはいができる環境を用意する ■気温に応じてエアコンを使用したり換気をしたりして、園児が快適に過ごせるような環境を用意する ★はいはいの体勢になった時には足の踏ん張りを支えたり前方に玩具を置いたりして、動きを促す ★ぐずった時には、水に触れて気持ちよさを感じたり、園内散歩で声をかけてもらったり、木陰で風を感じたりすることで気分転換ができるようにする
自己評価	●園児の健康状態や機嫌を伝え合い、水分補給や室内温度の調節を行うことで、夏の疲れを癒やしながら過ごすことができた

園の行事
- 親子遠足
- 敬老会
- 園外安全教室
- 避難訓練
- 誕生会

	あこちゃん 1歳	**あかりちゃん** 1歳5か月
	●好奇心旺盛で、行動範囲も広がり、転んでも自分で立ち上がって興味・関心が向くほうへ歩行を楽しむ ●保育教諭（保育者）などの声かけを動きを止めて聞き、頷く。友達の名前や語尾をまねて話そうとする ●興味のある物に触れ、たたいたり、転がしたりしながら集中して遊ぶ	●指差しや身振りだけではなく、自分の言葉で自発的に意思を伝えようとする ●ジャンプや足の屈伸、階段の上り下りなど、足腰が安定し、全身運動を楽しむ ●思い通りにならないことがあると泣き出す ●楽しいやおいしいなどを表情や動きで表現しようとする
養護（生命の保持・情緒の安定）	●夏の疲れが出やすい時期のため、体調に合わせながらゆったりと過ごせるようにする ●満足できるまで探索活動を楽しめるように、安心感を持って遊べる環境を用意する	●生活や活動の合間に水分補給をし、休息できる時間を設ける ●思い通りにならなかった時に気持ちを受け止め、言葉で代弁してもらうことで、少しずつ気持ちを落ち着かせ、気持ちが切り替えられるようにかかわる
教育（5領域）	●壁や柵につかまりながら歩行し、探索活動を楽しむ ●保育教諭（保育者）などがしていることや様々な玩具に興味を示し、触れたり、まねしてやってみようとしたりする	●水、小麦粉、砂、土、泥んこなどの様々な感触を楽しむ ●身の回りのことに興味を示し、自分でやってみようとすることが増える ●積極的に喃語や簡単な言葉で話すことを楽しむ
	●人差し指と親指を使い、つまんで食べることを喜びながら楽しく食事する	●「あまいね」「すっぱいね」などと声をかけてもらうことで、食材の味を表す言葉が分かり、旬の食材に興味を示す
	■手すりや柵などを歩行できる距離の間に配置し、歩行しながら部屋中を探索できる環境を用意する ■探索活動を楽しんでいる時に、危険な物や場所がないか確認し、安全な保育環境を用意する ★体の発達の過程を十分に把握し援助していくことで、安全に運動機能が育つようにする ★おむつや帽子などを、園児の手の届く所に移動し、自分で出し入れできるようにする	■天気や気温に留意し、快適に過ごせる遊びを用意する ■くり返しの展開が楽しい絵本や、絵がはっきりしている絵本を用意する ★初めての感触を嫌がる時には無理せず、保育教諭（保育者）などが楽しんでいる姿を見せ、触ってみたくなる雰囲気を作る ★意欲的に取り組んでいる時には見守り、できない所をさりげなく援助する
	●活動範囲に合わせて柵や室内遊具などを配置することで、運動能力を高めることができた。これからますます移動能力が高くなるため、安全で清潔な環境を用意していきたい	●様々な感触遊びを活動に盛り込んでいくことで、少しずつ慣れ、自らかかわり楽しむ姿が見られ、残暑を気持ちよく過ごすことができた

年間計画　4月　5月　6月　7月　8月　**9月**　10月　11月　12月　1月　2月　3月

9月の月間指導計画 ③

ねらい
- 気温の変化に留意し、一人一人の生活リズムを整え、快適に過ごせるようにする
- 保育教諭（保育者）や友達と一緒に、はう、歩く、走る、跳ぶ、転がる、登る、くぐるなど、全身を使った遊びを楽しむ
- 保育教諭（保育者）の愛情豊かな受容と応答的なかかわりの中で、触れ合い遊びを楽しむ

配慮すべき事項
- 一人一人の体調について把握し、具合が悪い時にすぐ対応ができるように、園児の様子を共有する
- 落ち着いた安心できる環境を作り、ゆったりと過ごせるように保育教諭（保育者）の動きを話し合い、連携を図る

子育ての支援（保護者支援）
- 感染症にかかりやすくなる季節のため、日々の体調をこまめに伝達し合い、家庭と園との双方で健康状態を確認する
- 着替えの回数が多くなるので、調節しやすい衣服、着脱しやすい衣服を準備してもらう
- 体を使った親子でできる簡単な遊びを紹介し、家庭でも楽しめるようにする

ひかるくん 9か月

前月末の園児の姿
- はいはいからお座りをしたり、お座りからはいはいをしたりする
- 両手に玩具を持ち、たたき合わせたり、投げたりして遊ぶ
- 保育教諭（保育者）との触れ合い遊びを喜び、あやしかけに笑顔を見せる

養護（生命の保持・情緒の安定）
- 体調を崩しやすい時期なので、体調の変化を見守り、ゆったりと過ごせるようにする
- 信頼できる保育教諭（保育者）との触れ合いの中で、依存的欲求を満たし、情緒の安定を図る

教育（3つの視点）
- 保育教諭（保育者）とのはいはい遊びを通して、体を動かして遊ぶ楽しさを感じる
- 気に入った玩具に自ら近づき、握ったり振ったりする

食育
- 手づかみ食べを十分に経験できるように食材の調理の仕方を工夫し、食べこぼしてもよいようにおかわり分の食材を準備する

環境構成★援助・配慮
- ■広い空間を確保し、十分にはいはい遊びが楽しめるようにする
- ■愛情豊かな笑顔で触れ合うことで、温かい雰囲気を作る
- ★好奇心を刺激するような玩具を置いたり、「おいでおいで」と声をかけて遊びに誘ったりする。また、はいはいをたくさんすることで体幹が鍛えられるようにする
- ★「いい音がするね」と保育教諭（保育者）が言葉で表現したり、楽器を持たせたりして音の美しさや振動を共有する

自己評価
- 興味のある玩具やトンネルなどを活用し、はいはい遊びをたくさん取り入れたことで動きが活発になった。目を離さずに行動を見守っていきたい

園の行事	●身体測定　●避難訓練　●誕生会

めぐみちゃん　1歳	はるなちゃん　1歳5か月
●はいはいで移動し、つたい歩きを喜んでする ●友達に興味があり、目や口など相手の顔を触ろうとする ●汁物が好きで、給食の汁などは飲むが、茶の入ったコップを口元に近づけると顔をそむけて嫌がる	●足腰がしっかりしてきたことにより、低い段差であればジャンプしようとする ●指差しなどのしぐさや、一語文で意思表示をする ●友達に興味を示し、頭をなでたり手をつなごうとしたりする ●午睡後にトイレへ行き、タイミングが合えば排尿でき、ズボンの着脱も自分でしようとする

養護 （生命の保持・情緒の安定）	●夏の疲れがでやすい時期なので、活動と休息の時間を大切にし、無理なく過ごせるようにする ●欲求を受け止め、スキンシップを取り、遊ぶことで落ち着いて過ごせるようにする	●汗をかいたらこまめに着替え、体調を把握し、ゆったりと過ごせるようにする ●安心できる保育教諭（保育者）の見守りの下、満足するまで好きな遊びを楽しめるようにかかわる
教育 （5領域）	●保育教諭（保育者）と体を動かす遊びを楽しむ ●安心できる保育教諭（保育者）と共に、友達とのかかわりを楽しむ	●様々な用具や玩具、素材を使った遊びを通して、粗大運動と微細運動を楽しむ ●周囲の人や物に興味を示し、探索活動を楽しむ

●手づかみで食べることを大切にし、コップ飲みの際には、手を添えて傾ける角度に注意しながら少しずつ飲めるようにする	●落ち着いて食べることに集中できるように食事の環境を見直し、意欲的に食べられるようにする

■意欲的に探索活動を楽しめるように安全な環境を整える ■静かで安心できる環境の中で、ぐっすりと眠れるようにする ★斜面登り、トンネルくぐり、段差の上り下りなど、楽しく体を動かせる環境を整える ★友達とのかかわりを、優しく言葉を添えながら見守る	■タオルや着替えなどをカゴに用意し、汗をかいたらすぐに着替えられるようにするとともに、取り違えないようにする ■室内だけでなく、戸外へ出て身近な自然への興味を抱くような環境を作る ★遊びに対する反応を表情や行動からくみ取りながら、用具や素材の使い方を工夫する ★喃語や指差しで表そうとする欲求や意思を代弁したりして、丁寧に応答する

●様々な環境を設定したので、十分に楽しく身体活動ができた。友達の目元に触ろうとする行動がまだ見られるので、その都度注意しながら言葉を添えて見守っていきたい	●本児の思いを代弁することで意思表示ができるようになってきた。意思が通らないとかんしゃくを起こすことがあるので、落ち着いて対応し、気持ちよく過ごせるような声かけをしていきたい

年間計画　4月　5月　6月　7月　8月　**9月**　10月　11月　12月　1月　2月　3月

9月の月間指導計画 ④

ねらい
- 運動会の遊戯などの曲がかかると保育教諭（保育者）の模倣をしたり、それぞれの表現をしたりして、踊ることを楽しむ
- 保育教諭（保育者）や友達と一緒にはいはいや歩く、走る、上るなど、全身を動かすことを楽しむ

配慮すべき事項
- 運動会の練習で戸外に出る機会が増えるが、個々の生活リズムを重視し、参加できない時は職員の配置を考慮する
- 暑い日が続くので、こまめに水分補給をし、休息もしっかり取るようにする
- 園児が関心を持っていることに気付けるよう、園児の様子をよく観察し、関心が高まるように言葉やしぐさで共感したり、遊びに取り入れたりするようにする
- 一人一人に合わせて、必要な場合はパジャマを用意する
- 消防訓練では保育教諭（保育者）がだっこや散歩カー（避難車）で安全なところまで避難できるようにする。また、防災頭巾や避難リュック、持ち出し書類の確認をし、いざという時に備える
- 不審者対応訓練では園児が不安にならないよう、優しく声をかけたり寄り添ったりする

子育ての支援（保護者支援）
- 運動会の取り組みで戸外での活動が多くなるため、疲れが出ないように日々の様子を伝え、体調の変化に気付けるようにする
- 運動会に初めて参加する保護者が多いため、当日は親子で遊戯や競技に参加することを楽しみにできるよう、練習での園児の様子や当日の雰囲気を丁寧に伝えていく
- 汗をかいた時に着替えができるよう、衣服を多めに用意してもらう

ゆうなちゃん　9か月

前月末の園児の姿
- はいはいができるようになり、保育教諭（保育者）が呼ぶと、うれしそうにはいはいで来る
- 人見知りをし、いつも世話をする保育教諭（保育者）以外が近付くと激しく泣く
- 保育教諭（保育者）の身振りを模倣し、名前を呼ばれると手をあげたり、拍手をしたり、手を振ったりする

養護（生命の保持・情緒の安定）
- 特定の保育教諭（保育者）と愛着関係を築き、そばにいる安心感の下、玩具で遊んだり機嫌よく過ごしたりできるようにする
- 水分補給をこまめに行い、脱水を防ぐようにする

教育（3つの視点）
- 「おいで」と手を差し伸べられると自分からだっこをしてもらおうとする
- はいはいで移動するのが上手になり、探索活動が盛んになる
- 紙や布、音の鳴る玩具などで五感を使って遊ぶことを楽しむ
- 音楽に合わせて体を揺らしたり、保育教諭（保育者）の模倣をして手を動かしたりする

食育
- 離乳食後期になり、1日3回食になる。離乳食の移行に伴いフォローアップミルクに変える
- 手づかみで食べる様子が見られたら見守り、自分で食べようとする意欲を育てる

環境構成★援助・配慮
- ■高月齢児と遊ぶ空間を分け、安心して動ける環境の下、活動できるようにする
- ■様々な形状や素材の玩具を遊びに取り入れ、保育者と感触遊びを楽しめるようにする
- ■異年齢児の運動会の練習を見る機会を設ける
- ★バナナくらいの硬さのものを舌や歯茎でつぶして食べているか、よく観察する
- ★ほほえみや指差し、喃語に表情豊かに応じ、喜びや悲しみなどの感情に共感していく

自己評価
- 後期食に移行し、食事の様子を保護者と共有しながら無理なく進めることができた。安心して動ける環境を設定したことで、はいはいで自由に移動し、楽しんでいた

園の行事
- 敬老祭
- 誕生会
- 運動会
- 運動会予行練習
- 身体測定
- 不審者対応訓練
- 消防訓練

	みなとくん　1歳	みくちゃん　1歳5か月
	●はいはいや、つたい歩きで自由に動けることを楽しみ、支えなしで立って2、3歩足が出るようになる ●指差しや動作での意思表示ができるようになり、保育教諭（保育者）に伝わる喜びを感じている	●スプーンを持ちたがり、上手持ちで食べ物を口に運んで食べられるようになる ●絵本を読んでもらうことも、自分でページをめくって見ることも好きで、絵を見て指差しをしたり、「わんわん」「まんま」など意味のある言葉が出たりする
養護（生命の保持・情緒の安定）	●園生活のリズムに少しずつ慣れるよう、睡眠、離乳食、排泄を通してリズムを整えていく ●保護者と離れる不安に共感し、だっこしたり不安な気持ちを代弁したりして、受容されている安心感を感じられるようにする	●思い通りにならなかった時には気持ちを受け止めることで長引かないようにし、気持ちが切り替えられるようにかかわる
教育（5領域）	●名前を呼ばれると返事をしたり、手を振ったりする。指差しなどで要求を表現する ●保育者の手遊びやしぐさ、動きを模倣し、表現する楽しさを感じる ●好きな玩具を見つけて遊ぶ ●特定の保育教諭（保育者）がいなくても安心して遊べるようになる	●しゃがんだり立ったり、段差を上ったり下りたりして、体全体を動かして動くことを楽しむ ●歩いて移動できるようになったことで視野が広がり、花や虫などの自然物や、身の回りの物に興味・関心を持ち、好奇心が旺盛になる ●クレパスで自由画をかいたり、紙を丸めたり破ったりして手先を使う遊びを楽しむ ●好きな絵本を読んでもらうことを喜ぶ
	●離乳食完了期に移行し、食べられる食材が増えた。食後のフォローアップミルクで足りない栄養を補うようにする ●こぼしながらもスプーンや手づかみで自分で食べようとする姿を見守り、意欲を育てる	●自分で食べようとする意欲が高まり、こぼしながらも器を持って汁物やお茶を飲もうとする姿を見守る ●「ニンジンおいしいね」「甘いね」など、食材や味に関する言葉をかけながら介助をする
	■異年齢児の運動会の練習を見る機会を設け、遊戯の音楽や踊りを楽しめるようにする ■好きな遊びを保障できる数の玩具を用意する ■歩きはじめでバランスを崩して転倒することもあるので、床に玩具が散乱しないよう、歩きやすい環境を整える ■パジャマを用意してもらい、着替えて午睡をするようにする ★子どもの指差しや喃語に丁寧に応じ、「だっこしてほしいのね」などと言語化して伝え発語につながるようにする	■運動会の遊戯の曲をかけて保育教諭（保育者）が一緒に踊ることで、動きを模倣して楽しめるようにする ■砂、紙、粘土など、様々な素材で遊び、感触や形の変化を楽しめるようにする ★思い通りにならなくて泣いたり怒ったりした時は、思いに寄り添い、園児の思いを代弁したり、外に出て気分転換をしたりして、気持ちを切り替えられるようにする ★意欲的に取り組んでいる時は見守り、できないところはさりげなく援助し、自分でできた喜びに共感していく
	●要求や欲求に対して早めに対応することで、気持ちよく過ごせていた。離乳食の際に姿を見守り、声をかけたことで、食べようとする意欲につながった	●戸外遊びを多く設定することで、よく歩き、遊具を登ったりトンネルをくぐったりして十分に体を動かすことができた。運動機能が高まり、ますます体を動かして遊ぶことを楽しめるようになった

年間計画　4月　5月　6月　7月　8月　**9月**　10月　11月　12月　1月　2月　3月

9月の月間指導計画 ⑤

ねらい
- 暑さの中、生活リズムを整え、心身共にゆったりと過ごす
- 保育教諭（保育者）や友達と一緒に、活発に手足を動かして遊ぶ
- 保育教諭（保育者）の語りかけが発語へとつながり、応答的なかかわりの中で触れ合い遊びを楽しむ

配慮すべき事項
- 一人一人の体調について把握し、体調が悪い時にはすぐに対応できるよう、園児の様子を保育教諭（保育者）間で共有する
- 残暑対策が必要なことにも注意し、快適に過ごせるよう環境を整える
- 行動範囲が広がり、興味を示す対象が増えてくるため、手の届く範囲に危険な物がないか、誤飲につながる物がないかなど、安全確認を行う

子育ての支援（保護者支援）
- 気温の変化が大きい時期のため、調節しやすく着脱しやすい衣服を準備してもらう
- 夏の疲れから体調を崩しやすくなったり、感染症にかかりやすくなったりするため、体調や食事、睡眠の状態を細かく伝え合う

れんくん 9か月

前月末の園児の姿
- はいはいからつかまり立ちができるようになる
- 両手に玩具を持ち、たたき合わせたり、投げたりして遊ぶ
- 保育教諭（保育者）との触れ合い遊びを喜び、あやしかけに笑顔を見せる

養護（生命の保持・情緒の安定）
- 落ち着いた雰囲気の中でゆったりとミルクを飲んだり離乳食を食べたりし、ほぼ決まった時間に入眠することで、機嫌よく過ごせるようにする
- 信頼できる保育教諭（保育者）との触れ合いの中で、依存欲求を満たし、情緒の安定を図る

教育（3つの視点）
- 保育教諭（保育者）とのはいはい遊びを通して、体を動かして遊ぶ楽しさを感じる
- マラカスや簡単な太鼓など、音の出る玩具を握ったり振ったりして楽しむ

食育
- 保育教諭（保育者）の「あぐあぐ」「ごっくん」などの声を聞きながらそしゃくする。離乳食の大きさ、固さに気を配り、喉につかえないようにする

環境構成★援助・配慮
- ■広い空間を確保し、十分にはいはい運動をしたり、発達に合った高さのやわらかいアスレチックを用意し、つかまり立ちを楽しんだりできるようにする
- ■愛情豊かな笑顔や優しい言葉がけで温かい雰囲気を作る
- ■様々な素材を使った手作り玩具を準備する
- ★はいはいをたくさんすることで体幹が鍛えられるようにする。保育教諭（保育者）も一緒にはいはいし、同じ目線で楽しめるようにする
- ★だっこやベビーカーで園庭を散歩しながら草花や虫の歌を口ずさみ、「気持ちいいね」などと言葉で伝え、心地よさを味わえるようにする

自己評価
- 動く玩具や音の出る玩具など、興味のある物を準備したことで、楽しく遊べた。特定の保育教諭（保育者）の後追いをするので、気持ちを受け止めたことで、安心して過ごせるようになった

園の行事
- 身体測定
- 避難訓練
- 誕生会

年間計画 / 4月 / 5月 / 6月 / 7月 / 8月 / **9月** / 10月 / 11月 / 12月 / 1月 / 2月 / 3月

	ひなちゃん　1歳	あおいちゃん　1歳5か月
	●つたい歩きから歩行へとつながり、探索活動が増えた ●友達に興味を示し、近づいたり触ろうとしたりする	●戸外遊びを喜び、探索活動を十分に楽しむ ●頻繁に「ママ」と言うようになり、母子分離の際に泣くことがある ●高熱が続き、突発性発疹にかかる ●手指を使った遊びや水遊びを喜ぶ
養護（生命の保持・情緒の安定）	●甘えを十分に受け入れることで欲求を満たし、気持ちの安定を図る ●生活リズムが安定してくるので、スキンシップを取りながら遊び、機嫌よく過ごせるようにする	●自分のコップが分かり、コップを自分で持ち、上手に飲めるよう、水分補給の際は見守るようにする ●汗をかいたらこまめに着替え、体調を把握し、ゆったりと過ごせるようにする
教育（5領域）	●安心できる保育教諭（保育者）と共に、友達とのかかわりを楽しんだり、喃語を発することを喜ぶ ●異年齢児の運動会の練習を見ながら、手をたたいたり、体を揺らしたりして雰囲気を味わう	●友達に興味を持ち、かかわりを持とうとする ●歩行や探索活動を通して見た物、感じた物を「上手に歩けたね」「あれは何かな」「向こうまで行ってみようか」などと保育教諭（保育者）言葉にして知らせてもらう
	●手づかみで食べようとする意欲を大切にしながら、スプーンに食べ物をのせて保育教諭（保育者）と一緒に口に運ぶことも経験していく	●手づかみ食べもするが、スプーンを使って食べ物を口に運ぶことが上手になってくる
	■歩行を十分に楽しめるよう、広い空間を確保する ■夏の疲れが残る時期なので、静かで安心できる環境の中でぐっすりと眠れるようにする ★斜面登り、トンネルくぐりなど、楽しく伸び伸びと体を動かせる環境を整え、「おいで」と声をかけて遊びに誘い、歩行が確立するよう援助する ★園庭での砂遊びを楽しめるようバケツやシャベルの数を多めに用意しておき、つかんだり入れたりすることを楽しめるようにする ★砂を口に入れたりしないよう見守る	■絵本やままごとの玩具を用意し、保育教諭（保育者）と一緒に見立て遊びを楽しめるようにする ■過ごしやすい時間帯を選んで戸外へ出て、秋の自然への興味を引き出せるようにする ★「かして」「じゅんばん」などと言葉を添えながら、友達と一緒に好きな遊びを楽しめるよう仲立ちしていく ★探索活動を安全に楽しめるよう、小石やつまずきそうな物がないか、玩具に破損がないかなどを確認し、園庭や固定遊具などの点検をする
	●自分の欲求を伝えようとする気持ちを受け入れることで、安心して過ごし、喃語を促すことができた。食事は、食べる意欲を大切に見守ることで、手づかみで自ら進んで食べている	●母子分離の際に泣くことがあったが、安心できる保育教諭（保育者）がだっこでかかわるようにしたことで次第に落ち着き、好きな玩具で自分から遊べるようになった

9月の月間指導計画 ⑥

ねらい
- 夏の疲れに留意し、安定した生活リズムの中で心身共にゆったりと過ごす
- 友達と一緒に、様々な遊びを楽しめるようにする
- はう、くぐる、つたう、上る、越えるなど、全身を使った遊びを楽しむ

配慮すべき事項
- 残暑で体調を崩すことが増えることを予想し、個々の表情や体調の変化の情報を保育教諭（保育者）間で共有しておく
- 自ら探索活動に積極的にかかわる意欲を高められるようにする
- 行動範囲が広がっているので、玩具や手の届く範囲は十分に消毒や清掃をし、清潔を保つようにする
- 台風の発生が多い時期になるので、園が立地する地域のハザードマップを再確認し、避難経路を保育教諭（保育者）間で共有しておく

子育ての支援（保護者支援）
- 朝晩の気温の変化が大きくなる季節なので、園での様子を連絡帳や口頭でこまめに知らせるとともに、家庭での様子も知らせてもらう
- 夏の暑さが和らぎ、戸外で過ごしやすい日も増えてくるので、戸外遊びで園児が興味を示したものについて知らせ、園児の育ちを保護者と共有する

ゆいなちゃん 9か月

前月末の園児の姿
- はいはいの体勢で進もうとする
- 夏の暑さで体調を崩し、食欲不振で寝つきが悪い
- はいはいの体勢から手を伸ばし、玩具を取ろうとする

養護（生命の保持・情緒の安定）
- 体調を考慮し、ゆったりとした雰囲気の中で食事や睡眠が取れるようにする
- 特定の保育教諭（保育者）との触れ合い遊びを多く取り入れ、依存欲求を満たし、情緒の安定を図る

教育（3つの視点）
- はいはいや体勢移動を通して、体を動かすことを楽しむ
- 絵本の読み聞かせや手遊びなどで喃語を引き出し、保育教諭（保育者）の応答的なかかわりを喜ぶ

食育
- 手づかみ食べができるよう、食材を工夫して食べる意欲につなげ、自ら手に取って口に運ぶことを喜ぶ

環境構成★援助・配慮
- ■はいはいやつかまり立ちができるやわらかいマットなどの用具や遊具を用意し、安心して体を動かせる環境を作る
- ■手触りの違う素材の玩具を用意する
- ★おんぶやだっこ、お散歩車に乗って園庭を散策し、初秋の風の心地よさや自然に触れ、気分転換ができるようにする
- ★感触遊びを楽しめるよう、様々な素材を用意するとともに、素材に破損がないか安全点検をする

自己評価
- 園児の体調について、保護者とこまめに伝え合うことで早めに体調の変化に気付き、体調をひどく崩すことを防ぐことができた

園の行事
- 身体測定
- 避難訓練
- 自然災害対策避難訓練
- 保育参観日
- 誕生会

9月

	かいくん 1歳	りんちゃん 1歳5か月
	●手を離して立ち、歩行への意欲が出はじめる ●行動範囲が広がり、友達への興味も増し、かかわろうとする姿が見られる	●運動遊びが好きで、積極的に遊具にかかわろうとする ●自分の思い通りにならないことがあると泣き出す ●水が顔などにかかることを嫌がらず、水遊びにかかわれるようになる
養護（生命の保持・情緒の安定）	●夏の疲れから生活リズムが不安定になってくるので、ゆったりと過ごせる遊びを取り入れる ●保育教諭（保育者）が優しく話しかけ、喃語の発声を促し、気持ちを受け止める	●日中は残暑で汗をかくこともあるので、適宜着替えや水分補給をして快適に過ごせるようにする ●自分の持ち物を理解しはじめているので、自分のコップなどを指差しできた時には、思いを受け止める
教育（5領域）	●安心できる保育教諭（保育者）と共に、友達とのかかわりを楽しんだり、喃語を発したりすることを喜ぶ ●異年齢児の運動会の練習を見ながら、手をたたいたり、体を揺らしたりして雰囲気を味わう ●保育教諭（保育者）がするしぐさや身振りをまねしたり、喃語のくり返しを楽しんだりする	●喃語や簡単な言葉で話すことを楽しむ ●保育教諭（保育者）が「風が気持ちいいね」「トンボはいるかな」などと語りかけ、身の回りの自然にかかわることを喜ぶ ●音楽に合わせて、体を動かすことを楽しむ
	●食材をつまんで食べることができるようになるとともに、スプーンやフォークに食材をのせてもらって食べることも喜ぶ	●「いいにおいがするね」「やわらかいね」などと保育教諭（保育者）に声をかけてもらい、食べ物の状態を表現する言葉が分かる
	■歩行が安定していないので、転んでけがをしないよう、部屋中を探索できる環境を設定する ■季節の歌や手遊びで発語を促す ★発達に合わせた運動機能が育つよう、斜面上りやトンネルくぐりなどの運動環境を整える ★気に入った絵本を自分で選べるよう、手に取れるところに置いておく	■自然を感じられるような絵本や自然物を用意し、実物に触れるようにする ■ゆるやかな傾斜のある場所や、歩行が不安定になる場所は、危険のないように手を取りながら体験させる ★友達とかかわりたいという気持ちを大切にし、保育教諭（保育者）が気持ちを代弁し、「かして」「どうぞ」など行動と言葉が一致できるようにする ★遊びや物事に意欲的に取り組む姿が見られた時は見守り、できない部分はさりげなく援助する
	●スプーンやフォークに食材をのせてあげたことで、食べる意欲を引き出し、楽しく食事ができた。今後も、食事だけでなく他の活動でも積極的にかかわろうとする気持ちを育てていきたい	●友達とかかわりたい気持ちを代弁し、行動と言葉を一致させるような声かけをくり返したことで、知っている単語を増やすことができた

10月の月間指導計画 ①

ねらい
- 気温の変化に留意しながら、健康に過ごせるようにする
- 保育教諭（保育者）などと一緒に体を動かしたり、探索活動を楽しむ
- 特定の保育教諭（保育者）などとの応答的なかかわりを喜び、言葉のやり取りや触れ合いを楽しむ

配慮すべき事項
- 運動会の活動に参加する時は、戸外で過ごす時間が長くなりすぎないよう涼しい場所で待機するなど、無理なく過ごせるようにする
- 気温差に合わせて衣服の調節や水分補給をこまめに行う
- 一人一人の発達に合わせた環境や玩具を用意し、十分に体を動かせるようにする

子育ての支援（保護者支援）
- 家庭としっかり連絡をとり合いながら十分な栄養、睡眠をとり、健康に過ごせるようにする
- 気温に合わせ、体温調節ができる衣服を用意してもらう

こうたくん　10か月

前月末の園児の姿
- 離乳食を食べながら眠くなり、途中で寝てしまう
- はいはいだけでなく、つかまり立ちもしながら探索活動を楽しんでいる
- 「いないいないばあ」や拍手など、保育教諭（保育者）などのまねを楽しむ姿が見られる

養護（生命の保持・情緒の安定）
- ゆったりとした雰囲気の中、落ち着いて食事ができるようにする
- 安心できる保育教諭（保育者）などとのかかわりを喜び、安心して過ごせるようにする

教育（3つの視点）
- 眠くなったらぐっすりと眠る
- 保育教諭（保育者）などとの触れ合い遊びを喜び、まねをしながら遊ぶことを楽しむ
- はいはいやつかまり立ちなど、様々な体勢で見たり触ったりして遊ぶことを楽しむ

食育
- スプーンを用意し、食事中に握って食べることに少しずつ慣れるようにする

環境構成 ★援助・配慮
- ■食事の時間を少し早め、しっかり食べてから眠りにつけるようにする
- ■行動範囲を考え安全な室内環境を構成し、はいはいやつかまり立ちが十分に楽しめるようにする
- ★触れ合い遊びなどで満足いくまでくり返し遊び、楽しめるようにする
- ★戸外に出て開放感を味わいながら、身近な自然を見たり触れたりして一緒に楽しめるようにする
- ★絵本の読み聞かせでは、声や手足の動きの反応に共感しながら喜びを感じられるようにする

自己評価
- 食事中に眠くなる様子から、食事の時間を早めることで、きちんと食べたあとにぐっすりと眠るリズムが付いてきた

園の行事
- 誕生会
- 身体測定
- 避難訓練
- 運動会

みさきちゃん 1歳1か月	あいなちゃん 1歳6か月
●食事は喜んで食べているが、あまり噛まずに飲み込むことも多い ●バランスを取りながらその場で立ったり、手押し車を押して喜んで歩く姿が見られたりする ●指差しや「マンマ」「ワンワン」など簡単な言葉を発する姿が見られる	●食事では、こぼすことは多いが意欲的にスプーンで食べ物をすくって食べる ●保育教諭（保育者）などのまねをしながら、おじぎをしたり声を出して歌おうとしたりする ●自分の行きたい場所に行き、見たり触れたりして探索活動を楽しんでいる
養護（生命の保持・情緒の安定） ●汗をかいたり汚れたりした時は、着替えをして心地よく過ごせるようにする ●指差しや言葉を発する姿を優しく受け止め、安心して表現できるようにする	●体力に合わせて活動したり、ゆっくりと休息する時間を持ちながら無理なく過ごせるようにする ●保育教諭（保育者）などに見守られながら、探索活動を十分に楽しめるようにする
教育（5領域） ●手押し車を押して歩くことを喜ぶ ●保育教諭（保育者）などと一緒に触れ合い遊びを楽しむ ●戸外に出て、砂の感触を味わったり身近な自然に触れたりして遊ぶことを楽しむ ●絵本の読み聞かせを喜び、簡単な言葉をまねて言おうとする	●階段を上ったり滑り台を滑ったりと、体を十分に動かして遊ぶことを楽しむ ●室内や戸外など様々な場所で探索活動を楽しむ ●絵本の読み聞かせに興味を持ち、保育教諭（保育者）などと簡単な言葉のやり取りを楽しむ ●保育教諭（保育者）などと一緒に、音楽に合わせて手足を動かしながら踊ることを楽しむ
●「もぐもぐ」「かみかみ」と伝えながら、よく噛んで食べることに慣れるようにする	●スプーンの持ち方や食べる時は器に手を添えるなど、優しく援助しながら身に付くようにする
■つたい歩きや手押し車を押して歩くことが十分に楽しめるように環境を整える ■戸外に出る時は危険な物が落ちていないか確認してから安全に遊べるように配慮する ★保育教諭（保育者）などとの触れ合い遊びを通して、一緒に遊ぶ楽しさを味わえるようにする ★身近な自然に対して不思議そうに見ている姿などを見守り、思いに寄り添いながら一緒に自然に触れることを楽しめるようにする ★絵本の読み聞かせや歌などを通して発語への意欲を育てていく	■固定遊具で遊ぶ時はそばに付き、安全に遊べるようにする ■戸外に出る時は日陰で休息できる場所や時間を考えておく ★探索活動を楽しむ姿を見守り、不思議に思う気持ちや驚きの気持ちに共感しつつ、それを言葉にして知らせていく ★絵本の読み聞かせではゆっくりと抑揚をつけて読みながら興味を持って見たり、言葉をまねて言うことを楽しめるようにする
●月の後半は数歩歩けるようになった。うれしそうにする姿に周りの保育教諭（保育者）などが共感することで、意欲も増しているようだった	●戸外に出る機会が多かったが、様子を見ながら休息を取り元気に過ごすことができた。引き続き活動と休息のバランスに配慮していきたい

年間計画

4月 5月 6月 7月 8月 9月 **10月** 11月 12月 1月 2月 3月

10月の月間指導計画②

ねらい
- 保育教諭（保育者）などの受容的なかかわりから安心して過ごし、認めてもらう喜びを感じる
- 戸外散歩や活動を通して、身近な秋に触れて楽しむ

配慮すべき事項
- いつでもそばにいて見守られているという安心感を持ち、気持ちよく活動できるように心がける
- 安全確認を行い、自由に戸外探索をする楽しさが味わえるようにする

子育ての支援（保護者支援）
- 自分でしたいという気持ちを家庭でも受け止めてもらい、自己主張を受け止めつつ、十分にかかわれるように話し合う
- 園児たちの遊んでいる様子や取り組む様子を伝え、活動しやすい衣服や着脱しやすい衣服を伝える

けんとくん　10か月

前月末の園児の姿
- はいはいで移動し、行きたい場所へ行ったり、窓の外を眺めたり、探索活動を楽しむ
- あと追いが始まり、離れると不安な表情を浮かべたり、見慣れない人が保育室に入ると泣いたりする
- 保育教諭（保育者）などとの触れ合い遊びを楽しみ、喃語を話す

養護（生命の保持・情緒の安定）
- 気温の変化に伴い、衣服を調節することで快適に過ごせるようにする
- 要求ややる気を受け止めることで、情緒面の発達を促す

教育（3つの視点）
- 平坦な場所だけではなく、斜面や段差でもはいはいを楽しむ
- 様々な音や感触、動きに興味を示し、見たり触れたりしながら探索活動を楽しむ
- 保育教諭（保育者）などの言葉や行動に興味を持ち、盛んに喃語を話したり、簡単な行動をまねたりする

食育
- 調理方法を工夫し、食べたい物を手づかみで食べ、自分で食べる満足感を感じさせる

■環境構成　★援助・配慮
- ■自分で「行ってみたい」「触れてみたい」「もう一回」「おもしろそう」とわくわくできるような環境を用意する
- ■見たり、触れたり、聞いたり、嗅いだりするなど五感で楽しめるような環境を意図的に用意する
- ★ゆっくりと丁寧にかかわることで甘えたい気持ちを受け止め、自分からしたいという気持ちを持てるようにする
- ★園児の発声や喃語をしっかり受け止め、意味のある言葉で返し、応答的なかかわりを楽しめるようにする。また、人とかかわって遊ぶことへの期待が育つようにする

自己評価
- そばから離れると泣いたり、不安そうな表情を見せたりしたため、同じ空間にいるだけで安心できるようなかかわりや、一対一のかかわりの過ごし方を考えていきたい

園の行事
- 器楽合奏発表会　● 避難訓練
- 安全教室

あこちゃん　1歳1か月	あかりちゃん　1歳6か月
●自分より小さい友達に興味を示し、そばで頭をなでる、ガーゼで顔を拭くなどの姿が見られる ●歩行が安定せず転んでしまう時もあるが、活発に活動する ●活発になったことでぐっすり眠り、安定した睡眠時間が取れる	●保育教諭（保育者）などが話した言葉を理解して行動できる姿が多く見られている ●紙パンツが濡れていない時はトイレに座り、何度か成功する ●友達が遊んでいる姿に興味を示し、そばに寄って遊ぶ ●散歩に出かけることを喜び、靴下や帽子の着脱を自分で行おうとする
養護（生命の保持・情緒の安定） ●おむつが汚れたら保育教諭（保育者）などの声かけとともに清潔にし、さっぱりした気持ちを感じられるようにする。おむつが汚れていない時はトイレに座ることに慣れるようにする ●見守られている安心感の中で、意欲を持って活動できるようにする	●給食後に歯を磨くことで、楽しく歯磨きの習慣が身に付くようにする ●友達に興味を示す姿やかかわって遊びたい姿を温かく見守る
教育（5領域） ●園庭や遊戯室など、自室以外の広い場所で自由に体を動かして遊ぶ ●「ママ」「センセ（先生）」や「どうぞ」「はい」などの簡単な言葉のやり取りを楽しみ、伝わる喜びを感じる	●玩具を介して、友達と一緒にかかわって遊ぶ楽しさを感じる ●秋の自然に触れながらの戸外探索を楽しむ ●手作り楽器に触れ、音が出るおもしろさを感じる
●時間がかかってもよく噛んで食べることを大切にし、「かみかみ」「もぐもぐ」と口を動かす保育教諭（保育者）などの姿を見てそしゃくすることを覚える	●活動的に遊ぶことで食欲が増し、おかわりをするなど意欲的に食事をする
■転んでも安全な保育環境を保てるようにする ■簡単な言葉をくり返す紙芝居や絵本を用意する ★保育教諭（保育者）などに見守られ、手を添えてもらいながら、段差や傾斜のある場所での歩行を楽しめるようにする ★喃語や簡単な言葉に丁寧な応答で返しかかわることで、言葉の基礎が身に付くようにする	■散歩コースは、落ち葉や動植物に触れられる場所かどうかを事前に確認する ■日常的に童謡などの曲を流し、音楽に触れることができる環境を用意する ★保育教諭（保育者）などや友達の遊んでいる様子を見て、やってみたいと感じた思いを大切にし、模倣できた姿を優しく受け止める ★戸外探索を通して、木の葉や木の実などの自然物に触れる機会を多く持ち、感触や香りを味わえるようにする ★手作り楽器を通して、音の響きを五感で感じられるようにする
●喃語や簡単な言葉で伝えたい気持ちを大切にしながら、表情豊かに応答的なかかわりをこれからも続け、言葉の獲得へつなげていきたい	●天気のよい日は散歩に出かけ、自然物を見たり、触れたりにおいを嗅いだり、五感を働かせながら散歩を楽しむことができた

107

10月の月間指導計画 ③

ねらい
- 気温の変化に留意し、一人一人の体調をこまめに観察して、生活リズムを整えていく
- 秋の自然に触れ、五感で感じたこと、体験したことを保育教諭（保育者）と共感しながら戸外遊びを楽しむ
- 一人一人の発育に応じて保護者や保育教諭（保育者）と一緒に十分に体を動かし、楽しんで運動会に参加する

配慮すべき事項
- 運動会という普段と違う活動の中でも、一人一人の生活リズムや体調などを細かく観察し、心地よく過ごせるようにする
- 気温や湿度の変化をこまめにチェックしながら、機嫌や体調に合わせて衣服の調節や換気などを行い、心地よく過ごせるようにする
- 活動前に、室内、戸外、散歩先での安全点検を行う。特に散歩の時は、ハチやヘビなどの対策も考慮する

子育ての支援（保護者支援）
- 薄着で過ごすことの大切さを伝え、調節しやすい衣服や、着脱しやすい衣服の準備をお願いする
- 運動会を通して見られた一人一人の成長の様子を伝え合い、共感し喜び合う

ひかるくん　10か月

前月末の園児の姿
- 自分の欲求や気付きを、指差しや喃語で伝えようとしている
- 興味を持った玩具まではいはいで移動して遊ぼうとしたり、ピアノの音やリズムを感じ、それに合わせて体を動かしたりする

養護（生命の保持・情緒の安定）
- 遊びたい、だっこされたいなどの欲求を受け止め、保育教諭（保育者）に見守られながら安心して過ごせるようにする

教育（3つの視点）
- 安全な環境の中で、見る、触る、探索するなど、自分から身近な物にかかわろうとする
- 戸外で身近な秋を感じ、自然物に触れ、五感を十分に働かせて、心地よく過ごす

食育
- 「おいしいね」「いっぱい食べたね」など、笑顔で声をかけ、意欲を持って食べられるようにする

環境構成★援助・配慮
- ■感情の表出が激しい時には、一対一でかかわれる環境を作り、安心できるようにする
- ■進んで体を動かし、欲求を満たせる安全な環境を作る
- ★どんな玩具に興味があるのか把握し、一緒に遊ぶ中で気持ちを受け止め信頼関係を築きながら、発達を促す遊びに展開していく
- ★興味・関心を持った物の色、形、手触りなどを十分に感じられるようにし、代弁することで言語のやり取りの楽しさへつなげる

自己評価
- 戸外へ行くと喜び、積極的に体を動かして遊んでいた。用意した様々な自然物（落ち葉・マツボックリ・スズカケの実など）にとても興味を示していた。人見知りをして激しく泣くので、安心できる環境が必要である

園の行事

- 運動会
- 歯科検診
- 身体測定
- 内科健診
- 誕生会
- 避難訓練

めぐみちゃん 1歳1か月		はるなちゃん 1歳6か月
●数歩、歩けるようになり、保育教諭（保育者）の呼び掛けに応え、歩いて行こうとする ●絵本や外の様子を見て、「わんわん」「まんま」など意味のある言葉が、指差しやしぐさと共に出るようになってきた		●友達への興味がさらに増し、よりかかわりを持とうとする姿が増えてきた ●戸外へ行くことを喜び、帽子をかぶると急いで靴箱から自分の靴を持ってくる ●苦手な食材が入っていることが分かると、皿を手で払いのけて嫌がる
養護（生命の保持・情緒の安定）	●安心して歩行や遊びを楽しめるように、要求を丁寧に受け止め、受動的にかかわる ●指差しや言葉で気持ちが伝わる喜びを感じられるよう、応答的にかかわり、欲求が満たされ、安定して過ごせるようにする	●活動と休息のバランスを取りながら、体調の変化などを丁寧に観察し、意欲的に活動できるようにする ●信頼できる保育教諭（保育者）に見守られながら、排泄や衣服の着脱、遊びができるようかかわる
教育（5領域）	●保育教諭（保育者）と一緒に体を動かし、自由な表現を楽しむ ●戸外遊びの中で、興味を持った物に触れ、感性が豊かになる	●運動会への参加を通して、普段と違う雰囲気の中でも機嫌よく過ごせるようになる ●戸外で身近な生き物や自然物を見たり、触れたりする体験をして、感性が豊かになる
●食材によってはあまり噛まずに飲み込むことがあるので、調理室の職員と話し合い、食材の固さや形状を調節する		●苦手な食材は無理強いせず、パネルシアターなどで食材に興味を持つ工夫をし、食べようとする気持ちにつなげていく
■興味や意欲を引き出す魅力ある環境を作り、意欲的に探索活動ができるようにする ★探索活動を楽しむ姿をそばで見守り、しぐさや表情、言葉に応答的にかかわり、発語への意欲を促す ★目線を合わせて、優しく名前を呼びながら歩行を促し、丁寧にかかわることで、自分を肯定する気持ちが芽生えるようにする		■戸外へ出る際は、気温に留意し、休息や水分を適切に取れるようにする ■保育教諭（保育者）を仲立ちとして、友達とのかかわりを楽しめるようにする ★落ち葉や木の実など、自然物への興味を促すようにかかわる ★自我を見守るとともに、友達へのかかわり方を丁寧に伝える
●歩きながらにこにこと笑顔を見せ、歩行を楽しむ姿が見られた。見守られる安心感の中で、十分に探索活動ができた。転倒などがないように、そばでの見守りを大切にしていく		●友達とのかかわりが増えた分、手もよく出るようになった。他児とのかかわりを温かく見守りながら、気持ちを代弁して伝え、かみつきやひっかきなどを未然に防いでいきたい

年間計画

4月 5月 6月 7月 8月 9月 **10月** 11月 12月 1月 2月 3月

109

10月の月間指導計画 ④

ねらい
- 秋の自然に触れ、興味を持った物に対して、保育教諭（保育者）に共感してもらいながら戸外遊びを楽しむ
- 保育教諭（保育者）との触れ合いや信頼関係を基盤に、身近な環境に関心を広げる

配慮すべき事項
- 園児の成長に応じて室内の環境を見直し、遊具や玩具、周辺の環境が安全で適しているか、再点検する
- 季節の変わり目で体調を崩しやすいため、一人一人の健康観察に配慮する
- 稲刈りややきいも大会などの行事に参加し、秋の実りを見たり、味わったりすることで、食べる楽しさを感じられるようにする
- 季節の変わり目で体調を崩しやすいので、一人一人の健康状態を把握し、家庭とも連携を図る
- 防災グッズを点検し、避難訓練で必要な物を持ち出せるようにする

子育ての支援（保護者支援）
- 参観やクラス懇談会では日頃の園での様子や活動のねらい、今後の取り組みについて伝え、理解につなげる。また、保護者の疑問を聞く機会にしたり、保護者同士で家庭での育児に関することを話し合う時間を設け、共有したり情報交換をしたりする機会とする
- 朝夕の肌寒い時用の上着の準備や、衣類の衣替え、かけ布団の調節をお願いする
- 内科健診で園児の健康状態を把握し、保護者にも結果を伝える

ゆうなちゃん　10か月

前月末の園児の姿
- はいはいで自由に移動できるようになり、探索を楽しむ
- 見慣れない人がそばに来ると、泣いて助けを求める

養護（生命の保持・情緒の安定）
- 気温に応じて、空調や衣服を調節しながら、快適に過ごせるようにする
- おむつに排尿していないタイミングでオマルに座らせ、オマルに座ることに慣れるとともに、排尿を促す
- 甘えや不安などを受容し、保育教諭（保育者）が個別にかかわることで、安心して過ごせるようにする

教育（3つの視点）
- 戸外で五感を働かせながら、身近な秋の自然に触れる
- 欲求を受容してくれる特定の保育教諭（保育者）にあやされ、喜んだり甘えたりして、情緒的な絆（きずな）を育む
- つかまり立ちやつたい歩きを長い時間できるようになったり、マットの段差を乗り越えたりして楽しむ

食育
- 様々な味や食感に慣れ、離乳食を喜んで食べる
- コップでお茶を飲むことを体験する
- 稲刈りややきいも大会などの行事に参加し、秋の実りを見て関心を示す

★援助・配慮　■環境構成
- ■園児が興味や関心を示すような環境を整え、探索活動が十分行えるようにする
- ■つかまり立ちをしている時は足元に余計な物は置かず、転倒などのないようそばで見守るようにする
- ★おむつ交換や離乳食解除、授乳など、園児の世話をする際は、優しく語りかけながら行い、喃語（なんご）を育むようにする
- ★コップでお茶を飲む際は誤嚥（えん）に注意し、少量ずつ口に入れるようにする

自己評価
- 人見知りが見られた時は、慣れている保育教諭（保育者）がそばに寄り添うことで気持ちを落ち着かせることができた。安心して過ごせるよう、今後も配慮が必要である

園の行事: ●内科健診 ●稲刈り ●いも掘り ●クラス懇談会 ●やきいも大会 ●避難訓練 ●身体測定 ●誕生会

10月

みなとくん（1歳1か月）

- 保育教諭（保育者）に甘えたり、好きな玩具で一人遊びを楽しんだりする姿が見られる
- 安心できる保育教諭（保育者）の見守りの下、探索活動を楽しむ
- 指差しが盛んになり、思いを伝えるようになる

養護（生命の保持・情緒の安定）
- 園生活のリズムに慣れ、一定の時間午睡することで、午後からも機嫌よく過ごせるようにする
- 活動の節目でおむつに排尿していない時はオマルに座ることに慣れるようにする
- 甘えたい気持ちを受容してもらい、安心して活動する

教育（5領域）
- 歩行が始まり、長い距離を歩くことを楽しむ
- 探索活動が盛んで、身近な物に関心を示す
- 戸外遊びを喜び、砂や植物、虫などの小さな生き物や落ち葉など、秋を感じる身近な自然に触れることで興味や関心を示す
- 指差しで意思表示したり、「まんま」「ワンワン」など1語文で意味のある言葉を話す

- 保育教諭（保育者）の介助の下、コップを持ってお茶などを飲めるようになる
- こぼしながらも、手づかみなどで自分で食べようとする
- 稲刈りややきいも大会などに参加する

- ■戸外に出て、広々とした園庭で全身を使って遊べるよう、安心安全に環境を整える
- ■様々な素材の物に触れ、手指の感覚や機能が高められるようにする
- ★園児が関心を持っている物に言葉で共感したり、園児の指差しや意味のある言葉に応じたりして、伝えたい意欲を育む
- ★トイレトレーニングでは園児の排尿間隔を把握し、午睡明けなどタイミングが合わせやすいようにする。タイミングが合い、排泄に成功した時は共感し、意欲につなげる

- 戸外遊びを喜び、探索活動をたっぷり楽しんだ。本児の興味を示した物を保育教諭（保育者）が言葉に変えて共感し、応答的なやり取りをすることで、話しかけられたことにうなずいたり、反応したりするようになった

みくちゃん（1歳6か月）

- 体を動かして遊ぶことを楽しみ、上ったり下りたりする姿が見られる
- 友達のしていることに関心を示すようになり、気になった玩具を取ってしまうこともある

- 活動の節目でトイレに誘い、トイレでの排泄に慣れていけるようにする
- 保育教諭（保育者）と一緒にパンツやズボンの着脱をしようとしたり、手づかみや食器を持って食べようとするなど、自分でしようとする意欲を大切にする

- 戸外遊びで、全身運動をしたり身近な自然に触れたりなど、心ゆくまで遊ぶ
- 秋の自然に触れ、興味や関心を広げる
- 音楽に合わせて、動物の表現をしたり踊ったりすることを楽しむ

- 自分で食べようとする意欲がますます高まり、スプーンやフォークで食べ進めていくことができる
- 稲刈りややきいも大会などの行事に参加することで、旬の食材に興味や関心を示す

- ■玩具は一人一人が十分遊べるだけの数を用意する
- ★戸外探索では園児が何に関心を示すのかよく観察し、今後の活動につなげるようにする。また、保育教諭（保育者）の見守りの中で、伸び伸びと遊ぶことができるようにする
- ★玩具の取り合いなどのトラブルになった時は「使いたいのね」と園児の気持ちを言葉にして伝えることをくり返し、「貸して」と保育教諭（保育者）と一緒に言葉やしぐさで相手に伝えられるようにする

- 自我の芽生えとともに、玩具の取り合いが見られたが、担任間で声をかけ合い、本児が一人遊びを十分楽しめる環境を整え、様子を見守ることで事前に防ぎ、十分に遊ぶことができた

111

10月の月間指導計画 ⑤

ねらい
- 秋の自然に触れ、五感で感じたこと、体験したことを保育教諭（保育者）と共感しながら戸外遊びを楽しむ
- 十分に体を動かして遊び、親子で運動会に参加し楽しむ

配慮すべき事項

- 運動会という普段と違う活動の中でも、一人一人の生活リズムや体調などを細かく観察し、心地よく過ごせるようにする
- 気温や湿度の変化をこまめにチェックし、機嫌や体調に合わせて衣服の調節や換気を行う
- 活動前に、室内、戸外、園庭での安全点検を行う。「ハチ」や「カ」の防虫対策も考慮する
- 探索活動が多くなり、遊ぶ範囲が広くなるため安全面の確認をする。また、こまめに玩具の消毒を行う
- 気温差や一人一人の状態に合わせて衣服の調節を行う
- 受け入れ時は、視診や触診を丁寧にする
- 発達に応じた食器や食具を選び、意欲的に食べられるようにする

子育ての支援（保護者支援）

- 運動会を通して見られた一人一人の成長の様子を伝え合い、共感し喜び合う
- 朝夕と日中の寒暖差で風邪を引きやすくなるため、体調の変化に注意するよう伝え、健康状態について確認し合う

れんくん 10か月

前月末の園児の姿
- 自分の欲求や気付きを泣いて伝えようとする
- はいはいでの移動が速くなり、気になった玩具をつかむようになる

養護（生命の保持・情緒の安定）
- 保育教諭（保育者）との触れ合いや喃語での応答などを通して愛着関係を深め、安心して自分の欲求を表現できるようにする
- 肌が敏感なので、室内外の温度や湿度、衣服の調節や肌の清潔に配慮し快適に過ごせるようにする

教育（3つの視点）
- 身の回りの物や玩具をつかんだり、保育教諭（保育者）の歌やリズムに合わせて手足や体を動かしたりして遊ぶ
- 自分の欲求や気付きを指差しや喃語で伝えようとする

食育
- 見た目やにおいで食事の楽しさが感じられるように「いいにおいね」「きれいな色ね」などと声をかけていく

環境構成 ★援助・配慮
- ■ずりばいで体を動かすことを喜べるよう、広いスペースで開放感を味わえる環境を作る
- ■眠くなった時にはすぐに眠れるよう、静かな空間を用意する
- ★音の鳴る物や手触りを感じられる玩具を準備し、興味を持って遊べるよう声をかける
- ★表情や指差しに応答し触れ合うことで、思いを受け止めてもらう喜びを感じられるようにしていく

自己評価
- 転倒に注意して見守ることでつかまり立ちを十分楽しんだ
- 泣いている時には思いを言葉にしながらかかわったことで、喃語で思いを伝えようとする姿が見られた

| 園の行事 | ●運動会　●ハロウィン　●誕生会　●身体測定　●避難訓練 |

ひなちゃん 1歳1か月	あおいちゃん 1歳6か月
●保育教諭（保育者）に甘えを受け入れてもらうことが心地よく、だっこで入眠する ●食事の時間を楽しみにし、椅子に座って食べている	●友達のことが気になり、かかわろうとする ●園庭の滑り台の階段を上手に上り、滑ることを楽しむ ●自分で意欲的に食べるが、口に詰め込んでしまうことがある

	ひなちゃん	あおいちゃん
養護（生命の保持・情緒の安定）	●歩行が安定し行動範囲が広がるため、伸び伸びと体を動かせるようにする ●「おいしい」「ちょうだい」など簡単なベビーサインでのやり取りを保育教諭（保育者）と共に楽しめるようにする	●活動と休息のバランスを取りながら、一定時間熟睡し、目覚めたあとも機嫌よく過ごせるようにする ●信頼できる保育教諭（保育者）に見守られながら、友達に関心を示し、興味を持った玩具で遊べるようにする
教育（5領域）	●保育教諭（保育者）と一緒に安全に体を動かし、探索活動を楽しむ ●興味を持った玩具まで自分で移動したり、歌やリズムに合わせて体を動かしたりする	●運動会への参加を通して、リズミカルな曲に合わせて伸び伸びと体を動かす ●秋の自然に触れ、落ち葉などを触って「つるつるしているね」「きれいな色だね」などの言葉に興味を持つ ●保育教諭（保育者）に見守られながら、少しずつ友達と交代ができるようになってくる
	●手づかみで食べられるよう野菜はつかみやすい形状に調理し、「おいしいね」と応答的にかかわることで食べる意欲につながるようにする ●完了食になるため、大きさや硬さに注意する	●「もぐもぐごっくん」と言うことで、よく噛んで食べるよう促し、口の中に詰め込みすぎないように見守る
	■スキンシップを取りながらやり取りを楽しめるよう、触れ合い遊びの時間を多く設定する ■安全に伸び伸びと遊べるよう、発達に合った高さや広さの遊具を用意する ★探索活動を楽しむ姿をそばで見守り、しぐさや表情、言葉に応答的にかかわり、発語への意欲を促すようにしていく ★一緒に体を動かしながら「楽しいね」「気持ちいいね」などと言葉をかけ共感できるよう配慮していく	■戸外へ出る際は気温に留意し、休息や水分補給を適切に取れるようにする。虫刺され対策も行う ■保育教諭（保育者）を仲立ちとして、友達とのかかわりを楽しめるようにする ★「○○ほしいね」と気持ちを受け止め、言葉にして伝えながら友達とのかかわり方を援助していく ★秋の自然が感じられるよう室内を飾り付けたり、歌やリズム遊びを取り入れ内容が充実するよう配慮する
	●探索活動が活発になったため、広いスペースを設けて転倒に注意しながら見守ったことで、伸び伸びと探索を楽しみ、歩行も安定してきた	●保育者が仲立ちとなり、友達とのかかわり方を知らせていくことで、玩具のやり取りなど、かかわりを楽しめるようになってきた

年間計画

4月 5月 6月 7月 8月 9月 **10月** 11月 12月 1月 2月 3月

113

10月の月間指導計画 ⑥

ねらい
- 気温の変化が大きくなってくる季節なので、個々の体調に気を付けながら過ごす
- 園庭に出て、秋の自然に触れながら探索活動を楽しむ
- 一人一人の成長発達を考慮しながら、体を動かす活動を増やし、運動することを楽しむ

配慮すべき事項
- 朝晩の寒暖差が大きくなってきたので、日中の衣服の調節や水分補給などで園児の体調をこまめに観察し、配慮する
- 人見知りが激しい子どもには特定の保育教諭（保育者）とのかかわりを基本とし、安定した情緒の中で生活できる職員配置にする
- 秋の自然物を拾って口に入れないよう、事前に散歩や戸外で遊ぶ環境を確認する
- 体調を崩しやすい時期なので、健康観察を行い体調の変化に気を付ける

子育ての支援（保護者支援）
- 気温の変化で体調を崩さないよう、体温調整しやすい衣服を用意してもらう
- 内科健診の結果を保護者に伝え、専門病院受診などの指摘があった場合にはすぐに対処してもらうようにする
- 園での歩行の様子を伝え、歩行の成長過程を共有し合う
- 保護者に内科健診の結果を伝えるとともに、園児の健康状態を職員間でも把握しておく

ゆいなちゃん 10か月

前月末の園児の姿
- 指差しや喃語で、物や気持ちを伝えようとする
- 音の出る玩具やピアノの音に体を揺らすなど、様々な音に反応する

養護（生命の保持・情緒の安定）
- はいはいで体を動かし、意欲的に場所移動を楽しめるように声をかけたり、保育教諭（保育者）も一緒に体を動かしたりして視覚的にかかわる
- 保育教諭（保育者）が応答的に優しく語りかけることにより、受容され、安心した気持ちで過ごせるようにする

教育（3つの視点）
- 自分から積極的に探索し、様々な身近な物にかかわろうとする
- 秋の自然物に触れ、五感を十分に働かせながら戸外で季節の変化を感じる
- 長い時間つかまり立ちやつたい歩きができるようになり、わずかな段差を乗り越えて楽しむ

食育
- 保育教諭（保育者）の「おいしいね」「もぐもぐ」などの声かけにより、食に関する言葉に関心を示す
- 食感の違う様々な食材を使った離乳食を用意し、食感の多様さを体験する

■環境構成　★援助・配慮
- ■特定の保育教諭（保育者）が一対一のかかわりを増やし、落ち着いて遊べる環境を作る
- ■あらかじめ探索する場所の安全確認をしておく
- ■積極的に体を動かしたいという気持ちを引き出せるような、玩具の配置や職員の配置を工夫する
- ★目線を合わせる、名前を呼ぶなど、受容されている気持ちが満たされるようにする
- ★発達に合う運動機能が高められる室内スペースを作る

自己評価
- 人見知りが激しかったので、特定の保育教諭（保育者）とのかかわりを増やしたことで感情の起伏が少しやわらいだ。徐々に他クラスの職員にも慣れていく環境を作っていきたい

園の行事
- 内科健診 ● 歯科検診
- 避難訓練 ● 身体測定
- 誕生会 ● 参観日

かいくん 1歳1か月	**りんちゃん** 1歳6か月
●つたい歩きから、手を離して自分で数歩歩いてみようとする ●「わんわん」や「まんま」など、言葉と意味を一致させることができてきている ●指差しで、さかんに思いを伝えようする	●友達に興味を示し、時には友達の使っている玩具に手を伸ばして取ろうとする ●歩行が安定してきて、自ら運動マットの緩やかな段差などに好んでかかわろうとする

養護（生命の保持・情緒の安定）	●園での生活リズムが整うように午睡時間を工夫し、機嫌よく生活できるようにする ●気温差で体調を崩さないよう、日中の衣服の調節などに気を配る	●オマルに座る機会を増やし、排泄の環境やトイレでの排泄に慣れるよう援助する ●衣服の着脱や食器に手を添えて食べようとする行為が見られ、保育教諭（保育者）はその姿を見守りながらやってみたいという意欲を大切にする
教育（5領域）	●保育教諭（保育者）が応答的にかかわり、身振りや指差しなどを一緒に行うことで受容されている気持ちが満たされる ●戸外遊びで秋の自然に触れ、自然物の色や形、触感などに興味を持つ	●秋の自然物や生き物を見たり触ったりすることで、季節の変化を五感で感じ、感性が育まれる ●上のクラスの園児たちが音楽に合わせて体を動かす様子を見て、自ら体を揺らしたり、手を振ったりして楽しむ

●「ニンジンだね」「ジャガイモおいしいね」など、食材と言葉が一致するよう、具体的に語りかける ●手づかみで自ら持って食べられるような食材を用意し、食べる意欲を育む	●スプーンを使って食べ進めることが上手になってくるので、意欲を高めながら、できない部分はさり気なく介助する ●苦手な食材は手でよけたり、落としたりするので、形状や調理法などを調理師と一緒に考え、工夫する

■触ってみたい、動いてみたいなど自ら行動し、移動範囲を広げられるような教材や保育室の環境を準備する ■簡単な単語やくり返しの言葉の絵本を用意する ★自然物や危険な物を口に入れないよう見守りながら、物の名前を伝えたり、触感を言葉で代弁したりするなど、言葉に興味が持てるようにする ★数歩歩いた時には大いにほめ、もっと歩いてみたいという意欲を引き出す言葉がけをする	■友達とかかわれるような遊びの環境を設定し、保育教諭（保育者）が仲立ちとなり、気持ちを代弁する ■個々が十分に遊べる数の自然物を用意する ★秋の自然に関する絵本を読み聞かせ、物と言葉が一致するような声かけをする ★友達に興味を持ち、かかわりたい気持ちを受容しながら、適切なかかわり方を伝える

●数歩歩けるようになり、たくさんほめたことで、受容される気持ちや自己肯定感を高めることができた。また保護者にも園での歩行の様子を伝えていく	●玩具の取り合いなどのトラブルは保育教諭（保育者）が仲立ちし、玩具の数を増やしたことで、その行為が減少し安定して遊んでいた

年間計画
4月
5月
6月
7月
8月
9月
10月
11月
12月
1月
2月
3月

11月の月間指導計画 ①

ねらい
- 一人一人の体調や気温差に留意し、健康で快適に過ごせるようにする
- 五感を働かせて感じながら、保育教諭（保育者）などと一緒に秋の戸外遊びを楽しむ
- 保育教諭（保育者）などとの言葉のやり取りや触れ合い遊びを楽しむ

配慮すべき事項
- 視診や触診をし、一人一人の健康状態を把握する
- 気温差に気を付けながら、体調に合わせて衣服の調節をする
- 行動範囲を把握しながら室内外の環境を整え、安全に遊べるようにする

子育ての支援（保護者支援）
- 家庭での様子を聞いたり、園での様子を伝え合ったりしながら、園児の体調について密に連絡を取り合い、健康に過ごせるようにする
- 衣服の調節ができる物を準備してもらう

こうたくん　11か月

前月末の園児の姿
- 離乳食は喜んで食べているが、おかゆが少し苦手である
- はいはいやつたい歩きなどで探索活動を楽しんでいる
- 音楽や歌を喜んで聞き、笑顔を見せ、体を揺すったりする

養護（生命の保持・情緒の安定）
- 生理的欲求を満たし、安心して過ごせるようにする
- 保育教諭（保育者）などとの触れ合いを喜び、笑顔や体で表現しようとする

教育（3つの視点）
- はいはいやつたい歩きなど、体を動かして遊ぶことを楽しむ
- 保育教諭（保育者）などと一対一のかかわりを喜ぶ
- 身の回りの物に興味を示し、近づいて触れたり口に入れたりして遊ぶことを楽しむ

食育
- 苦手なおかゆは「おいしいよ」と食べるまねをしたり、おかずと交互に口に入れ食べられるように促す

環境構成 ★援助・配慮
- ■口に入れる物は毎日消毒などを行って清潔にしておく
- ■はいはいやつたい歩きなど、様々な体勢で遊びを楽しめるよう玩具を用意する
- ★歌や手遊び、触れ合い遊びなどをくり返し楽しめるようにする
- ★ゆっくりと優しい言葉で語りかけ、動きや喃語に応えていく
- ★見る物触れる物に対して、丁寧に言葉を添えながら戸外遊びを楽しめるようにする

自己評価
- 戸外遊びでは、砂などを手づかみしたあと口に運んでしまうこともあった。戸外に出る時は特に目を離さないように注意する

園の行事
- 誕生会
- 身体測定
- 避難訓練
- 保育参観
- 防災訓練
- 歯科検診
- 内科健診

11月

みさきちゃん　1歳2か月	あいなちゃん　1歳7か月
●食事では手づかみをしたり、援助したりすることでスプーンをよく口に運び食べる ●数歩、歩けるようになったことを喜び、何度も立ちあがって歩こうとする ●絵本の読み聞かせや歌を喜び、楽しそうに体を動かしたり声を出したりする	●自分でパンツやズボンをはこうとする姿が見られる ●「これは？」といろんな物を指差して聞きながら、保育教諭（保育者）などとのやり取りを喜んでいる ●月齢の低い子どもに近づき抱っこしようとするなど、興味を持ちはじめている ●保育教諭（保育者）などのまねをしながら踊ったり歌ったりする
養護（生命の保持・情緒の安定） ●おしぼりで口や手を拭いてもらいながら、気持ちよさを感じる ●応答的なかかわりによって、安心して笑顔で伝えられるようにする	●着脱しやすい衣服を用意し、自分でやってみようとする意欲が高まるようにする ●保育教諭（保育者）などに気持ちを受け止めてもらいながら安心して過ごす
教育（5領域） ●歩く感覚を楽しみながら好きなところに移動する ●保育教諭（保育者）などとの触れ合い遊びを喜び、くり返し楽しむ ●戸外に出て見たり手を伸ばしたりと、自然物に触れて遊ぶことを楽しむ ●保育教諭（保育者）などと一緒に、歌に合わせて声や体で表現することを楽しむ	●自分でパンツやズボンをはいてみようとする ●自分より小さい園児に興味を持ちかかわる ●見たり触れたりしながら、秋の戸外遊びを楽しむ ●保育教諭（保育者）などとの応答的なかかわりを喜び、言葉のやり取りを楽しむ ●保育教諭（保育者）などと一緒に、音楽に合わせて体を動かすことを楽しむ
●引き続き「もぐもぐ」「かみかみ」と食べるまねをしながらそしゃくを促していく	●食後は、おしぼりで手や口を拭いてもらったり自分で拭こうとしたりする
■安全に歩行が楽しめるよう、室内外の環境を整える ■安心できる環境の中、遊びを十分に楽しめるよう好きな玩具を用意しておく ★好きな触れ合い遊びをくり返しながら保育教諭（保育者）などとのかかわりを喜べるようにする ★秋の自然に一緒に触れ、共感しながら言葉で知らせていく ★声や体で表現する姿を受け止め、一緒に遊びを楽しめるようにする	■戸外遊びや散歩を通して、秋の自然物を一緒に見たり触れたりできる場を持つ ■言葉のやり取りが楽しめるような絵本を用意する ★月齢の低い園児にかかわろうとする姿を認めつつ、安全に遊べるよう見守る ★簡単な衣服の着脱をしようとする姿を見守り、手を添えながらできた喜びを一緒に感じられるようにする ★遊びの中で単語を伝えたり、やり取りを楽しみながら発語を促したりしていく
●歩行が安定してきたが、まだバランスを崩してしまうこともあるため、見守りながら安全に体を動かせるように気を付ける	●衣服の着脱など自分でしてみようとする姿を認め、一緒に喜びを感じられるようにした。ちょっとした意欲を見逃さずに見守りたい

117

11月の月間指導計画②

ねらい
- 保育教諭（保育者）などとの触れ合い遊びを喜び、友達とかかわって遊ぶことを楽しむ
- 散歩で見つけた秋の自然に親しみ、興味・関心を持つ
- 園庭や公園など固定遊具での歩行や上り下りを楽しむ

配慮すべき事項
- 園児たちの欲求にしっかり応えられるように、視野を広く持ち、その子が置かれている背景にも目を向け、丁寧にかかわる
- 先の危険を予測しながら、園児たちが自由に活動できる時間を保障する

子育ての支援（保護者支援）
- 薄着で過ごす大切さや園内は暖かいことを伝え、厚着にならない調節しやすい衣服を準備してもらう
- 規則正しい生活を送ることが感染症の予防につながることを伝えていく
- 感染症が流行る季節のため、園児の体調を伝え合うようにする

けんとくん 11か月

前月末の園児の姿
- 三回食になり、触れる食材が増えてきており、初めての物はよく見て確認してから口に運ぶ
- つかまり立ちが盛んになり、ガードや手すりを見つけて楽しむ
- 保育教諭（保育者）などが積んだ積み木を崩して楽しみ、まねして重ねる

養護（生命の保持・情緒の安定）
- 保育室をこまめに換気し、玩具を消毒するなど感染症予防に気を付ける
- 見守られている安心感の中で好きな遊びを十分に楽しみ、活発に探索活動ができるようにする

教育（3つの視点）
- 指先を使った遊びを楽しむ
- 日向ぼっこをし、肌に感じる秋風の気持ちよさを感じる
- 見守られている環境の中で、はいはいやつかまり立ちなどの全身運動を十分に楽しみ、主体的に体を動かす

食育
- コップやスプーン、フォークを持つことに慣れ、興味を示して使う

★援助・配慮　■環境構成
- ■指先の発達を促すような遊びや玩具を用意する
- ■仕切りや手すり、室内遊具など、安全で安定して自由につかまり立ちできる環境を用意する
- ★場面に応じて、その都度、環境構成を変化させ、発達に応じた活動を体験できるようにする
- ★つかまり立ちを楽しんでいるが、まだ不安定な時もあるため、目を離さずに見守る

自己評価
- 保育教諭（保育者）などが見てくれている安心感の中で、つかまり立ちやはいはいを十分に行い、体を動かすことができた

園の行事
- 総合不審者訓練 ● 地域巡回活動
- 歯科検診 ● 内科健診 ● 誕生会
- 避難訓練 ● 安全教室

あこちゃん 1歳2か月	あかりちゃん 1歳7か月
●コップを持って飲むことが上手になる ●服のそでに手を通したり、ズボンやおむつに足を通そうとする姿が見られる ●好奇心旺盛で目にとまった物を手に取って確かめる ●安定した歩行で探索活動を楽しむ	●保育教諭（保育者）などや友達が遊ぶ玩具に興味を示し、欲しがる ●散歩先で知っている物を見つけると、「あった」や「見て」など保育教諭（保育者）などに共感を求める ●おむつ交換時に、ズボンを脱ぐと自分からトイレに向かい、便器に座ろうとする

養護（生命の保持・情緒の安定）	●乾燥を防ぐため、換気を行い、加湿器を用意するなど快適に過せるようにする ●活動内容の調和やバランスを図りながら、心地よく安心して過ごせるようにする	●排尿の間隔を把握し、トイレで排泄する回数を増やし、さっぱりした気持ちを感じられるようにする ●見守られている安心感の中で、自分でしたい気持ちを表現できるようにする
教育（5領域）	●身の回りのことに興味を示し、一緒に喜ぶ中で意欲が高まっていく ●秋の自然を見たり触れたり、においを嗅いだりするなど五感で感じる	●簡単な言葉を組み合わせて二語文が話せるようになる ●戸外活動で好奇心を刺激され、見つけた秋に興味・関心を持つ ●取り合いをしながらも、友達とかかわって遊ぶことを喜ぶ

●好き嫌いがはっきりし、好きな物から食べ進めているが、保育教諭（保育者）などの声かけや励ましで何でも食べようとする	●スプーンやフォークを使って食べる楽しさに気付き、皿に手を添えて食べる

■おむつやお尻ふきなど自分で出し入れするところも楽しめる環境を用意する ■散歩コースに秋の自然がある場所や危険がないかをあらかじめ確認する ★できたことを一緒に喜び、認めることで次の意欲へとつなげていけるようにする ★いろいろなことに興味を持てるように、保育教諭（保育者）などが積極的にかかわって楽しむ姿を見せる	■好きな絵本を自分で持ち出せる環境を用意する ■友達と共有できる玩具を用意する ★言葉の理解を深められるように、ゆっくりとはっきり話し、言葉の獲得につなげられるようにする ★玩具の取り合いも成長の過程とし、気持ちを受け止め、友達と楽しい時間を共有する体験ができるようにする

●体調を崩すことが多く、なかなか戸外活動を楽しめなかったが、室内で落ち葉に触れて秋を感じたり、室内遊具などで体を動かしたりして遊ぶことができた	●友達とのかかわりが多く、物を取り合う姿が見られたが、保育教諭（保育者）などが積極的にかかわったことで、会話を楽しみながら遊ぶことができた

年間計画
4月 5月 6月 7月 8月 9月 10月 **11月** 12月 1月 2月 3月

119

11月の月間指導計画 ③

ねらい
- 一人一人の健康状態を把握し、生活リズムを大切にしながら心地よく過ごせるようにする
- 一人一人の発達に応じ、戸外で体を動かして遊ぶ
- 様々な秋の自然物に興味を持ち、自分から触れて遊ぶ

配慮すべき事項

- 感染症について職員間で共通理解をするとともに、一人一人の体調の変化を見逃さないようにする
- 秋の自然物採取では、ドングリなどは口に入れると危険なため、採取した物を入れる容器を準備する
- 楽しい雰囲気で排泄やズボンなどの着脱ができるよう、トイレの環境を工夫する

子育ての支援（保護者支援）

- 様々な感染症の情報を発信し、保護者と連携して、予防に努める
- 体調について毎日の健康観察を通して連携し、安心して園児を保育できる場であるよう努める

ひかるくん（11か月）

前月末の園児の姿
- まだ不安定だが、つかまり立ちする姿が見られる
- 知らない人や他のクラスの保育教諭（保育者）が保育室に入ってくると、人見知りして大泣きする
- 「いただきます」と頭を下げたり、手を合わせたりして、保育教諭（保育者）のまねをする

養護（生命の保持・情緒の安定）
- 保育教諭（保育者）に見守られている安心感の中で、ゆったりと過ごせるようにする
- 保育教諭（保育者）とのかかわりの中で信頼関係を深め、情緒が安定して遊べるようにする

教育（3つの視点）
- はいはいやつかまり立ちなど、体を動かしたり、音や手触りなどの感覚を働かせたりして、探索活動を楽しむ
- 戸外へ出て、風の心地よさや開放感を味わい、身近な自然物から季節の変化を感じようとする

食育
- 保育教諭（保育者）の歌やしぐさをまねしながら、食前、食後のあいさつをしようとする

環境構成 ★援助・配慮
- ■衛生面への配慮と情緒の安定を図るため、スペースを区切り、安心して遊んだり、授乳やおむつ交換をしたりする環境を作る
- ■ベビーカーや散歩カーを点検し、戸外でいつでも安全に活用できるようにする
- ★なるべく特定の保育教諭（保育者）がかかわることで興味などを把握し、興味や発育に合った玩具や遊びを安心して楽しめるようにする
- ★機嫌よく一人遊びをしている時は、そばでそっと見守る

自己評価
- 動きが活発になり行動範囲の広がりも見られるので、十分に移動運動を楽しめるような安全な環境を整えたい

園の行事
● 身体測定　● 避難訓練　● 誕生会

めぐみちゃん　1歳2か月	はるなちゃん　1歳7か月
● 「外へ行くよ」の声かけを聞き、保育教諭（保育者）の所まで喜んで歩き、帽子をもらう ● 取ってほしい物や行きたい方向を指差しするなどして、意思を表そうとする	● 自分の遊びの中に他児が入ってくると、すぐにたたいたり押したりしようとする ● 保育教諭（保育者）に手伝ってもらいながら、簡単な衣服の着脱をしようとする

	めぐみちゃん	はるなちゃん
養護（生命の保持・情緒の安定）	● 気持ちを十分に受け止めてもらうことで、安心して興味を持った遊びを楽しめるようにする ● 室内外の温度や湿度に留意し、薄着で快適に過ごせるようにする	● 保育教諭（保育者）がそばで見守り、安心して興味がある遊びができるようにする ● 戸外を歩いたり遊具に上ったりして、伸び伸びと体を動かして遊べるようにする
教育（5領域）	● 秋の自然物に興味を示し、見たり触れたりすることで、五感で感じる体験をする ● 保育者との応答的なかかわりによって、言葉の理解や発語の意欲につながり、意思を表現しようとする	● 保育教諭（保育者）の仲立ちにより友達とのかかわり方を知り、その心地よさを感じる ● 保育教諭（保育者）に手伝ってもらいながら簡単な着脱を一人でしようとし、着脱ができた時の満足感を味わう

めぐみちゃん	はるなちゃん
● 一口量を自分でつかんでかじって食べられるように、食材をスティック状にする ● 「もぐもぐ」「かみかみ」などと声をかけ、そしゃくを促す	● 食べ物が出てくる絵本を一緒に見たり、食材の名前を知らせたりしながら、食への意欲を引き出していく

めぐみちゃん	はるなちゃん
■ 体を動かして活動できる十分なスペースを確保し、興味を持って持続的に遊びこめるような工夫をする ■ 薄着で快適に過ごせるように、室温を設定したり、定期的に換気したりする ★ 身の回りの物に興味を持って見たり触れたりしながら、色、形、大きさなどに気付けるように丁寧にかかわり、意欲につなげていく ★ 一言一言に丁寧にかかわり、生活に必要な言葉を知ったり、言葉のリズムを体験したりすることで言葉を発する楽しさを味わえるようにする	■ じっくりと好きな遊びを楽しめるように、発達に適した玩具を十分な数だけ準備し、コーナーを設ける ■ 発達段階を把握し、好奇心を持って安全に遊べるよう、戸外の環境を整える ★ 集中して遊んでいる時は、そばでそっと見守り、他児が近づいた時は適切に対応して、遊びを展開できるようにする ★ 一人で衣服を着脱しようとする気持ちを受け止め、適切に介助しながら、自分でできた喜びを感じられるようにする

めぐみちゃん	はるなちゃん
● 本児の気持ちを受容することで、様々な感情が表出されるようになった。甘えたい欲求を受け入れ、安心して生活や遊びができるようにしたい	● 戸外では楽しく友達と遊ぶ姿が見られるが、室内ではトラブルになりやすい。してはいけないことをくり返し伝え、本児の気持ちを代弁し、友達との仲立ちをしていきたい

年間計画
4月
5月
6月
7月
8月
9月
10月
11月
12月
1月
2月
3月

11月の月間指導計画 ④

ねらい
- 一人一人の生活リズムを大切にしながら、心地よく過ごせるようにする
- 保育教諭（保育者）や友達と過ごす中で、喃語を発したり体を動かしたりして、人的、物的環境に興味や関心を広げる

配慮すべき事項
- 高月齢児が活発になり行動範囲が広がってきた分、室内環境を見直し、低月齢児と遊ぶスペースを分け、発達に応じた活動が楽しめるようにする
- 気温が下がるとともに、冷えから排尿間隔が短くなるので、一人一人の排尿のタイミングに合わせて、おむつ交換をしたりトイレに連れていったりするようにする
- 室温や湿度管理、換気を行い、快適に過ごせるようにする（乾燥に気を付ける）
- 睡眠中の園児の様子に気を付け、5分おきに呼吸や体の向きの確認を行う

子育ての支援（保護者支援）
- 感染症に関する情報や発生状況を保健だよりや「お知らせ」で周知し、家庭における感染症の予防の参考にしてもらう
- 「自分でしたい」という意欲を保護者に伝え、自我の芽生えや家族への感情表出も成長の一つと肯定的に捉え、受け止めていくよう伝える

ゆうなちゃん　11か月

前月末の園児の姿
- 離乳食を喜んで食べ、なくなると泣いて訴える
- オマルに嫌がらずに座り、タイミングが合うと排尿に成功することがある
- 一人で支えなしで立てるようになり、手をつないで歩くことを楽しんでいる

養護（生命の保持・情緒の安定）
- 特定の保育教諭（保育者）との応答的なかかわりで愛着関係を育み、情緒が安定し、安心して過ごせるようにする
- オマルでの排泄に慣れるよう、おむつに排尿していない時にはオマルに座らせ、排尿を促す

教育（3つの視点）
- 身の回りの物に興味を持ち、探索を楽しむ
- 欲しい物や気になった物を、指差しする
- 身近な大人との応答的なやり取りの中で、物の名前や大人の言っていることが少しずつ分かり、うなずいたり反応したりする
- 名前を呼ばれると手を上げて返事をしたり、歌に合わせて体や手を動かしたり、保育教諭（保育者）のまねをしたりして楽しむ

食育
- スプーンを使ったり手づかみでこぼしたりしながらも自分で食べようとする
- 食事中に眠くなることがあるので、早めに離乳食を食べはじめ、眠くなる前に食べ終われるようにする

環境構成★援助・配慮
- ■食事中の姿勢が保てるようにベビーチェアと背中の隙間にクッションをあて、安定した姿勢で食事ができるようにする
- ■発表会の練習では本番と同じ流れで行ったり、環境を整えたりして、舞台の雰囲気に慣れるようにする
- ★園児の指差しや喃語などの訴えを代弁して話しかけ、応答的なやり取りを通して、人とのかかわりや言葉の基盤の形成となるように援助する

自己評価
- 指差しやしぐさなどで伝えようとしていることをくみ取り、保育教諭（保育者）が言語化して伝えていくことで、伝わった喜びを感じて、応答的なやり取りを楽しめるようになった

園の行事	●おにぎりパーティー　●身体測定 ●尿検査　●吹奏楽ミニコンサート ●生活発表会予行練習　●避難訓練

みなとくん　1歳2か月	みくちゃん　1歳7か月
●「ママ」など意味のある言葉を言うようになる ●不安や不快を泣いて訴えるが、保育教諭（保育者）の温かいかかわりで気持ちが落ち着くと、機嫌よく過ごせるようになる ●両手でバランスを取りながら歩くことを楽しむ	●ままごとコーナーで遊ぶことが好きで、食べ物を皿に並べたり保育教諭（保育者）に持ってきたりして、やり取りを楽しむ ●自分の遊びのエリアに他児が入ってくると、エリアを守ろうとトラブルになることがある

養護（生命の保持・情緒の安定）	●オマルでの排泄に慣れるよう活動の節目で誘い、排尿の感覚が分かるようにする ●食後の歯磨きで、口の中をきれいにする心地よさが感じられるようにする	●トイレでの排泄に成功する回数が増えるので、活動の節目にトイレに誘い、排尿間隔をつかめるようにする ●「自分で」という気持ちを受容し、根気よく取り組む様子を見守り、できた時は喜んだり、ほめたりして認めていく
教育（5領域）	●戸外に出て遊ぶことを喜び、身近な自然に関心を持ったり広い場所で活動したりすることで、開放感を味わう ●保育教諭（保育者）の言うことにうなずいたりするなど、少しずつ言葉が分かるようになる ●探索活動が盛んになり、好きな玩具を次々と出し、遊びを楽しむ	●戸外に出て、遊具に上ったり、手押し車を押して園庭を散策したりして、体を動かして活動することを楽しむ ●生活発表会に向けて、歌ったり、返事をしたり、表現したりできたことに、満足感を感じる ●保育教諭（保育者）に話しかけられると反応を示し、自分のしてほしいことも指差しや簡単な言葉で伝えようとする

●完了期食をしっかりそしゃくして食べられるよう声をかける ●手づかみやスプーンを使い、自分で食べる意欲がますます高まる	●給食の時間を楽しみにし、こぼしながらも自分でどんどん食べ進めようとする ●食べ物の絵本を喜び、食べるまねをしたり、保育教諭（保育者）がたずねた食べ物を指差したりする

■室内の気温や湿度、換気に配慮し、快適に過ごせるようにする ★喃語や発語を引き出せるよう、様々な言葉をかけ、うなずいたり、園児の示すことに応じるようにする ★排尿間隔を把握し、タイミングを合わせてオマルに座るようにする。また、成功したことを園児と共に喜び、次につなげるようにする ★歯ブラシを使う際は園児の様子をよく見ながら行う。また、仕上げ磨きは楽しい雰囲気で行い、きれいになった心地よさを感じられるよう声をかける	■季節の歌やお気に入りの歌をうたう機会を持ったり、吹奏楽のミニコンサートを聴いたりして、音楽に触れる楽しさを感じられるようにする ■生活発表会の練習は本番と同じ流れで行い、舞台の雰囲気に慣れるようにする ★舞台の階段の上り下りは保育教諭（保育者）と手をつなぎながら、ゆっくりと行う ★手拭きタオルで手を拭こうとする姿を認めつつ、きれいに水分を拭き取れない際は保育教諭（保育者）が援助する

●手押し車を押したり、散策したりすることで歩行が安定し、たくさん歩けるようになった。落ち葉や砂などに触れた際には保育教諭（保育者）が共感し声をかけたことで、自然への興味を引き出すことができた	●友達の持っている玩具が使いたくて、トラブルになることがあったが、保育教諭（保育者）がそばで見守り、仲立ちすることで、友達と一緒に遊ぶ姿が見られた

11月の月間指導計画⑤

ねらい
- 生活リズムを大切にしながら一人一人の体調に留意し、健康に過ごす
- 戸外で体を動かして遊ぶ
- 秋の自然を感じながら、興味のある遊びを通して保育教諭（保育者）や他児とのかかわりを楽しむ

配慮すべき事項
- 感染症について職員間で共通理解をするとともに、一人一人の体調の変化を見逃さないようにする
- 探索活動がさらに活発になるので、室内外の安全点検を十分に行う
- 一人一人の興味や発達に合った遊びについて話し合い、環境を整える
- 活発な動きを予測して、園児から目を離さず、安全に過ごせるようにする
- その日の気温や湿度、活動量などを考慮して衣服の調節を行い、快適に過ごせるようにする

子育ての支援（保護者支援）
- 様々な感染症の情報を発信し、保護者と連携して予防に努める
- 体調について毎日の健康観察を通して連携し、体調を崩した際は、受診をすすめ、家庭での対応の仕方を伝えていく
- 離乳食の完了に向けて食べる意欲を大切にするよう伝え、家庭と連携を図る

れんくん　11か月

前月末の園児の姿
- 欲求が通らないと機嫌が悪くなり、泣いて訴える
- 気に入った玩具を見つけ、はいはいでの移動が広範囲になる

養護（生命の保持・情緒の安定）
- 保育教諭（保育者）に見守られている安心感の中で、空腹や睡眠のタイミングを理解し、ゆったりと過ごせるようにする
- 保育教諭（保育者）とのかかわりの中で信頼関係を深め、情緒が安定して遊べるようにする

教育（3つの視点）
- はいはいやつかまり立ちなどで体を動かしたり、音や手触りなどで、探索活動を楽しむ
- 戸外へ出て風の心地よさや開放感を味わい、身近な自然物から季節の変化を感じる

食育
- 家庭と連携しながら、離乳食後期へと進めていく。手づかみ食べができるよう、握ったりつまんだりできる形状の食材を用意してもらう

★援助・配慮　■環境構成
- ■安心してつかめる丈夫な箱や手作り玩具などを用意する
- ■ベビーカーや散歩カーを点検し、戸外でいつでも安全に活用できるようにする
- ★機嫌よく一人遊びをしている時は、そばで見守る
- ★遊びを通して具体的に身の回りの物の名前や動作を言葉にして伝えていくことで、言葉の獲得につながるよう配慮する

自己評価
- 朝の登園が早い日は、起床時間やミルクの量を保護者に確認し、適切に対応するようにしたことで、欲求が満たされ、機嫌よく生活することができた

園の行事 ●身体測定 ●避難訓練 ●誕生会

ひなちゃん 1歳2か月	あおいちゃん 1歳7か月
●自分より月齢の低い友達に興味を示し、頭をなでたりする ●シール貼りを喜び、くり返し遊びながら達成感を味わっている	●簡単な言葉を理解し、行動できるようになる ●行動が活発になり、ドアやサークルが開いていると出ようとする

養護 （生命の保持・ 情緒の安定）	●体調の変化を注意深く見守り、安心して眠れる環境を設定することで、目覚めた時に機嫌よく遊べるようにする ●応答的な触れ合いや声かけにより、欲求や要求を満たし安心して過ごせるようにする	●気持ちが不安定な時は、保育教諭（保育者）がそばで見守ったり、スキンシップを取ったりしながら情緒の安定を図る ●保育教諭（保育者）や友達と一緒に、戸外探索をしながら安全に遊具で遊べるようにする
教育 （5領域）	●保育教諭（保育者）と触れ合う中で簡単な動きをまねたり、つかむ、たたく、引っぱるなどの遊びを楽しむ ●くり返しのある絵本やペープサートなどを通して、言葉遊びをしたり秋の自然を感じながら園庭を散歩したりする	●簡単な言葉を理解しながら友達とかかわり、その心地よさを感じる ●秋の自然に触れ、草花や虫などの身近な生き物や落ち葉などを見たりする

●食欲もあり一定量を食べているので、ミルクは完了にし、家庭と連絡をとり合い、幼児食へと移行していく	●自分でスプーンやコップを使って食べようとする意欲を認め、よく噛んで食べられるよう適切な声かけを工夫する

■体を動かして活動できる十分なスペースを確保し、興味を持って持続的に遊び込めるよう工夫する ■定期的に園庭や保育室の内外を見回り、危険な物がないか、誤飲につながる物はないかをチェックする ★友達に興味を持ちはじめたことで、噛みつきや引っかきにつながらないよう配慮しながら、気持ちを代弁し援助していく ★指差しや喃語に応答的にかかわることで、気持ちを受け止めてもらう喜びを味わえるよう配慮していく	■じっくりと好きな遊びを楽しめるよう、発達に適した玩具を準備し、友達と同じ空間で過ごす楽しさを味わえるよう、環境を考慮する ■発達段階を把握し、好奇心を持って集中して遊べるよう見守り、援助する ★サークルやドアの施錠を確認し、けがにつながらないよう安全に配慮する ★玩具の片付けや手洗いをする際は声をかけながら手を添えてやり方を伝え、一人でできるように導いていく

●足に合った歩きやすい靴を用意してもらったことで、天気のいい日は戸外に出て園庭散策を楽しむことができた	●何度もくり返したい気持ちや、まねようとする姿を大切にし、時間や遊びの内容を工夫したことで、好きな遊びをじっくりと楽しんでいた

11月の月間指導計画 ⑥

ねらい
- 寒暖差を考慮し、衣服の調節や個々の生活リズムを大切にしながら、生活できるようにする
- 成長発達に合わせた戸外活動を設定し、体を動かすことに興味を持つ

配慮すべき事項

- 空気が乾燥してくる時期なので、保育室の湿度に気を配り、冬期に流行すると思われる感染症について事前に職員間で確認しておく
- 運動機能や活動範囲が月齢差で違ってきているので、発達に応じた活動が楽しめる環境設定に配慮する
- トイレの環境を工夫し、楽しい雰囲気で排泄できるようにする
- 避難訓練の際に持ち出す防災袋の点検をし、冬の避難に必要な物が入っているかを再確認する

子育ての支援（保護者支援）

- 乾燥による肌荒れやこれから流行しそうな感染症についての情報を、保護者に発信する
- 自分でやってみたいという欲求が強く見られるようになるが、自我の芽生えや感情の表出であり、成長している姿であることを伝え、肯定的にとらえていけるように保育教諭（保育者）は対話を大事にしていく

ゆいなちゃん（11か月）

前月末の園児の姿
- 離乳食のおかわりをせがむ
- 保育教諭（保育者）のまねをし、手を合わせて食事のあいさつをする
- つかまり立ちが上手になるとともに、時々手を放して一人で立てることを喜ぶ

養護（生命の保持・情緒の安定）
- 皮膚の湿疹や乾燥肌がないかなど、疾病や異状に気付けるよう観察し、快適に過ごす
- 特定の保育教諭（保育者）とのかかわりを深めると同時に、様々な人にも応答的にかかわってもらい、安心して過ごせるようにする

教育（3つの視点）
- 身の回りの物に興味を持ち、指差しして同意を求める
- 自分の名前を呼ばれると顔を向ける、手を上げるなどの表現をする
- 支えから手を放して自分で立つことを楽しみ、ほめられると喜び、何度も挑戦しようとする

食育
- 食材の調理形態に配慮しながら、自分から手づかみで食べようとする意欲や行動を高める声かけをする
- 季節の食材を離乳食に取り入れる

環境構成★援助・配慮
- ■戸外での活動を十分に楽しめるよう、興味を示した戸外用の玩具を用意する
- ■食に関する絵本や玩具を準備し、食べることや食材に興味を持てる環境を設定する
- ★一人遊びを楽しんでいる時は、過度に介入せずに見守り、遊びに集中できるようにする
- ★個々の発育状態に応じて、無理のない食事量や時間に配慮する

自己評価
- つかまり立ちから自ら支えなしで立つことに挑戦できる遊びの空間を作ったことで、何回も挑戦する姿を引き出すことができた

園の行事	●避難訓練　●身体測定　●誕生会

	かいくん　1歳2か月	りんちゃん　1歳7か月
	●バランスを取り、自ら少しずつ歩くことを楽しむ ●意味のある単語を言うようになる ●戸外遊びが好きで、保育教諭（保育者）が外遊びに誘うと自分で靴を持ってくる	●友達が使っている玩具を取ってしまうことがある ●保育教諭（保育者）のところに玩具を持ってきて、やり取りを楽しむ
養護（生命の保持・情緒の安定）	●排泄の間隔を理解できるよう、活動の節目でトイレに誘い、オマルに慣れる ●個々の気持ちを理解し、保育教諭（保育者）が気持ちを代弁することで、受容されているという安心感を持って過ごせるようにする	●外気温、体温、機嫌、食欲など、日々の園児の様子を見ながら、戸外遊びと室内遊びのバランスを取る ●活動の節目でトイレに誘い、排尿間隔をつかめるようにする
教育（5領域）	●気温の変化に伴い、厚手の衣服（毛糸の帽子やジャンパーなど）があることを知らせ、新しく覚えた単語と物を一致させる ●歩行の発達に伴い、探索活動範囲が広くなる	●簡単な衣服の着脱ができた時はたくさんほめ、自信につなげる ●友達の名前を徐々に覚え、ままごと遊びなどで保育教諭（保育者）に仲立ちをしてもらいながら、やり取りを楽しむ
	●そしゃくを促す言葉がけをするとともに、保育教諭（保育者）が口を動かして視覚的にも分かりやすく伝える ●口当たりがよくない食材は口から出そうとするが、無理に食べさせようとせず、声かけに配慮しながら進める	●こぼしながらも自分で食べようとする意欲が見られるので、さり気なく介助しながら食べ進められるようにする ●食材の名前を覚え、絵本などで食べ物が出てくると食べるまねをしたり指差しをしたりして伝えようとする
	■歩行の発達に伴い、移動範囲が広がるので、探索活動が十分にできるよう危険な場所がないか事前に確認する ■トイレで安心して排泄できるよう、壁に好きなキャラクターの絵を貼っておく ★室内外での探索活動が活発になり、予測できない行動も多くなるので、活動の様子などには十分に注意を払う ★遊び、食事、排泄など、様々な場面で楽しい雰囲気を作り、園児が興味を持てるようにする	■個々の遊びのスペースを十分に取って玩具を多めに用意し、遊びに集中できるようにする ■園児の発見や興味深い行動を見逃さず、観察して次の遊びの環境を設定する ★他児が遊びのスペースに入ってくると、気になって手が出てしまうことがあるので、他児の気持ちもくみながら遊びに集中できる状態を保つよう配慮する ★自分で様々なことに挑戦したい気持ちを受け止め、できない時にはさり気なく保育教諭（保育者）が援助し、自分でできたという自己肯定感を持てるようかかわる
	●戸外遊びを増やしたことで、探索活動をしたい欲求を満たすことができた。また、体を動かす時間も多く取り、食欲を増進させることにつながった	●室内で友達との玩具の取り合いが見られたため、遊びコーナーの配置やスペースを工夫したことで、トラブルを回避することができた

年間計画
4月 5月 6月 7月 8月 9月 10月 **11月** 12月 1月 2月 3月

127

12月の月間指導計画①

ねらい
- 一人一人の健康状態に留意し、寒さに向かう時期を健康で快適に過ごせるようにする
- ゆったりとしたかかわりの中で、触れ合い遊びや好きな遊びを楽しむ
- 歌や音楽に合わせながら、声を出したり体を動かしたりして遊ぶことを楽しむ

配慮すべき事項
- 手洗い・うがい、消毒を徹底し、感染症予防に園全体で努める
- 寒さも増してくるため、室内の温度や湿度の調節、換気などをしながら健康に過ごせるようにする

子育ての支援（保護者支援）
- 家庭との連絡を密にして健康状態を把握し、必要に応じて早めの受診をお願いする
- 感染症や園での発生状況などを掲示板で伝える
- 厚着になりすぎないよう、体温調節ができる衣服を準備するように伝える

こうたくん　1歳

前月末の園児の姿	・はいはいやつかまり立ちなど探索活動を楽しんだり、手押し車を押したりする ・人見知りはあまりなく、あやされることを喜び、よく笑う ・名前を呼ばれて手を上げたり、バイバイと両手を振ったりする ・歌や音楽を喜び笑顔を見せる
養護（生命の保持・情緒の安定）	・体調や気温に合わせ、衣服の調節をしながら快適に過ごせるようにする ・安心できる保育教諭（保育者）などの下で、好きな遊びを楽しめるようにする
教育（5領域）	・手押し車を押したり、両手を持ってもらい歩いたりするなど、歩行への意欲が増す ・保育教諭（保育者）などとの手遊びや触れ合い遊びを楽しむ ・はいはいやつたい歩きなどで好きな場所へ行き、探索活動を楽しむ ・歌や音楽に合わせ、喜んで手や体を動かして遊ぶ
食育	・完了食へ向け、家庭や給食担当と連絡をとりながら、大きさや固さを発達に合わせ調整する
■環境構成　★援助・配慮	■口に入れそうな玩具は、消毒したり大きさを考えたりと衛生面や安全面に気を付ける ■手押し車を押して歩くことを楽しめるよう、広い場所で遊べるようにする ★一対一のかかわりを大切にしながら、触れ合い遊びを十分に楽しめるようにする ★絵本の読み聞かせなど、喃語に応えたり簡単な言葉を知らせたりしながら発語を促していく ★楽しい雰囲気の中、歌ったり体を動かしたりしながら、喜んでまねできるようにする
自己評価	・立った高さで遊べる玩具を用意したことでつたい歩きなどで楽しむ姿が見られた。手押し車に興味を持ち始めたため、十分楽しめる環境を整えたい

園の行事
- 誕生会
- 身体測定
- 避難訓練
- もちつき

みさきちゃん 1歳3か月	あいなちゃん 1歳8か月
●食事では野菜が苦手であまり食べたがらない ●移動は歩行で行うようになった。まだ不安定だがうれしそうに歩き回る ●保育教諭（保育者）などのまねをして喜んで声を出したり踊ったりする	●食事ではスプーンを使おうとするがうまくすくえず、手づかみになることが多い ●絵本の読み聞かせを喜び、簡単な言葉をまねして言おうとする ●知っている歌に合わせ、声を出したり体を動かすことを楽しんでいる
●厚着になりすぎないよう、衣服の調節をしながら快適に過ごせるようにする ●保育教諭（保育者）などに見守られながら、安心して探索活動を楽しめるようにする	●天気のよい日は戸外で、伸び伸びと体を動かしながら健康に過ごせるようにする ●保育教諭（保育者）などに見守られながら、好きな遊びを十分に楽しめるようにする
●歩いたり指先を使ったりと全身を使って遊びを楽しむ ●好きな場所に歩いて移動しながら探索活動を楽しむ ●絵本の読み聞かせを喜び、じっと見つめたり単語をまねしたりと楽しんで見る ●保育教諭（保育者）などと一緒に、音楽や歌などに合わせて手をたたいたり声を出したりしながら楽しむ	●かばんからズボンなどを出してはこうとする ●保育教諭（保育者）などとの触れ合い遊びを喜び、くり返し楽しむ ●絵本の読み聞かせなど興味を持って指差しをしたり、単語をまねして言おうとしたりする ●保育教諭（保育者）などと一緒に、音楽に合わせて歌ったり体を動かしたりして踊ることを楽しむ
●苦手な物は小さくして食べやすくしたり、楽しい雰囲気を作り、少しずつ食べられるようにする	●手を添えながらスプーンの使い方を知らせ、慣れるようにする
■歩行を十分に楽しめるよう、広い場所で遊べるようにする ■指先を使う玩具を用意し、手指の発達を促す ★探索活動を楽しみ、園児の驚きや喜びに共感していく ★絵本の読み聞かせではゆっくりと読んだり、くり返しのある言葉を楽しめるようにする ★好きな歌や音楽を用意し、楽しい雰囲気の中で一緒に体を動かして遊べるようにする	■ズボンやパンツなど、着替えをかばんから取り出しやすくしておく ■ページをめくりやすい絵本を用意し、自分で絵本をめくって見ることを楽しめるようにする ★ゆったりとした環境の中、一対一の触れ合い遊びを楽しめるようにする ★絵本の読み聞かせなど、簡単な言葉をくり返したり、物の名前を知らせたりしながら発語への興味を促す ★音楽に合わせ、歌ったりまねしやすい動きを取り入れながら楽しく遊べるようにする
●歩行が確立し、探索活動をよく楽しんでいた。発見した驚きや楽しさに共感し、言葉にして伝え、発語にもつなげていきたい	●保育教諭（保育者）などが音楽や歌に合わせて楽しく踊ることで、興味を持って一緒に体を動かしながら喜ぶ姿が見られてよかった

129

12月の月間指導計画 ②

ねらい
- 薄着で過ごしたり、室内外で体を十分に動かして遊んだりすることで、健康に気を付けて生活する
- 音楽に合わせて体を動かし、保育教諭（保育者）などの動きをまねして楽しむ

配慮すべき事項

- 暖かい時間に園庭や公園で外気浴をしたり体を動かしたりして、開放感を感じられるようにする
- 保育教諭（保育者）などが手足を大きく動かし、楽しい雰囲気を作ることで、まねしてみたい、動いてみたいという意欲につなげる

子育ての支援（保護者支援）

- 流行している感染症を伝え、感染予防に努めてもらうようにお願いする
- 自己主張が強くなってきているため、自我の芽生えの大切さを伝え、気持ちの受け止め方などを一緒に考えていくようにする

けんとくん　1歳

前月末の園児の姿	●楽しい時は声を出して笑い、思い通りにいかない時や気持ちが伝わっていない時は大声で泣く ●「ばいばい」や「いただきます」の歌や言葉に動作を合わせる ●つかまり立ちから手を離して立っている時間が増える
養護（生命の保持・情緒の安定）	●暖かい時間に外気に触れ、健康に過ごせるようにする ●安心できる保育教諭（保育者）などに見守られ、一人遊びを十分に楽しむ
教育（5領域）	●音楽に合わせて体を揺らしたり、まねして手をたたいたりすることを楽しむ ●満足するまで遊びを楽しむ ●気付いた物や欲求を指差しや喃語、動作で伝えようとする
食育	●手づかみでしっかりと食べていく中で、目で食べ物を確かめ、手でつかみ、口に入れるという目と手、口の調和運動をくり返し行う
★援助・配慮　■環境構成	■体を動かして遊ぶ時は、安全で広い場所を用意する ■じっくり楽しめる遊びや空間を用意する ★どんなことに関心を持ち、どのような遊びを好むのかを観察し、遊ぶ中でその方法が分かり、探索意欲が満たされるようにする ★要求や指差し、しぐさに込められた思いを受け止め、伝わる喜びを一緒に感じられるようにする
自己評価	●手づかみ食べから、スプーンやフォークに少しずつ興味を持っている姿が見られるので、興味を持った時に使い方を少しずつ伝えていきたい

園の行事 ●遊戯会 ●クリスマス会 ●避難訓練 ●安全教室

あこちゃん 1歳3か月	あかりちゃん 1歳8か月
●保育教諭（保育者）などの言葉をまねして話すことを楽しむ ●トイレでの排尿が何度か成功する ●人形を寝かせたり、食べるふりをしたりして、ごっこ遊びを楽しむ	●「○○たべる」や「せんせいおはよう」などの二語文を話し、盛んに友達や保育教諭（保育者）などに話しかける ●泣いている友達の顔を覗いたり、頭をなでたり、優しい姿を見せる ●午前中はトレーニングパンツで過ごすことを喜ぶ
●安心できる保育教諭（保育者）などの下で、身の回りのことに自分で取り組む意欲が持てるようにする ●言葉や表情で、友達や保育教諭（保育者）などに伝わる気持ちよさや満足感を味わえるようにする	●戸外遊びや食事前の手洗いに気を付け、感染症の予防を行い、健康に過ごせるようにする ●安心できる環境の中で、自分の思いを十分に出し、活動に意欲的に取り組めるようにする
●手遊びや体操を通して、体を動かす楽しさを感じながら筋力をつける ●お絵かきやシール貼りをくり返し楽しむ ●言葉と行動がつながり、簡単な言葉で伝えようとすることが増える	●衣服の調節をしながら、戸外で元気に遊ぶ ●遊戯会を体験し、歌や遊戯を通して体でリズムを取り、振り付けを覚えて踊って見せることを楽しむ ●簡単な言葉での会話のやり取りを楽しむ
●手づかみで食べながらも、スプーンやフォークを使って食べようとする	●スプーンやフォークで一定量をすくったり、刺したりして食べることが上手になる
■リズムが取りやすい手遊びや曲を用意する ■微細運動が十分にできる遊びや玩具、教材を用意する ★保育教諭（保育者）などが楽しく歌ったり踊ったりする姿を見せ、楽しく安心して取り組めるようにする ★取り組んでいることや物の名前などをくり返し伝える中で、たくさんの言葉に触れ、言葉の獲得につなげられるようにする	■水回りやトイレなどを使用後は消毒し、清潔な空間を用意する ■戸外や公園に出かける時は、保育教諭（保育者）などの配置に気を付け、目が行き届いている環境の中で遊べるようにする ★必要に応じて援助しながら、体を動かす様々な遊びができるようにする ★動きやすく踊りやすい振り付けを考え、楽しい雰囲気の中、音楽に合わせて体を動かす気持ちよさを感じられるようにする ★話したい気持ちをしっかり受け止め、足りない言葉は保育教諭（保育者）などが代弁し、言葉を使って話すことや伝わることの楽しさが感じられるようにする
●薄着で過ごすことに慣れ、風邪をひかずに遊戯会やクリスマス会に楽しく参加することができた	●覚えたところは音楽に合わせて踊ることができ、遊戯会では腕を伸ばしたり足を曲げたり、細かい箇所もまねして踊ることができていた

12月の月間指導計画③

ねらい
- 一人一人の健康状態に留意しながら薄着を心がけ、冬の寒さに向かう時期を健康で快適に過ごす
- 暖かい時間帯には外気に触れ、体を十分に動かし元気に過ごす
- いろいろな音楽を聴いて体を動かしたり、曲に合わせて楽器を鳴らしたりして、音楽の心地よさを感じる

配慮すべき事項
- 個々の生活リズムに合わせて一人一人の体調に気を配り、体調の変化があれば、職員間または保護者と伝え合う
- 感染症予防のため、換気をしながら暖房を使用するので、室温管理や風量の調節をこまめに行う

子育ての支援（保護者支援）
- 朝夕は寒いが室内は暖かいことを伝え、厚着をせず動きやすい服装や調節しやすい服の準備をお願いする
- インフルエンザやノロウイルスなどが流行しはじめる時期なので、地域や園内の流行状況を把握し、情報提供をして、保護者との共通理解の下で対応をし、お迎えなどの協力を仰ぐ

ひかるくん　1歳

前月末の園児の姿
- 柵や壁など、つかまりやすい所へ行ってはつかまり立ちをして、うれしそうにしている。最近はつたい歩きもできるようになり、さらに活動的になってきた
- 鼻水、咳が出ることが増え、午睡時はぐっすり眠れずたびたび泣いて起きることがある

養護（生命の保持・情緒の安定）
- 保育教諭（保育者）にそばで見守られている安心感の中で、探索活動を楽しめるようにする
- 保育教諭（保育者）に見守られながら安心して眠り、生理的欲求が十分に満たされ、心地よく過ごせるようにする

教育（5領域）
- 様々な場所の探索をはいはいやつたい歩きなどで十分に楽しみ、好奇心の高まりや体の機能の発達につなげていく
- 絵本や紙芝居を読んでもらうことを楽しみ、情緒の安定と発語への意欲を培う

食育
- 椅子に浅く座ることで両足を床に付け、姿勢よく食べる。食事援助の際には、スプーンは口元手前で止めて自ら食べにくるまで待つようにする

環境構成★援助・配慮
- ■探索活動が、衛生的に配慮され、職員間で安全な見守りの連携がとれている環境で行えるようにする
- ■午睡中に泣いて起きた時、すぐに対応できるように保育教諭（保育者）がそばで見守る
- ★つかまり立ち、つたい歩きがまだ不安定なので転倒することを想定して目を離さず見守り、体の機能の発達具合を把握し適切に援助する
- ★一対一での読み聞かせの時間を大切にし、安心感の中で言葉のリズムを感じられるようにする

自己評価
- 発熱による早退や欠席が続いた。鼻水や咳などの症状がまだ見られるので、体調の変化を見逃さないようにし、体調に応じた活動を設定していきたい

園の行事	●身体測定　●避難訓練　●誕生会

めぐみちゃん　1歳3か月	はるなちゃん　1歳8か月
●歩行が安定してきて、行動範囲の広がりがみられる ●思い通りにならない時にひっくり返って泣くなど、激しく感情を表現する ●ご飯は食べるがおかずを好まず、口から出すことも多い	●積み木の積み重ね遊びや穴の中に玩具を落とす遊びなど、手先を使う遊びに夢中になっている ●午睡後のおむつが濡れていないことが多く、タイミングが合えばトイレで排尿できる ●友達とかかわって遊ぼうとするが、トラブルになることもある
●保育教諭（保育者）の温かい丁寧なかかわりの中で、情緒を安定させる ●安心できる保育教諭（保育者）とかかわることを喜び、共感してもらいながら好奇心を膨らませ遊ぼうとする	●保育教諭（保育者）に不安な気持ちや甘えを受容してもらい、安心して過ごせるようにする ●好きな遊びをじっくりと楽しめる時間が確保され、満足感を味わう
●音楽に合わせて体を動かしたり、楽器を鳴らしたりすることで、音やリズムと一体化し、体で表現する楽しさを知る ●戸外で気温の変化や水の冷たさ、草木の様子などに興味を持ちながら、保育者と一緒に活動できる楽しさを味わう	●いろいろな曲に親しみを持ち、自由に体を動かしたり、タンバリンやすずなどを手に持ってリズムに合わせて音を鳴らしたりして楽しむ ●おむつが濡れていない時はトイレへ行き、便器での排尿に慣れる
●「おいしいよ」と言っておかずを食べるまねをしたりして、ご飯とおかずを交互に食べられるようにする	●お腹が空いて食事をするというリズムを大切にしながら、苦手な物は量を調節し、食べることができた喜びと達成感が味わえるようにする
■優しい笑顔、見守り、語りかけにより安心して遊べる雰囲気を作る ■日常的にいろいろな曲を流し、音楽の心地よさが感じられるようにする ★目を見て優しく名前を呼ぶことを大切にし、泣いている時は、だっこやおんぶで気持ちが落ち着くようにする ★保育教諭（保育者）と一緒に様々な楽器に触れ、音が鳴るおもしろさを感じる	■自分で取り出しやすいところに、発達に応じた玩具を配置し、目で見て遊びの選択ができるようにする ■子ども同士のかかわりや関係性を職員間で把握し、トラブルになりそうな時はすぐに対応できるように見守る ★音楽に合わせて自由に体を動かす楽しさを、保育教諭（保育者）が全身を使って伝えていく ★排尿の間隔を把握しトイレに誘っていくとともに、排尿できた際にはほめて喜びが感じられるようにする
●今月から発表会に向けて、様々な音楽に親しみを感じられるようにした。曲が流れると手足を動かし、リズムに乗って楽しんでいた。気持ちの切り替えにもなるので、日常の中で音楽に触れる機会を作っていきたい	●友達の行動をまねたり、手をつなごうとしたりするなど、他児へのかかわりに変化が見られた。温かく見守りながら、友達と一緒に遊ぶ機会を多く設けたい

12月の月間指導計画 ④

ねらい
- 冬の寒さで体調を崩しやすい時期を元気に過ごせるよう、薄着で過ごしたり、体を十分動かしたりする
- 保育教諭（保育者）や友達とのかかわりを通して、人や物への興味・関心を持つ

配慮すべき事項

- 寒さや乾燥から体調を崩しやすい時期なので、健康状態を把握し、機嫌が悪くなったり元気がなかったり、食欲が落ちたり、いつも以上に長く眠ったりなど、変化が見られた場合に早めの対応が取れるようにする
- 自己主張が強くなってきている園児に対して、自我の芽生えを大切にしながら、園児の気持ちに寄り添う対応をしていくようにする
- 保育室の換気を行い、新鮮な空気が循環するようにする

子育ての支援（保護者支援）

- 生活発表会の演目や園児の練習の様子を伝え、当日を楽しみにできるようにする
- 園での様子を連絡ノートや送迎時に伝え、園児の成長を喜び合い、子育ての楽しさや喜びを保護者が感じられるようにする
- 年末年始は生活リズムが崩れやすいので、休みの間も園児にとって無理のない生活をするよう働きかける
- 感染症が発生したら保護者に周知し、症状が見られた場合には早めの受診を促し、流行を最小限にとどめるように努める

ゆうなちゃん　1歳

前月末の園児の姿
- 支えなしで立って2、3歩足が出るようになる
- 指差しや動作での意思表示ができるようになり、保育教諭（保育者）に伝わる喜びを感じている
- 愛着を感じている保育教諭（保育者）の後追いをして、姿が見えなくなると泣く

養護（生命の保持・情緒の安定）
- 園生活のリズムに少しずつ慣れていけるよう、睡眠、離乳食、排泄を通してリズムを整えていく
- 保護者と離れる不安に共感し、だっこしたり不安な気持ちを代弁したりして、受容されている安心感を感じられるようにする

教育（5領域）
- 名前を呼ばれると返事をしたり、「バイバイ」と手を振ったり、指差しで要求を表現したりする
- 保育教諭（保育者）の手遊びやしぐさ、動きを模倣することを楽しむ
- 安心できる保育教諭（保育者）のそばで、満足するまで遊びを楽しむ

食育
- 離乳食完了期に移行し、食べられる食材が増え、食べることの楽しさを感じるとともに、こぼしながらもスプーンや手づかみで自分で食べようとする
- 食後のフォローアップミルクで足りない栄養を補う

■環境構成 ★援助・配慮
- ■他のクラスの生活発表会の練習を見て楽しんだり、音楽を聴いて手をたたいたりして、楽しめるようにする
- ■好きな玩具での遊びを保障できるよう、園児一人一人が十分遊べる数の玩具を用意する
- ■歩きはじめでバランスを崩すこともあるので、床に玩具が散乱しないようにする
- ■着替えて午睡できるよう、パジャマの用意を保護者にお願いする
- ★園児の指差しなどに丁寧に応じ、「お外行きたいね」など言語化して伝え、自分の思いを理解してもらえた喜びや安心感につなげていくようにする

自己評価
- 安心できる保育教諭（保育者）がそばにいることで、探索活動や一人遊びを楽しめるようになった

園の行事

● 生活発表会　● 身体測定　● 避難訓練　● ダイコン収穫　● 大掃除　● クリスマス会　● 誕生会　● 終業式　● 保育納め

みなとくん　1歳3か月	みくちゃん　1歳8か月
● 完了期で様々な食材や味付けの物を喜んで食べ、口の中の物がなくなると、声を出し要求してくる ● 一人歩きが安定してきて、たくさん歩くことを楽しんでいる	● 友達が使用している玩具に興味・関心を示して欲しくなる ● 生活発表会の表現遊びの練習を見学し、動物の身体表現をまねることを楽しむ
● 1日3回の食事を基盤に生活のリズムが整い、午睡が1回に安定していることから、布団を敷いて午睡するようにする ● タイミングが合うとオマルで排泄が成功し、出たことを保育教諭（保育者）と共に喜ぶことで、排尿の感覚をつかんでいけるようにする	● 睡眠や食事、活動を通して園生活のリズムを整え、欲求が満たされて満足しながら園生活を過ごせるようにする ● 自分の欲求が満たされるまで自己主張するが、いつもそばで見守り応じてくれる保育教諭（保育者）がいることで、安心して過ごせるようにする
● 絵本を読んでもらうことや、自分でページをめくって見ることを楽しむ ● 紙破り、小麦粉粘土、砂遊びなど、指先の機能が高まる遊びを楽しむ ● 音楽に合わせて体を動かしたり、保育教諭（保育者）の動きをまねたりして楽しさを感じる。また、音楽の心地よさを感じる	● 寒くても戸外で遊ぶことを楽しみ、追いかけっこで走り回るなど、全身運動を楽しむ ● 保育教諭（保育者）の簡単な指示を聞いて理解し、行動しようとする ● 語彙が増え二語文を話すようになり、保育教諭（保育者）や友達と簡単な言葉のやり取りを楽しむ
● 手づかみやスプーンでこぼしながらも自分で食べようとする意欲が高まる ● 収穫したダイコンを見て興味・関心を示し、触ろうとする	● スプーンやフォークで一定量を自分で食べられるようになり、満足感を感じ、意欲的に食べる ● 畑のダイコンの生長を見たり、幼児クラスの収穫の様子を見学したりして、関心や食べる意欲につなげる
■ 体調のいい時は戸外に出て、園庭の自然の様子を見て、冬を感じられるようにする ■ 砂場で遊ぶ際は、砂の付いた手で顔を触らないよう、保育教諭（保育者）が見守る ★ 苦手な物を食べたがらない時は、食材のサイズを小さくするなどして食べられるよう工夫する ★ 園児が楽しんでいることに共感し、「楽しいね」「できたね」とたくさん話しかけるようにする	■ クリスマス会が楽しみになるように、室内の飾り付けや歌、絵本などを揃える ★ 保育教諭（保育者）とままごとなどで応答的なやり取りを楽しむとともに、保育教諭（保育者）が仲立ちして、友達と遊ぶ楽しさも感じられるようにする ★ 一人遊びに夢中になっている時は静かに見守り、満足するまで遊べるようにする
● 寒さで排尿間隔が短くなっているが、早めにオマルに座るようにしたことで、排泄の成功が増えた	● 自己主張が強いが、保育教諭（保育者）がそばにいることで、友達ともかかわって遊ぶことができた

12月の月間指導計画 ⑤

ねらい
- 寒い時期を健康に過ごす
- 発達や興味に合わせて体を動かす遊びを十分に楽しむ
- 保育教諭（保育者）や友達と触れ合う中で、発語や指差し、喃語などで思いを表現しようとする

配慮すべき事項

- 一人一人の生活リズムに合わせて体調に気を配り、体調の変化があれば保育教諭（保育者）間で情報を共有し、保護者と伝え合う
- 感染症が流行する時期のため、換気を行い、玩具やテーブル、サークルなどをこまめに消毒する
- エアコンを使用するため、室内の安全や温度設定に気を付ける。また、加湿器をこまめに清掃する
- 定期的に室内換気を行う
- 加湿器で湿度を調節し、快適に過ごせるようにする
- 探索活動が盛んになるので、室内や園庭の安全点検を十分に行い、安全な環境を整える

子育ての支援（保護者支援）

- 朝夕は寒いが室内は暖かいことを伝え、動きやすく調節しやすい服を着せてもらう
- インフルエンザやノロウイルスなどが流行しはじめる時期なので、地域や園内の流行状況を把握し、お迎え時に伝えて協力をお願いする
- 年末年始の過ごし方について園だよりで周知し、楽しく過ごしながら親子で触れ合う大切さを伝える

れんくん　1歳

前月末の園児の姿
- 友達が使っている玩具が欲しい時は、保育教諭（保育者）の「貸して」の声に合わせて手を出してポーズをする
- 離乳食の好き嫌いが出てきて、野菜は残すようになる

養護（生命の保持・情緒の安定）
- 保育教諭（保育者）にそばで見守られている安心感の中で、探索活動を楽しめるようにする
- 保育教諭（保育者）に甘えたい気持ちや欲求を受け止めてもらい、心地よく過ごせるようにする

教育（5領域）
- 目標に向かってはいはいやつたい歩きなどで体を動かすことを十分に楽しむ
- 絵本や紙芝居を一緒に見ながら興味を示した物の名前などをくり返し聞くことを楽しむ

食育
- 好き嫌いがはっきりしてきたので、無理なく進めていく

■環境構成 ★援助・配慮
- ■職員たちの安全な見守りの中、探索活動が十分に行えるよう環境を整える
- ■気温や日差しに留意しながら、暖かい日には戸外で過ごす時間を設け、陽だまりの暖かさや風を感じられるようにする
- ★わらべ歌や保育教諭（保育者）との触れ合い遊びをする中で、同じ言葉のくり返しを感じ取れるように配慮する
- ★何でも口に入れてしまうことから、戸外遊びでは、小石や砂を口に入れ、誤飲につながらないよう十分気を付けて見守る

自己評価
- 発熱による早退や欠席が続き、休み明けは特定の保育教諭（保育者）の後追いが見られたものの、本児の欲求を受け入れかかわるようにしたことで、後半は安定して過ごすことができた

園の行事
- 身体測定
- 避難訓練
- 誕生会
- 発表会
- クリスマス会

ひなちゃん　1歳3か月	あおいちゃん　1歳8か月
● 歩行が安定し、ゆるやかな斜面を上ったり下りたりする ● 好き嫌いなく何でも食べ、上手にコップで麦茶や牛乳が飲める	● 保育教諭（保育者）に素直に甘えを表現し、だっこしてもらうことで満足する ● おむつが濡れていると気持ちが悪いことが分かり、ズボンを脱ごうとする
● 保育教諭（保育者）の温かい丁寧なかかわりの中で、情緒を安定させる ● 担当の保育教諭（保育者）とのつながりの下、周りの大人や友達ともかかわることができるようになる	● 保育教諭（保育者）に不安な気持ちや甘えを受容してもらい、安心して過ごせるようにする ● 食べ物を口の中に詰め込み過ぎることが少なくなり、よく噛んで食べられるようになる
● 音楽に合わせて体を動かし、保育教諭（保育者）をまねてリズムよく踊ることを楽しむ ● ままごと遊びや抱き人形などで見立て遊びを楽しみ、「かわいいね」「だっこしてね」など言葉と関連付けて遊ぶ	● 歩く、走る、くぐるなど体を動かして遊ぶ中で、友達や保育教諭（保育者）と簡単な言葉でのやり取りを楽しむ ● 発表会の練習で名前を呼ばれると「はい」と手を上げたり、遊戯の曲がかかると喜んで身振り手振りをしたりする
● 手を添えてもらいながらスプーンを使い、ご飯などを食べようとする。自分で食べることを喜び、満足感を味わう	● 自分で食べようとする意欲を認めながら、スプーンの使い方がだんだん上手になっていく
■ 優しい笑顔で見守り、語りかけることで、安心して遊べる雰囲気を作る ■ 寒い日は室内遊びを工夫し、体を動かして活動できるようにする ★ 目を見て優しく名前を呼ぶことを大切にし、泣いている時はだっこやおんぶで安心できるようにする ★ 遊びを見守る中で、子どもの思いに気付き代弁したり、友達とのかかわりが少しずつスムーズになるように援助していく	■ 園児が取り出しやすいところに、発達に応じた玩具を配置し、目で見て遊びの選択ができるようにする ■ 暖かい時間帯に戸外遊びをしたり、室内でのアスレチックで体を動かしたりできるようにする ★ 保育教諭（保育者）と一緒に音楽に合わせて自由に体を動かすことで楽しさを覚え、発表会へとつながるようにする ★ 年末年始の雰囲気を見たり聞いたりする中で、クリスマスなどの行事に無理なく参加し、季節感を味わえるようにする
● 友達のことが気になり、かかわりたいという気持ちが強くなってきたため、保育教諭（保育者）が仲立ちとなりかかわり方を伝えると、それを覚えて、友達とのやり取りを喜ぶ姿が見られた	● 遊びを工夫したり、けがのないよう見守りながら援助したことで、体を動かす心地よさを感じながら、存分に遊びを楽しむことができていた

12月の月間指導計画 ⑥

ねらい
- 音楽を聴いて体を動かしたり、曲に合わせて玩具のマラカスを鳴らすなど、音楽に親しみを感じる
- 感染症などで体調を崩しやすい冬期を健康に過ごせるよう、運動遊びを取り入れ、体を十分に動かす

配慮すべき事項
- 冬は空気の乾燥や気温の低い日などが続くので、体調の変化を見逃さないようにし、職員間でも園児の健康状態を共有する。また室内外の気温差に配慮しつつ換気を心がけ、湿度の調節にも配慮する
- 散歩や戸外遊びに行く際は、前日や当日の健康状態に配慮し、散歩や遊びの時間を調整する
- 成長発達に合わせた食材の形や食具で、子どもの食べたい意欲が満たされるようにする

子育ての支援（保護者支援）
- 冬の時期も散歩や戸外遊びができるよう、手袋や帽子などの防寒具を用意してもらう
- 離乳食が進み食材も徐々に増えていくが、初めて口にする食材に対し、アレルギーも踏まえて慎重に進めていくことを伝える
- 年末年始は生活リズムが崩れやすくなるので、体を休める時間も作り、無理なく休日を楽しむよう伝える
- インフルエンザや上気道炎が増える時期なので、症状が見られた場合は早期の受診を促す

ゆいなちゃん　1歳

前月末の園児の姿
- つたい歩きが上手になり、支えがない状態で数歩足を出すことができる
- クラスの保育教諭（保育者）を後追いしながら泣く

養護（生命の保持・情緒の安定）
- 園の生活リズムが少しずつ安定するよう、家庭と連携しながら園での静と動の活動を調整する
- 安心できる保育教諭（保育者）に優しく話しかけてもらい、受容されている安心感を得られるようにする

教育（5領域）
- 保育教諭（保育者）が表情豊かに話しかけ、喃語の発声をさらに促す
- 実際に雪が降る様子を窓から見る、戸外に出て雪に触れるなど、冬の季節ならではの体験を楽しむ
- 保育教諭（保育者）が鳴らす楽器の音に興味を持ち、自ら楽器に手を伸ばし、音を楽しむ

食育
- 食べられる食材や形状が増え、離乳食完了期に移行する
- スプーンを持ちたいという意欲が出てくる
- 保育教諭（保育者）が食材をスプーンにのせ、手を添えて口に持っていく

環境構成★援助・配慮
- ■音のなる玩具やカスタネット、タンバリンなどの楽器を用意する
- ■他クラスのクリスマス発表会の遊戯や楽器演奏の練習の様子を見て、楽しめる時間を作る
- ★本物の楽器に触れる機会が作れない場合は、粉ミルクの空き缶や玩具の楽器を用意し、音を楽しめる保育環境を設定する
- ★感染症が流行する時期なので、いつも以上に玩具などの清掃、消毒を丁寧に行う

自己評価
- 他クラスのクリスマス発表会の練習を見ることで、音楽にいつも以上に触れ、歌や手遊びに興味を持てた

園の行事
- 避難訓練
- 身体測定
- クリスマス発表会
- クリスマスパーティー
- 誕生会

かいくん　1歳3か月	りんちゃん　1歳8か月
●要求が通らない時に激しく感情を表出させ、泣くなどする ●汁物やご飯は好むが、緑色の野菜を見ると、口に入れる前に手でよける	●タイミングが合うと、トイレで排尿できるようになってきている ●友達とかかわりたい気持ちをうまく表現できず、友達とトラブルになることがある
●排尿のタイミングが合い、オマルでの排泄に成功した時は大いにほめ、自信につなげていく ●冬期で運動量が減らないよう、遊びの時間や量、質に配慮する	●園の生活リズムも整い、遊び、食事、排泄などの欲求が満たされ、安心して過ごせるようにする ●自己主張の表出が激しい時もあるが、保育教諭（保育者）に優しく話しかけてもらうことにより、気持ちを受け止めてくれる大人がそばにいることを感じられるようにする
●他クラスの遊戯や歌などを見る機会を作り、様々な曲を覚える ●戸外遊びで雪で遊ぶ機会が増え、雪をすくってかため、保育教諭（保育者）と一緒に雪だるま作りを体験する ●音楽に合わせ、体を揺らしたり、ふりをまねしたりして一体感を味わう	●手や指を使う遊びを通して、衣服の着脱や靴を履くなどの細かい作業が徐々にできるようになっている ●戸外遊びで雪に色水をかけ、雪の状態や色の変化を体験するなど、冬ならではの遊びを楽しむ ●音楽に合わせて手を振ったり、体を揺らしたりしてクリスマス発表会の遊戯を楽しむ
●食材の形状や柔らかさによっては、上手にスプーンで食べることができる ●クリスマスパーティーでの雰囲気や行事食を楽しむ	●スプーンを上手に使い、一定量を自分で食べられることをほめ、自信をつける ●「ごはん、おいしいね」などと話すようになり、食事の時間を楽しむ
■雪が降った時の戸外遊びの用具を準備する ■本物の楽器に触る機会を設け、音の違いや変化を楽しめるようにする ★雪遊びの際は体調を崩さないよう、遊ぶ時間に配慮する ★雪や冬に関する絵本を用意し、天候が悪くて戸外遊びができない日でも冬期の遊びに興味を持てるようにする	■クリスマス発表会の遊戯に使う曲は、園児が歌える簡単なフレーズの入っている物を用意する ■様々な楽器に触れながら、他クラスの楽器演奏などの様子を見て、音楽や楽器に興味が持てるようにする ★曲をかけたり、楽器を鳴らしたりする時は音量に配慮する ★体調を崩して雪遊びができない時は、紙吹雪を使ったり、新聞紙を丸めて雪だるまを作ったりするなど、室内で雪遊びごっこができるようにする
●用意した楽器に予想以上に興味を持ち、保育教諭（保育者）と一緒に楽しむ姿を引き出すことができた	●遊戯に使う曲は園児が一緒に歌えるくり返しの単語が入っている曲を選んだことで、歌いながら体を動かして楽しむことができた。音楽に興味を持つきっかけとなった

1月の月間指導計画 ①

ねらい
- 体調の変化や感染症に十分気を付け、健康に過ごせるようにする
- 保育教諭（保育者）などと触れ合いを楽しむ中で、喃語や発語が豊かになる
- 音楽に親しみを持ち、保育教諭（保育者）などと一緒に歌や踊り、楽器を鳴らす楽しさを味わう

配慮すべき事項

- 長い休み明けは、無理なく生活リズムを整えて安定して過ごせるようにする
- 温度や湿度調節、換気をしたり、玩具や室内の消毒などを行い、感染症対策に努める

子育ての支援（保護者支援）

- 感染症が流行する時期であるため、家庭でも手洗いなど予防に努めてもらう
- 日々の生活や表現遊びなどの様子を細かに伝え、成長を喜び合えるようにする

こうたくん　1歳1か月

前月末の園児の姿
- 食欲があり、手を伸ばしてつかんで口へ運びよく食べる
- バランスを取りながら立ち、一歩踏み出す姿がよく見られる
- 「たかいたかい」が好きで声をあげて喜ぶ
- 食事やおやつを見て「マンマン」と言い、催促する

養護（生命の保持・情緒の安定）
- 無理なく完了食への移行を図る
- 欲求を受け止めてもらいながら、安心して過ごせるようにする

教育（5領域）
- 完了食を喜んで食べる
- 一歩ずつ踏み出しながら歩く感覚を楽しむ
- 保育教諭（保育者）などとの触れ合い遊びを喜び、くり返し遊ぶ
- 保育教諭（保育者）などと一緒に、楽器を鳴らしたり曲に合わせて体を揺らしたりして楽しむ

食育
- 完了食は食べやすい大きさやつかみやすいようにしてもらい、自分で進んで食べられるようにする

★援助・配慮　■環境構成
- ■つたい歩きや一人歩きなどでバランスを崩しやすいため、机などの配置や足元の玩具を片付けるなど、安全面に配慮する
- ■玩具や楽器、絵本などを決まった場所に置き、いつでも手に取れるようにしておく
- ★自分で歩こうとする姿を見守り、そのうれしさに共感していく
- ★手遊びなどをくり返し楽しみ、保育教諭（保育者）などとの触れ合いを喜べるようにする
- ★絵本の読み聞かせではゆったりとした雰囲気の中、園児の反応に共感しながら楽しめるようにする

自己評価
- つたい歩きや手押し車など体を動かす遊びを多く行い、数歩歩けるようになった。引き続き安全面に配慮しながら歩行の自立へつなげたい

園の行事

- 誕生会
- 身体測定
- 避難訓練
- 生活発表会

みさきちゃん 1歳4か月	あいなちゃん 1歳9か月
●周りの園児とかかわりたい様子だが、たたいたり嚙みついたりしようとする姿も見られる ●歩き回りながら気になる物を見たり触ったりと、探索活動をよく楽しんでいる ●絵本の読み聞かせでは、簡単な言葉をまねして言おうとする	●バッグからパンツやズボンを出してはこうとする姿がよく見られる ●同じクラスの園児の名前をよく言ったり、近づいてかかわったりしようとする姿が見られる ●保育教諭（保育者）などと一緒に歌いながら体を動かす姿が見られる
●衣服の調節を行うなどし、快適に過ごせるようにする ●保育教諭（保育者）などに見守られながら、安心して探索活動や好きな遊びを十分に楽しめるようにする	●保育教諭（保育者）などと一緒に手洗いをしながら感染症予防を行い、健康に過ごせるようにする ●自分でしようとする姿を見守り、認めることで満足感を感じられるようにする
●保育教諭（保育者）などや周りの園児と一緒に遊ぶことを喜ぶ ●好きな場所へ行き、探索活動を楽しむ ●絵本の読み聞かせで、くり返しのリズムや簡単な言葉に興味を持つ ●楽器を鳴らしてみたり、体を揺すったりして遊ぶことを楽しむ	●パンツに足を通したり、力を入れて引き上げたりと意欲的に着替えようとする ●保育教諭（保育者）などや周りの園児に関心を持ってかかわろうとする ●保育教諭（保育者）などとの言葉のやり取りを楽しむ ●様々な楽器の音を聞いたり、自分で鳴らしたりしながら音色を楽しむ
●食材の大きさや硬さに配慮し、苦手な物も自ら食べようとする意欲を育む	●食べ物の名前を知らせたり、食感や味などを言葉で伝えながら楽しんで食事ができるようにする
■室内だけでなく、天気のよい日は戸外に出て探索活動などを楽しめるようにする ■遊びごとにコーナーを作り、玩具は取り出しやすいように置いておく ★周りの園児にかかわろうとする気持ちを受け止め、仲立ちをしながらかかわり方を知らせ、一緒に過ごすことを楽しめるようにする ★絵本の読み聞かせなど、声色やリズム感などを意識して楽しく発語を促せるようにする ★楽器遊びや歌など様々な音に触れ、遊ぶ楽しさを味わえるようにする	■ズボンやパンツなどをバッグから取り出しやすいようにしておく ■身近な物に興味を持ってかかわれるよう、絵本や玩具などを用意する ■鈴や太鼓、音の出る手作り玩具などを用意し、様々な音色に親しめるようにする ★周りの園児とかかわろうとする姿を見守り、一緒に遊ぶ喜びや楽しさを感じられるようにする ★絵本の読み聞かせや日頃の遊びや生活の中で簡単な言葉のやり取りを楽しめるようにする
●周りの園児にかかわろうとする姿を見守りつつ、かかわり方を知らせることで嚙みつきなどは落ち着いてきた。仲立ちをしながら一緒に過ごす楽しさを知らせていきたい	●自分でしたいという気持ちが高まり、援助を嫌がる様子がよく見られた。すぐに手を借さずに見守ることを心がけ、満足感や意欲を育みたい

年間計画
4月
5月
6月
7月
8月
9月
10月
11月
12月
1月
2月
3月

141

1月の月間指導計画 ②

ねらい
- 気温や体調に気を付けながら季節の遊びを楽しみ、体を十分に動かし、丈夫な体を作る
- 保育教諭（保育者）や友達とかかわり、じっくり遊ぶことを楽しむ

配慮すべき事項
- 園児一人一人の体調に配慮し、衣服の調節をしながら、冬の空気を感じられるようにする
- 友達とのかかわりが増え、物を取り合うことが目立つ。複数の玩具を用意したり、「同じだね」と同じ物を持っていることを喜んだり、友達を身近に感じたりすることで、一緒に過ごす仲間だということに気付けるようにする

子育ての支援（保護者支援）
- 冬休みの様子や体調を聞き、少しずつ生活リズムを整えていくように、家庭にもお願いする
- 保護者面談では、園児の成長を喜び合い、伸ばしていきたい点の共通理解を深められるようにする

けんとくん　1歳1か月

前月末の園児の姿
- 両手を前や横にしてバランスを取りながら歩行を楽しむ
- こぼしたり、口に詰め込みすぎたりしながら、自分で食べようとする
- 保育教諭（保育者）がしていることをよく見ている

養護（生命の保持・情緒の安定）
- 思いを受け止めてもらいながら安心して過ごし、生活リズムを整える
- 安全に満足できるまで遊べるようにし、好奇心を満たす

教育（5領域）
- 指先を使った遊びを楽しむ
- 保育教諭（保育者）が使う物に興味を示し、まねをしてやってみようとする

食育
- 幼児食に移行し、様々な味や形態に慣れ、よく噛んで食べることが身に付く

環境構成★援助・配慮
- ■出し入れできる様々な入れ物や玩具、ボールなどを用意する
- ■ほかの園児が遊ぶ様子や取り組む様子を、楽しそうに言葉を添えながら見せる
- ★誤飲に気を付け、指先での探索活動を楽しめるようにする
- ★相手への関心から手を出してしまう時もあるので、目を離さず見守る

自己評価
- 休み明けの登園で不安そうにしていたが、気持ちを受け止めることで、少しずつ落ち着いて過ごすことができた

園の行事

- 作品展
- もちつき
- 安全教室
- 後期保護者面談
- 避難訓練
- 誕生会

あこちゃん　1歳4か月	あかりちゃん　1歳9か月
● 発語が増え、友達の名前を呼んだり、「やって」や「マンマ」など一語文で伝えたりしようとする ● 友達の遊びや持ち物に興味を示し、遊びをまねしたり、取り合いになったりする ● じっくり集中して遊ぶ時間が増える	● 保育教諭（保育者）の援助なしに、ズボンを自分ではくことが増える。ほめると喜び、自信につながっている ● 「いただきます」の歌に合わせて体をゆらしたり、うたったりしている ● 保育教諭（保育者）の簡単な質問にうなずき、簡単な言葉で返し、応答的なかかわりを楽しんでいる
● 薄着で過ごして十分に体を動かし、丈夫な体を作る ● いろいろなことへの興味や自分でやりたい思いを大切にし、満足できた時には喜びを共有する	● 活動と休息のリズムが整い、心も体も健康的に過ごせるようにする ● 自分で取り組みたい時は見守り、甘えてきた時はしっかりと受け止め、甘えられる時間を大切にし、満足感を持ちながら過ごせるようにする
● 冬の自然に積極的にかかわろうとする ● 歩行がますます安定し、目標に向かって長い距離を歩けるようになる ● 絵本を読み、知っている言葉をまねして話したり、リズムのよい言葉を友達や保育教諭（保育者）と楽しんだりして、かかわりを喜ぶ	● 戸外では、冬の冷たい空気を感じながら、全身を使った遊びを楽しむ ● 遊びを通して、保育教諭（保育者）や友達と簡単な言葉のやり取りを楽しむ ● 正月遊びに興味を持ち、雰囲気を味わう
● 自分で使いたい気持ちが伝わり見守られ、保育教諭（保育者）に少し手伝ってもらいながら、スプーンやフォークを使って食べることを喜ぶ	● 茶わんや皿に手を添えたり、持ったりすることが少しずつ身に付く
■ 安全に体を動かして遊べる環境を用意する ■ くり返しの言葉や動物、食べ物、乗り物などが出てくる絵本を用意する ★ 保育教諭（保育者）が触ってみせたり、驚いたりすることで、触れてみたいという好奇心が湧くようにする ★ 絵本を見ながら園児が指差しや共感を求めた時は、言葉を添え、想像力を広げられるようにする	■ 気温や天候を見て、氷や霜柱ができているかを事前に確認し、散歩ができるようにする ■ 正月遊びを通して友達や保育教諭（保育者）とかかわり、楽しめるように、簡単な絵カルタや福笑いを用意する ★ 氷や霜柱に触れたり、白い息が出ることを楽しんだり、冬の自然に気付ける声かけをし、発見を楽しめるようにする ★ 「これなあに？」の質問に丁寧に答え、保育教諭（保育者）の言葉をまねしながら覚えられるようにする ★ 正月遊びを通して、保育教諭（保育者）や友達と遊ぶことを喜び、遊びながらルールや決まりを覚えられるようにする
● 気候や体調に気を付けながら、冬の自然に触れることができた。引き続き、戸外や室内で十分に体を動かせるようにしていきたい	● 活発に遊んでいく中で、よいこと、悪いことを保育教諭（保育者）に伝えるように促すことで、社会性が少しずつ育つようにしたい

年間計画

4月 5月 6月 7月 8月 9月 10月 11月 12月 **1月** 2月 3月

1月の月間指導計画 ③

ねらい
- 一人一人の健康状態を把握し、体調の変化や感染症に十分気を付け、健康に過ごせるようにする
- 保育教諭（保育者）と一緒に音楽に触れたり、絵本を通して言葉のリズムを感じたりする
- 戸外遊びや散策を通じて、「見る」「聞く」「触る」など、五感で冬の自然に触れる

配慮すべき事項

- 年末年始の連休明けなので、一人一人の様子を見ながら生活リズムを整えていく
- 一人一人がどんな遊びに興味があるのかを観察し、把握しながら満足するまで遊び込める環境を整えていく
- 感染症が流行する時期でもあるので、手洗い、掃除、消毒、換気、加湿をしっかりと行う

子育ての支援（保護者支援）

- 連休明けは生活リズムが乱れ、体調を崩しがちなので、子どもの様子について連絡を密にとり、感染症の早期発見に努める
- できるだけ薄着をするなど適切な服装で過ごすことの大切さを伝えるとともに、自分で着脱しようとする子どもたちの様子を知らせ、着脱しやすい衣服を準備してもらう

ひかるくん　1歳1か月

前月末の園児の姿	●つかまり立ちから手を離し、数秒立つことができるようになる ●人見知りをしなくなり、他のクラスの保育教諭（保育者）や実習生とも遊ぶようになる ●コップ飲みの際に、口元からお茶がこぼれて上手く飲めない
養護（生命の保持・情緒の安定）	●安定した生活リズムで過ごし、心身共に健康に過ごせるようにする ●自分で食べようとする気持ちを大切にしながら、必要に応じて手を添える
教育（5領域）	●保育教諭（保育者）に手を支えてもらいながら歩き、歩行する楽しさを味わう ●保育教諭（保育者）と一対一で絵本の読み聞かせをしてもらい、言葉のくり返しやリズムを楽しむ
食育	●透明のプラスチックコップを使ってコップ飲みの練習をする。コップを傾ける角度を調節したり、飲み口を狭くしたりすることで、口をすぼめる動きを引き出す
★援助・配慮　■環境構成	■気に入った遊びが十分に楽しめるよう、手の届く所に玩具や絵本を準備する ■何でも口に運ぶため、飲み込みそうな大きさの物は置かないようにする ★歩行は無理強いせず、歩くペースや歩幅を合わせる ★ゆったりとした雰囲気の中で絵本の読み聞かせを行い、声のトーンや速さに気を付けるようにする
自己評価	●動きが活発になってきたので、広くて安全な環境を整えるようにしたことで、十分に移動運動を楽しむことができた

園の行事
● 身体測定　● 避難訓練
● 誕生会　● 生活発表会

めぐみちゃん 1歳4か月	はるなちゃん 1歳9か月
● 歩行での探索活動を楽しむ姿が見られるが、たびたび転倒してけがをしやすい ● 喃語やしぐさで意思表示をするようになる ● 玩具を友達に「どうぞ」と渡し、やり取りを楽しむ反面、取り合いのトラブルも見られる	● お気に入りの友達が登園してくると、そばへ行ってうれしそうにほほえむ ● 食後は自ら衣服を脱ごうとし、できないと感じると保育教諭（保育者）の所へ行き、援助を求める ● クレヨンでのなぐりがきやシール貼りなどを集中して行い、片付けの時間になってもまだしたい様子が見られる
● 保育教諭（保育者）が見守る中で安心して遊べるようにする ● 体調や活動に合わせて衣服を調節し、快適に過ごせるようにする	● 体調に気を配り、健康に過ごせるようにする ● おむつや衣服の着脱を、保育教諭（保育者）の援助により、できるようにする
● はいはい競走やトンネルくぐりなどを保育教諭（保育者）と一緒に楽しむ ● 体調や天候を見ながら戸外へ行き、雪を見たり風の冷たさを感じたりする	● 保育教諭（保育者）の仲立ちにより、友達とのやり取りを楽しむ ● 体調や天候を見て戸外へ行き、開放的に遊びながら、雪の感触や風の冷たさなどを肌に感じる ● 友達や保育教諭（保育者）と一緒に歌ったり、曲に合わせて踊ったりすることを楽しむ
● 自分で食べようとする意欲を大切にしながら、そしゃくができるように声をかけたり、口への運び方を伝えたりする	● 自分で食べようとする意欲を大切にしながら、スプーンの使い方やコップでの飲み方を知らせていく
■ 好奇心が満たされるような環境を作るとともに、動きやすい服装にも配慮する ■ 職員配置の見直しを行い、危険な場合はすぐに対応できるようにする ★ 遊びの中で四つんばいの動きやくぐる動作をたくさん取り入れ、体幹を鍛えることやボディーイメージ作りにつなげていく ★ 友達への関心からトラブルになることもあるので、目を離さず見守る	■ 感染症対策に配慮し、快適に遊べる室内環境を整える ■ 好きな遊びを満足するまでじっくりと楽しめる空間を作る ★ 友達とかかわる中で、友達との玩具の貸し借りなど保育教諭（保育者）が手本となり、知らせていく ★ 雪や氷に触れたり、白い息が出ることを楽しんだりしながら、冬ならではの事象に気付けるような声かけを行う
● できたという喜びに共感することで自信が付き、様々な運動への興味につなげることができた	● 友達と楽しく遊ぶ様子をそばで見守りながら、必要に応じて声をかけたり、代弁したりしたことで、さらに友達への興味を広げることができた

年間計画

4月 5月 6月 7月 8月 9月 10月 11月 12月 **1月** 2月 3月

145

1月の月間指導計画 ④

ねらい
- 保育教諭（保育者）や友達と一緒に過ごすことを喜び、好きな玩具や遊びを十分に楽しむ
- 2月にある作品展に向けて、新聞紙や包装紙、布などの様々な素材に触れ、手触りや音の違い、形の変化などを楽しめるようにする

配慮すべき事項
- 寒さで体調を崩しやすい時期なので、園児一人一人の体調の変化に気付けるよう、よく観察する。また、担任間で個別の配慮事項を共有しながら保育にあたる
- 年末年始の休み明けは、生活リズムが乱れるため、一人一人を受け止めて心の安定を図りながら園生活のリズムに戻して、安心して過ごせるようにする
- 保育室は常に換気をして、空気清浄機で加湿しながらウイルス対策を行う

子育ての支援（保護者支援）
- 鼻水・咳などの風邪症状や、いつもより食欲がない、機嫌が悪いなど、普段と違う様子が見られたら、保護者に家庭での様子を確認しつつ園での様子を伝え、体調の変化に留意し合う
- 年末年始の休みの様子を聞き、園児との楽しいエピソードに共感することで、子育ての楽しさや成長を互いに実感できるようにする
- 感染症の流行しやすい時期なので、症状が見られたら早めの受診をすすめ、感染症が発生したら保護者に周知し注意喚起をする

ゆうなちゃん　1歳1か月

前月末の園児の姿
- 両手でバランスを取りながら、一人で歩くことを楽しむ
- 安心できる保育教諭（保育者）の見守りの下、探索活動を楽しむ
- 指差しが盛んになり、思いを伝えたり意思表示をしたりするようになる

養護（生命の保持・情緒の安定）
- 1回の午睡でしっかり眠れるようになるので、午後からも機嫌よく過ごせるようにする
- 活動の節目でオマルに座らせ、排泄の感覚が分かるようにする
- 園児の甘えたい気持ちを受容し、応答的触れ合いや優しいまなざしなどで応じる

教育（5領域）
- 一人歩きが安定し、長い距離を歩くことを楽しむ
- 指先を使った遊びを楽しむ
- 指差しで意思表示したり、「まんま」「ワンワン」など、一語文で意味のある言葉を話したりするようになる

食育
- 保育教諭（保育者）の補助の下、汁物を飲んで満足する
- こぼしながらも、手づかみやスプーンを使って自分で食べようとする

★援助・配慮　■環境構成
- ■室内でマットやトンネルなどの粗大遊びを取り入れ、保育教諭（保育者）と一緒に全身を使って遊ぶ
- ■様々な素材に触れ、手指の感覚や機能を高める
- ★園児が関心を持っている物に言葉で共感したり、園児の指差しや意味のある言葉に応じたりして、伝えたい意欲を育てるようにする
- ★トイレトレーニングでは園児の排尿間隔を把握し、午睡明けなど、排泄のタイミングが合わせやすい時にオマルに座らせるようにする。タイミングが合い、排泄に成功した時は一緒に喜ぶ

自己評価
- 室内でのマットやトンネルなどの粗大遊びでは、保育教諭（保育者）を相手にくり返し喜んで取り組んでいた。歩行への意欲へとつながった

園の行事
- 保育始め
- 始業式
- 避難訓練
- 不審者対応訓練
- 誕生会
- 身体測定

みなとくん　1歳4か月	みくちゃん　1歳9か月
●踊ったり、歌ったりすることが好きで、オルガンの音や歌が聞こえてくると体を揺らし、声を出して歌を楽しんでいる ●一語文で物の名前を言い、保育教諭（保育者）の言うことをまねようとする姿も見られる	●自己主張が出てきたが、保育教諭（保育者）がそばで見守り、仲立ちすることで、友達とかかわりながら遊ぶ姿が見られるようになった
●歩行が安定し、歩くことが楽しくて長い距離でも歩き続けるようになるため、安全に歩けるよう環境を整える ●園児の気持ちに寄り添い、安心して甘えることができるようにする	●追いかけっこをしたり、園庭の花を見たりしながら、戸外遊びを楽しめるようにする ●「自分で」という気持ちに寄り添い、がんばっていることやできた喜びに共感するようにする
●保育教諭（保育者）の見守りの下、好きな玩具を取りに行ったり、行きたいところへ自由に移動したりすることを楽しむ ●着替えに協力し、自分で脱いだり着たりしようとする ●気になる物を見つけると指を差し、保育教諭（保育者）の顔をじっと見つめる	●お気に入りの玩具で夢中になって遊ぶ ●「いや」「自分で」がますます増え、自分でしたい気持ちを表現するようになる
●よく噛んで食べられるよう、「もぐもぐ」と噛むまねをして見せる ●食後の歯磨きでは、自分で歯ブラシを持って歯磨きをしようとする	●スプーンやフォークを下手持ちでしっかり握り、食べ物をすくって口まで運べるようになる ●左手で器を持ったり、手を添えたりして食べるようにする
■戸外で遊ぶ際は上着を着用して、防寒対策をして冬の自然に触れる機会を持つようにする ■様々な素材の物をたくさん用意し、色や手触り、硬さの違いなどを感じられるようにする ★パンツやズボンの上げ下げを自分でしようとする意欲を大切にして、やりにくそうにしている時はさりげなく手伝う ★トイレに興味が持てるよう、機嫌のいい時にトイレに誘い、保育教諭（保育者）がそばで見守り、楽しい雰囲気で排泄できるようにする	■ひも通しやボタンの玩具を用意し、指先を使って遊ぶ機会を多く持つようにする ■様々な素材の廃品に触れることで、身近な物に関心を持って保育教諭（保育者）と一緒に製作を楽しめるようにする ★園児の関心のある物は何かよく観察し、楽しいという感情に共感していくようにする ★一人遊びに夢中になっている時は、園児の集中を妨げることのないよう、そばで見守るようにする
●オマルからトイレへの移行では、保育教諭（保育者）が見守ることで、抵抗なくトイレで排泄できている。発語が増え、保育教諭（保育者）の言葉をまねて物の名称をゆっくり伝えたことで、復唱できるようになった	●保育教諭（保育者）の方を見た際は共感することで、安心して遊びを再開し、夢中で遊ぶことができた

147

1月 の 月間指導計画 ⑤

ねらい

- 休み明けの生活リズムを整えながらゆったりとした雰囲気の中、久しぶりの園で安心して過ごせるようにし、寒い季節を健康に過ごす
- 表情や発語が豊かになってくる頃なので、丁寧に応えてかかわる。また、簡単な言葉やしぐさで自分の思いを伝えられるようになり、思いが伝わることの喜びを知る

配慮すべき事項

- 年末年始の連休明け、家庭での過ごし方などを保護者から聞き、無理なく生活リズムを整えていく
- 一人一人探索活動が十分にできるよう環境を整えていく
- 自我の芽生えとともに噛みつきやひっかきが多くなることを想定し、遊具環境に配慮することを職員間で十分話し合う
- 感染症の症状への理解を深めて早めに対応できるようにし、室温や湿度、換気に留意し、手洗いや水分補給を丁寧に行って感染予防に努める
- 成長にともなって遊び方が大胆になり、一人一人の動きも多様化してくるので、安全に活動できるようにする

子育ての支援（保護者支援）

- 連休明けは生活リズムが乱れ、体調を崩しやすいので、園児の様子について保護者とコミュニケーションを取り合う
- できるようになったことややろうとしていることなどを伝えながら、共に成長を喜ぶ
- 園児同士のかかわりの中で起きるトラブルについては、成長発達の段階であることを知らせ、起きてしまった場合は丁寧に説明する

れんくん　1歳1か月

前月末の園児の姿
- ロッカーや部屋の隙間など、狭い所へ入ろうとする
- 咳や下痢など、体調を崩す日が多かった

養護（生命の保持・情緒の安定）
- 寒い冬を健康に過ごせるよう、天候や体調に配慮しながら、戸外遊びを設定する
- 自分で食べようとする気持ちを大切にしながら、必要に応じて手を添える

教育（5領域）
- 自分の気持ちを通そうと身振りで伝えようとし、受け入れてもらうことで満足して次の活動へと切り替えられる
- 絵本や紙芝居を読んでもらうことを楽しみ、情緒が安定して発語への意欲を持つ

食育
- 「いただきます」「ごちそうさま」のあいさつを通して、「食事の時間」を習慣付ける

環境構成★援助・配慮
- ■気に入った遊びを十分に楽しめるよう、興味のある絵本や玩具を取り出しやすい場所に置く
- ■保育教諭（保育者）や友達と見立て遊びを楽しめるよう、同じ玩具を複数用意しておく
- ★友達に関心を持って同じ玩具で遊ぼうとする場面を大切にし、見守る
- ★つたい歩きや歩行の始まりで不安定なため、転倒などけがのないよう安全面に配慮し、素早い対応を取れるようにする

自己評価
- 食事では、こぼしながらも自分で食べようとする意欲を認め、「おいしいね」などと声をかけたことで、満腹感を味わえるようになった

園の行事 ● 身体測定　● 避難訓練　● 誕生会

ひなちゃん 1歳4か月	あおいちゃん 1歳9か月
● 両足跳びができるようになり、保育教諭（保育者）が一緒に喜ぶと、うれしそうに何度もやってみせる ● 絵本のくり返しの言葉や簡単なフレーズに親しむ	● 室内遊具や牛乳パックで作った台に乗り、ジャンプすることを喜んでいる ● ロッカーの引き出しを引き、ガタガタと音が出ることを楽しむ
● 保育教諭（保育者）が見守る中で安心して遊べるようにする ● 体調や活動に合わせて衣服を調節し、体を動かして遊ぶことを喜ぶ	● 体調に配慮し、健康に過ごせるようにする ● おむつや衣服の着脱に興味を示して自分でやろうとする意欲を認めて見守り、時に手を添えながら一緒に行うことで、自分でできた満足感を味わえるようにする
● ジャンプやトンネルくぐりなどを保育教諭（保育者）と一緒に楽しむ ● 好きな絵本をくり返し読んでもらうことを楽しむ	● 様々な正月遊びに興味を持ち、簡単なこま回しなど、指先を使って遊ぶことを楽しむ ● 冬の自然を肌で感じ、「冷たい」「寒い」の言葉と結び付けたり、絵本を見て興味を示したりする
● 自分で食べようとする意欲を大切にし、見守る	● いろいろな食べ物に関心を持ち、食事の時間を喜んで待つ
■ 好奇心が満たされるような環境を作るとともに、動きやすい服装にも配慮する ■ 職員配置を見直し、危ない場面を見つけた際にすぐに対応できるようにする ★ 月齢の小さい友達への関心から上に乗ってしまったり、手を出そうとしたりすることがあるので、危険のないよう見守り、声をかける ★ 絵本の絵に対する反応を受け止め、喃語や指差しなどで保育教諭（保育者）とのやり取りを楽しめるようにする	■ 凧や羽子板などを飾って正月の雰囲気を作り、室内環境を整える ■ 好きな遊びを満足するまでじっくりと楽しめる空間を作る ★ 友達とかかわる中で、友達との玩具の貸し借りの仕方などを保育教諭（保育者）が仲立ちして促し、知らせていく ★ ズボンやパンツを着脱しやすいようにマットを用意し、「できたね」「上手だね」と言葉を添えて意欲へとつなげる
● 両足跳びができた喜びに共感したことで何度もくり返して遊び、様々な運動への興味につながった	● 広い空間を用意したことで、十分に体を使って遊ぶことができた

149

1月の月間指導計画 ⑥

ねらい
- 正月の雰囲気を感じながら、手指を使い保育教諭（保育者）や友達と正月遊びを楽しむ
- 保育教諭（保育者）や友達とかかわりながら、簡単な言葉のやり取りやごっこ遊びを楽しむ
- 気温や園庭の状況に留意しながら、冬ならではの戸外遊びを楽しむ

配慮すべき事項
- 冬期は空気が乾燥して感染症が流行しやすいため、室内外の温度と湿度に注意し、加湿器を使用するなどして感染症拡大を予防する
- 冬の遊びを十分に楽しめるよう園庭、通路の積雪や凍結状況、屋根からの落雪などを事前に確認し、安全に遊べる環境を設定する
- 玩具の消毒や保育室内の温度や湿度に気を付けながら換気を十分にして、感染症の予防に努める
- 冬期の気象状況に合わせた避難路の確認や非常持ち出し袋の点検をする

子育ての支援（保護者支援）
- 冬期に流行する感染症の情報を掲示板などで伝え、家庭でもこまめに手洗いをしたり十分に睡眠を取ったりして、体調管理に気を付けてもらう
- 雪遊びやそり遊びなどができるよう冬の遊びに適した防寒具を用意してもらう

ゆいなちゃん　1歳1か月

前月末の園児の姿
- つたい歩きが上手になる
- 手押し車に興味を示し、押して歩くことを好む

養護（生命の保持・情緒の安定）
- 様々な食材の味や形態に慣れながら食事を楽しめるようにする
- 年末年始の生活リズムから徐々に通常の生活リズムを取り戻せるよう午睡などの調整をする

教育（5領域）
- 自分で絵本をめくり、楽しむ
- 保育教諭（保育者）の語りかけに反応し、喃語を積極的に話す
- 冬期の散歩や戸外遊びで雪や氷など冬ならではの自然に触れ、様々な感覚を味わう

食育
- 離乳食後期の食材の形態などについて、給食担当者や家庭と情報交換をしながら進めていく

環境構成★援助・配慮
- ■冬の室内でも十分に体を動かせる遊びを多く取り入れる
- ■つたい歩きが多くなるので、自分で積極的に歩けるよう室内の安全面に配慮し、探索活動が十分できる環境を作る
- ★絵本をめくる行為を楽しめるよう、めくりにくい時はそっと手を添えるようにする
- ★冬期の戸外遊びでは気温や天候に留意し、遊ぶ時間も状況に合わせて短縮するなど配慮をする
- ★この時期ならではの体験ができるよう、「冷たいね」「キラキラしているね」などと声をかける

自己評価
- 天候が悪く戸外遊びができない時は、雪をたらいに入れて室内で触れるなど遊びの環境を作ったことで、雪の感触を味わうことができた

園の行事
- 身体測定　● 誕生会
- 避難訓練
- 不審者対応避難訓練

かいくん 1歳4か月	**りんちゃん** 1歳9か月
● 保育教諭（保育者）と応答的な会話を楽しむ ● 歩行が安定してきて積極的に自ら長い距離を移動しようとする	● 食材の好き嫌いが多くなる ● 「自分の物」や「これをしたい」などの自己主張が出てきて、友達の使っている玩具を取るなどの行為が見られる
● 鼻水が出たらこまめに拭いて清潔にし、手洗いも十分行うようにする ● 応答的なやり取りができる手遊びや歌を取り入れ、言葉のキャッチボールを楽しめるようにする	● 保育教諭（保育者）と一緒にズボンの着脱ができるようにする ● 「自分でできた」という気持ちを大事にしながら、難しいところはさりげなく介助し、自己肯定感を育てる
● 簡単な言葉のやり取りを楽しむ ● 絵本を通して保育教諭（保育者）と共感し合うことを喜ぶ ● 雪遊びに関心を持ち、自ら雪や氷に触ってみようとする	● 自分の好きな玩具でじっくり遊ぶ ● 「いや」「だめ」などの言葉で気持ちを表現する ● 冬の自然に興味を持ち、積極的に雪遊びにかかわる
● 手づかみで食材を食べるとともに、自らスプーンを持って食べようとする意欲を引き出せるよう声をかける	● スプーンを上手に持ち、食材をあまりこぼさず口に運ぶことができるようになる ● 楽しい雰囲気の中で食べられるようにする
■ スプーンですくいやすいよう、食材の形状を工夫する ■ 簡単な言葉のやり取りが活発になるよう発語を促すために、じっくり絵本を読み聞かせる時間を取る ★ スプーンで食材をすくいにくい時は、食材をスプーンにのせるなどして介助する ★ 気に入った絵本を取りやすい場所に置き、自ら手に取り楽しめるようにする	■ 好きな遊びに集中できるよう、ままごとや玩具の数を十分に用意する ★ 自分の気持ちを表すことができる言葉を保育教諭（保育者）が代弁し、思いを伝える語彙が増えていくようかかわる ★ 「自分で」という気持ちを大事にしながらも友達とのかかわり方も同時に伝え、社会性の芽生えを促す
● 好きな絵本をゆっくり読み聞かせることで発語が増え、自分の思いを言葉で伝える意欲を引き出すことができた	● 「自分でしたい」という気持ちに寄り添い、がんばってできた時は大いにほめたことで、より積極的に衣服の着脱に取り組めた

年間計画

4月
5月
6月
7月
8月
9月
10月
11月
12月
1月
2月
3月

151

2月の月間指導計画 ①

ねらい
- 一人一人の体調に留意し、寒い時期を健康に過ごせるようにする
- 保育教諭（保育者）などに手伝ってもらいながら簡単な身の回りのことをしてみようとする
- 保育教諭（保育者）などと触れ合い遊びや玩具で遊ぶ中で、周りの園児と一緒に遊ぶことを楽しむ

配慮すべき事項
- 室内の温度や湿度調節、換気をこまめにしながら、健康に過ごせるようにする
- 自分でしようとする姿を認め、ゆっくりと見守るようにする
- 室内で過ごす時間が増えるため、全身を十分に動かして遊べるよう一人一人の発達に応じた遊びを工夫する

子育ての支援（保護者支援）
- 感染症の発生状況を知らせ、手洗いなど家庭での予防の協力をお願いする
- 気温や体調に合わせ、調節しやすい服を用意してもらう

こうたくん　1歳2か月

前月末の園児の姿
- 数歩歩けるようになり喜んで歩行をする
- 周りの園児に玩具を取られたり、不意に手出しをされると激しく泣く
- 「ぽんぽん」と言って腹を触ったりおじぎをしたりと、保育教諭（保育者）などのまねをする姿が見られる

養護（生命の保持・情緒の安定）
- 保育教諭（保育者）などが手を添えて手洗いをしたり、玩具や室内の消毒をしたりしながら衛生管理を十分に行う
- 保育教諭（保育者）などのそばで、安心して好きな遊びを楽しめるようにする

教育（5領域）
- 室内遊具によじ登ったり滑り降りたりと、体を動かして遊ぶことを楽しむ
- 保育教諭（保育者）などとの手遊びや触れ合い遊びを喜ぶ
- 一人歩きや探索活動を十分に楽しむ
- 絵本の読み聞かせをじっと見たり、指差しや簡単な単語をまねしたりして楽しむ

食育
- 「もぐもぐ」「かみかみ」とそしゃくを促しながら楽しく食事をする

■環境構成　★援助・配慮
- ■歩行での行動範囲を考え、安全面に配慮して伸び伸びと遊べる環境を整えていく
- ■体を動かす遊びや様々な玩具を用意し、好きな遊びや探索活動を十分に楽しめるようにする
- ★ゆったりとした雰囲気の中、一対一のかかわりを大切にしながら手遊びや触れ合い遊びを楽しめるようにする
- ★喃語で伝えようとする姿を優しく受け止め、共感しながら応えていく

自己評価
- 様々な玩具を用意したことで、好きな玩具を見つけて遊ぶ姿が見られた。一人遊びを十分に楽しめるような環境も整えることができたと思う

園の行事	●節分　●誕生会 ●身体測定　●避難訓練

みさきちゃん 1歳5か月	**あいなちゃん** 1歳10か月
●周りの園児がパンツに足を通そうとする姿に興味を持ち、まねする姿が見られる ●指先を使った遊びに集中する姿が見られる ●保育教諭（保育者）などや他の園児のそばで遊んだり玩具を渡してみたりする	●ズボンをはいたり口をふいたりするのに、「自分でしたい」と手助けを嫌がる ●保育教諭（保育者）などや周りの園児と一緒に喜んで遊ぶ ●保育教諭（保育者）などの言葉をまねしてくり返す ●曲や歌に合わせ、踊ったりうたったりして楽しんでいる
●簡単な衣服の着脱に興味を持って挑戦できるようにする ●自分でしようとする姿をそばで見守りながら、安心して過ごせるようにする	●天気のよい日は戸外に出て体を動かし、伸び伸びと遊べるようにする ●安心できる保育教諭（保育者）などのそばで、気持ちを受け止めてもらいながら意欲的に過ごせるようにする
●パンツやズボンなどを保育教諭（保育者）などと一緒にはこうとする ●全身を動かして遊ぶことを楽しむ ●保育教諭（保育者）などや周りの園児の遊びを見たりまねたりして楽しむ ●簡単な言葉や身振りで表現しながら、手遊びをしたり踊って遊ぶことを楽しむ	●手を洗ったり、簡単な衣服の着脱をしたりと自分でしてみようとする ●保育教諭（保育者）などや周りの園児と一緒にかかわって遊ぶことを楽しむ ●戸外や遊戯室など様々な場所で探索活動を楽しむ ●単語や二語文を話しながら、保育教諭（保育者）などと言葉のやり取りを楽しむ
●食材の名前を知らせながら、保育教諭（保育者）などと一緒に楽しく食事ができるようにする	●保育教諭（保育者）なども一緒に食事をし、「おいしいね」などと伝えながら食べる楽しさを知らせていく
■型はめやクレヨンでのお絵かきなど、手指を使った遊びが楽しめる物を用意する ■大型遊具など室内でも体を動かして楽しめるよう、環境を整える ★着脱を自分でしようとする姿を見守り、さりげなく手を貸しながらできた喜びを十分に味わえるようにする ★周りの園児の遊びを一緒にまねしてみたりしながらかかわって遊ぶ楽しさを感じられるようにする ★言葉や身振りで表現しようとする姿を受け止め、共感したり一緒にしたりしながら手遊びや踊りを楽しめるようにする	■天気や体調を見ながら、防寒着を着るなどして戸外遊びの機会を作る ■指先を使う遊びや体を動かせる遊びなど、室内でも様々な遊びができるように工夫する ★自分でしようとする姿を優しく見守り、様子を見ながら手を貸して自分でできた満足感を味わえるようにする ★話しかけに共感したり、一緒に絵本を見たり遊んだりする中で、言葉のやり取りを楽しめるようにする
●周りの園児とかかわろうとする姿を見守り、様子を見ながら仲立ちすることで、一緒に笑い合い楽しむ場面が少しずつ増えていった	●自分でしようとする姿を認め、周りの保育教諭（保育者）などが見守り、そっと援助する環境を整える意識を高めることができた

2月の月間指導計画②

ねらい
- 身の回りのことを手伝ってもらいながら、自分でできることに喜びを感じ、意欲的に取り組む
- 冬の寒さを体感しながら、戸外でも体を動かして遊ぶ

配慮すべき事項
- 好奇心や意欲を見守り、試みが達成できた時の瞬間の表情を見逃さず、共感することで自信が持てるようにする
- 園児の活動量を把握し、場面に応じて環境の再構成をし、一人一人に応じた活動が十分に経験できるようにする

子育ての支援（保護者支援）
- 感染症対策で送迎時の保護者との対応が玄関先で短時間になってしまう。園児の様子は些細なことでも連絡帳などでこまめに伝えたり、ドキュメントなどで、クラスの様子を分かりやすく伝えたりする工夫をする
- 園児の取り組みや関わり方などを伝え、家庭の様子を聞きながら、成長や喜びにつながるようにする

けんとくん　1歳2か月

前月末の園児の姿
- 手づかみとスプーンを使い、意欲的に食事をする
- ボールを持ち、投げることを何度も楽しむ
- 好きな音や聴き慣れた音楽が流れると、体を揺らして喜ぶ

養護（生命の保持・情緒の安定）
- 湿度の調節をしっかり行い、感染予防に努める
- 喃語や表情で伝わる楽しさを知り、気持ちをやり取りして安心して過ごせるようにする

教育（5領域）
- おむつやズボンをはかせようとすると、自分から足を通そうとする
- 靴を履いて戸外散歩に出かけ、指差しや喃語に応答し、言葉を発することを楽しむ

食育
- 様々な味や調理形態に慣れ、よく噛んで食べながら食事を楽しむ

環境構成★援助・配慮
- ■友達が靴を履いている様子を見せ、着脱に興味が持てるようにする
- ■履きやすく、やわらかい靴を用意してもらい、広々とした場所で安心して歩行できるようにする
- ★おむつ交換や着脱時の保育教諭（保育者）とのかかわりが、楽しいと思えるような声かけをする
- ★一人一人に合わせた歩幅で散歩を楽しみ、手をつないで歩いたり、安全に配慮しながら様々な道を自由に歩いたりする体験も楽しめるようにする

自己評価
- 保育教諭（保育者）や友達の様子をよく見て、まねをする姿が多く見られた。模倣遊びなどを取り入れ、体を十分に動かして遊んでいきたい

| 園の行事 | ● 豆まき会　● 安全教室
● 避難訓練　● 誕生会 |

あこちゃん　1歳5か月	あかりちゃん　1歳10か月
● 思いどおりにならないと、泣いたり、怒ったりする ● 好奇心が盛んになり、段差をまたいだり、階段を上り下りしたりすることをくり返し楽しむ ● 友達が楽しそうに遊んでいる姿を見て、まねをして遊ぶ	● 散歩で見つけた物を指差し、一緒に覚えた言葉で伝えようとする ● 自分の気持ちがうまく伝わらないと、かんしゃくを起こす時がある ● 友達や保育教諭（保育者）が遊んでいる中に入り、かかわって遊びを楽しむ
● 保育教諭（保育者）に手伝ってもらいながら、身の回りのことをやってみようとする ● すべての思いがかなわなかった時に、思いを受け止め、気持ちが落ち着くように寄り添う	● 寒さに負けず、戸外や室内で思いきり体を動かして遊び、体を動かす楽しさを感じられるようにする ● 上手に伝わらなかった気持ちを保育教諭（保育者）が受け止め、安心して落ち着いて過ごせるようにする
● 散歩に行くことを伝えると、かばんから靴下を出し、給食を食べることを伝えると、エプロンや口拭きを準備するなど、生活を見通すことができる ● 戸外遊びを通して探索活動を楽しみ、上り下りや、くぐる、などの様々な動きをして遊び、体を動かすことを楽しむ	● 意欲的にトイレに座るなど、排尿リズムが整い、失敗なく過ごすことに喜びを感じる ● 冬の自然に気付き、寒い中でも立ったりしゃがんだり、ジャンプをしたりと、体を動かして遊ぶ気持ちよさを感じる
● こぼれてしまっても、くり返しスプーンやフォークを使って食べようとする	● 好きな食べ物があると、食べたい気持ちを表情や言葉で伝えようとし、保育教諭（保育者）とのやり取りを楽しみながら食事をする
■ 玩具などを園児の手の届く場所へ移動し、同じ場所に配置することで位置を覚えられるようにする ■ 様々な動きができる遊具を用意し、配置替えなどをしながら飽きずに遊べる環境を用意する ★ 自分でやろうとする気持ちを見守り、さりげなく手伝うことで、達成感を感じられるようにする ★ 活動を妨げている物はないか、活動するスペースは足りているかを把握し、十分に活動できるようにする	■ トイレの使用後は、必ず消毒を行い、清潔で安全なトイレを使用できるようにする ■ 体を動かしたいと思える環境を用意する ★ 排尿の間隔を把握し、トイレでの成功を一緒に喜び、自信につながるようにする ★ 戸外活動で自分で発見した物や遊びの感動や喜びを共有し、その時の気持ちを言葉で表現できるようにする
● 見守られている安心感から、好きな場所へ向かい、遊びに集中したり、友達とかかわろうとする姿が増えた。来月は異年齢児との交流を増やしたい	● 冬の自然を見つけ、一緒に発見を楽しむことができた。見つけた物の名前を発することも増え、言葉の獲得につなげることもできた

年間計画

4月
5月
6月
7月
8月
9月
10月
11月
12月
1月
2月
3月

155

2月の月間指導計画 ③

ねらい
- 一人一人の生活リズムを大切にし、体調を把握しながら寒い冬を健康に過ごす
- 保育教諭（保育者）に手伝ってもらいながら、身の回りのことを行い、できた喜びを感じる
- 行事や遊びを通して異年齢児とのかかわりを持ち、世話をしてもらったり遊んでもらったりして刺激や心地よさを感じる

配慮すべき事項
- 登園後に朝の検温や連絡帳の確認を行い、一人一人の体調を職員間で把握しておき、体調の変化にすぐに気付けるようにする
- 異年齢児の保育教諭（保育者）と話し合い、かかわりが楽しめるように活動内容を工夫する
- 節分では鬼の登場に恐怖を感じないように配慮する。また、大豆は誤飲の危険があるため、丸めた新聞紙で代用する

子育ての支援（保護者支援）
- 体調についての連絡を密にとり、家庭でも感染症予防に努めてもらう
- 園児たちに人気の絵本や手遊び、家庭でできる触れ合い遊びを紹介する
- 自分でしようとする気持ちの芽生えが大切であることを知らせ、子育てのヒントになるよう、園での様子を伝えていく

ひかるくん　1歳2か月

前月末の園児の姿
- 四つんばいの体勢から立ち上がると、にこにこして歩きはじめる
- 好きな音楽が流れはじめると手足を動かして喜ぶ
- 興味のある物を指差し、「あーあー」と言ったり、「まんま」や「せんせ」などの一語文を話したりする

養護（生命の保持・情緒の安定）
- 「歩けたね」「上手」などとそばで声をかけ、安心して歩行を楽しめるようにする
- 保育教諭（保育者）と手を洗ったり、顔を拭いてもらったりして、きれいになる心地よさを感じられるようにする

教育（5領域）
- 指差しや、言葉に応答してもらい、言葉を発することを楽しむ
- 戸外に出て、冬ならではの様子に興味を持つ

食育
- 保育教諭（保育者）が手を添えることで、少しずつコップ飲みができるようになる

環境構成 ★援助・配慮
- ■歩行を十分に楽しめるよう、安全性に配慮された環境を整える
- ■天候や気温を確認した上で、防寒着を着用して戸外へ行く機会を積極的に作る
- ★発している言葉にゆったりと耳を傾け、その場に応じた正しい言葉で思いに応答することで、発語を促す
- ★雪やつららなどを保育教諭（保育者）が触ってみせたり、遊んでみせたりしながら、興味を抱けるようにかかわる

自己評価
- 安心して体を動かして遊ぶことのできるスペースを作ることで、大きなけがや事故もなく過ごせた。また、歩行の楽しみを伝えたり、励ましたりしたことで、少しずつ歩きはじめた

園の行事

- 節分
- 身体測定
- 避難訓練
- 誕生会

めぐみちゃん 1歳5か月	はるなちゃん 1歳10か月
●友達が段差をジャンプする姿に興味を示し、まねようとする ●「片付けようね」という声を聞いて、玩具の片付けができる ●保育教諭（保育者）に排泄を知らせようとする	●防寒着を着ることを喜び、戸外へ行くが、少しすると泣いて保育教諭（保育者）に体をくっつける ●曲や歌に合わせて体を動かして楽しむ
●見守られている安心感の下、意欲的に活動できるようにする ●おむつをこまめに取り替え、気持ちよさを感じられるようにする	●体調や天候に合わせて衣服を調節し、健康的に過ごせるようにする ●保育教諭（保育者）の見守りの下で、身の回りのことをできるようにする
●戸外に出て、冬ならではの様子に興味を持ち、見たり触れたりする ●保育教諭（保育者）の誘いでトイレへ行き、便器に座ることに慣れる	●戸外に出て冬の自然を体感するとともに、発見や喜びをしぐさや言葉にして伝えようとする ●異年齢児とかかわり、優しく声をかけてもらったり、世話をしてもらったりすることに心地よさを感じる
●嫌いな食べ物は食べる量を加減するなど配慮してもらいながら、食べる喜びを味わう	●落ち着いた雰囲気の中で、楽しく食事をする
■マットで傾斜や段差を作り、体を十分に動かして遊べるコーナーを設置する ■おむつ交換時は、保育教諭（保育者）の温かい声かけやスキンシップを示すようにする ★戸外では見守りを大切にしながらも、園児の様子を観察し、発見や驚きに共感していく ★トイレには無理のないように誘い、座れた時にはほめて認め、満足感が味わえるようにする	■衣服の着脱がしやすいよう、マットを敷いたり、ベンチを準備したりする ■戸外活動は体が冷えすぎないよう、衣服や活動時間の調節を行う ★戸外での発見や喜びを保育教諭（保育者）と共有し、思いを伝えられるよう声をかける ★異年齢児とのかかわりをそばで見守り、仲立ちしながら楽しく遊べるようにする
●排尿の間隔をつかむことで、タイミングが合えばトイレで排尿できるようになった。家庭と連携を図りながら、トレーニングを進めていきたい	●自己主張が見られるようになった。友達への気持ちを保育教諭（保育者）が代弁して伝えることで、噛みつきなどのトラブルを未然に防ぐことができた

年間計画

4月
5月
6月
7月
8月
9月
10月
11月
12月
1月
2月
3月

2月の月間指導計画 ④

ねらい
- 節分の行事に参加し、豆まきの雰囲気を楽しむ
- 作品展に親子で参加し、作品展示の観賞や親子で製作に参加するなどして、楽しく過ごす
- 一人一人の体調や機嫌を把握しながら、寒い冬を元気に過ごすようにする

配慮すべき事項
- 節分では親しみやすい鬼が登場して、丸めた紙を豆に見立てて、豆まきを行うようにする
- 作品展当日は保護者と一緒に展示を見て、親子で製作体験を楽しめるコーナーを設けるようにする
- 体調や気候のよい時は防寒着で寒さ対策をして、短い時間でも戸外に出るようにし、開放感を味わったり、冬の自然に触れたりする機会を持つようにする
- 室内の換気や加湿に配慮し、冬に流行する感染症などの予防に努める
- 消防訓練に参加し、担任同士の連携をとりながら、園児が安全な場所まで避難できるようにする。また、災害への備えの備蓄や避難グッズが揃っているか点検する

子育ての支援（保護者支援）
- 造形表現展では親子で参加してもらい、作品展示を見たり、親子製作を楽しんだりできるようにする。また作品を通して園児の成長を保護者と共有する
- 進級に向けての準備物や、自分でできるようにがんばって取り組んでいる園児の姿を、クラス懇談会や日々の連絡などで伝える
- 家庭での食事の様子を聞き、スプーンやフォークは下手持ちができるよう一緒に考える

ゆうなちゃん　1歳2か月

前月末の園児の姿
- 保育教諭（保育者）に歩けた喜びを共感してもらうことで、歩く意欲が高まり、手押し車を押しながらうれしそうに歩いている

養護（生命の保持・情緒の安定）
- 歩行できるようになり、身近な物に興味を持って移動できるようになるため、安全に歩けるよう配慮する
- オマルでの排泄の成功が増え、排尿感覚が分かるようになるため、時間を見てオマルに座るよう声をかける

教育（5領域）
- 風の冷たさを感じたり、冬の景色を見たり、聞こえる音に関心を持ったりして五感を働かせる
- 保育教諭（保育者）の言うことに反応したり、うなずいたりなど、反応を見せる
- 探索活動が盛んになり、好きな玩具を次々と出して遊ぶようになる

食育
- 完了期食をしっかりそしゃくして食べられるよう、声をかける
- 手づかみやスプーンを使って自分で食べる意欲がますます高まる

環境構成★援助・配慮
- ■体調のよいときは、短い時間でも防寒対策をして戸外に出るようにする
- ★排尿間隔を把握し、タイミングを合わせてオマルに座るようにする。また、成功したことを園児と共に喜び、次につなげるようにする
- ★歯ブラシを使う時は園児の様子をよく見るようにする。また、仕上げ磨きは楽しい雰囲気で行い、きれいになった気持ちよさを感じられるようにする

自己評価
- 応答的にかかわることで、片言や発声が多くなり、指差しをしながら、「ママ」「わんわん」など意味のある言葉を話すようになってきた

園の行事

- 作品展
- 節分
- クラス懇談会
- 誕生会
- 消防訓練

みなとくん 1歳5か月	みくちゃん 1歳10か月
● オマルからトイレに移行したが、保育教諭（保育者）がそばで見守ることで、抵抗なくトイレで排泄ができている ● 発語が増え、保育教諭（保育者）の言葉をまねて話そうとする	● 好きな遊びや探索活動を夢中になって楽しむ ● 指先を使った遊びをじっくりと楽しむ ● スプーンを持ち、器に手を添えて一人で食べようとする
● 思い通りにならなかった時には、気持ちを受け止めることで、切り替えて遊びに向かえるようにする	● 自分でしたいという気持ちを受け止め、様子を見守り、自分でできた喜びを感じられるようにする ● 冷えから排尿のタイミングが早い時があるが、パンツをはき替えることで、清潔にすることの気持ちよさを感じられるようにする
● 立ったり、しゃがんだり、段差を上ったり下りたりして、体全体を動かすことを楽しむ ● 歩行で自由に移動できることで視野が広がり、身の回りの物に関心を持ち、好奇心が旺盛になる ● クレパスを持って自由画を楽しんだり、紙を丸めたり破ったりして、手先を使う遊びを楽しむようになる ● お気に入りの絵本を読んでもらうことを喜ぶ	● お気に入りの絵本やくり返しのある絵本は内容を理解して、同じところで笑ったり、くり返しの言葉を言ったりして楽しむ ● いいことかダメなことか、大人の表情や反応を見て確かめるようになる ● 新聞紙や包装紙などを、手指を使って丸めたりちぎったりして遊び、形の変化を楽しむ
● スプーンを使って自分で食べようとしたり、汁物をこぼしながらも自分で飲もうとしたりする様子を見守る ● 「ニンジンおいしいね」「甘いね」など、食材や味に関する言葉をかけながら食事介助をする	● スプーンやフォークを下手で持ち、器に手を添えて食べることに慣れ、自分でどんどん食べ進めている
■砂、紙、粘土など、様々な素材で遊び、感触や形の変化を楽しめるようにする ★思い通りにならなくて泣いたり怒ったりした時は、思いに寄り添い、言葉にならない園児の思いを代弁したり、外に出て気分転換したりするなどして、気持ちを切り替えられるようにする ★意欲的に取り組んでいる時は見守り、できないところはさりげなく援助するなどして、自分でできた喜びに共感する	■製作では、様々な素材を用意する中で誤嚥リスクのある物は避け、紙や布を中心に様々な色の物の中から園児が選択できるようにする ★遊んだあとは片付けの歌をうたいながら、保育教諭（保育者）と一緒に片付けるようにする ★トイレで排泄が成功した時は園児と一緒に喜び、自信につながるようにする ★友達とかかわりを持って遊べるよう、保育教諭（保育者）がそばで様子を見守り、仲立ちしていくようにし、友達と遊ぶ楽しさを感じられるようにする
● 園児に伝わるように言葉と動作を一緒にして伝えるようにしたことで、「バイバイ」「いただきます」など、動作と言葉が一致し、保育教諭（保育者）の言葉にも反応するようになってきた	● 絵本の読みきかせを楽しむ様子を保護者に伝えたことで、貸し出し図書を利用して家庭でも絵本を楽しむようになった。絵本の読み聞かせを多くしたことで発語が増えた

2月の月間指導計画 ⑤

ねらい
- 友達への関心が高まり、自分の思いを伝えようとする姿を受け止め、共に過ごす楽しさを味わう
- 行事や遊びを通して異年齢児とかかわりを持ち、世話をされたり遊んでもらったりする楽しさや心地よさを感じる

配慮すべき事項

- 一人一人の体調を職員間で把握しておき、体調の変化にすぐに気付けるようにする
- 異年齢児クラスの保育教諭（保育者）と話し合い、かかわりを楽しめるよう活動内容を工夫する
- 室内遊びが多くなるため、室内遊具の配置や安全点検を行う
- 室温や湿度の調節、換気をして快適に過ごせるようにする
- こまめに消毒を行い、感染症予防に努める
- 気温や室温に合わせて衣服の調節を行う
- 探索活動が十分に行えるよう環境を整える
- 一人一人の健康状態を伝え合い、健康に過ごせるようにする

子育ての支援（保護者支援）

- 体調について連絡を密に取り、家庭でも感染症予防に努めてもらう
- 保護者の思いに寄り添いながら、園児の自分でしようとする気持ちの芽生えが大切であることを知らせ、成長する喜びを共有できるようにする
- 服装は動きやすいもので、事故予防のためフードやひもがないものを着用してもらう

れんくん　1歳2か月

前月末の園児の姿
- シール貼りを喜び、上手に貼ったりはがしたりする
- 友達と一緒に手をつないで楽しそうに歩く
- 好きな音楽が流れると手足を動かして喜ぶ

養護（生命の保持・情緒の安定）
- 満足できるまで遊んだり、十分に睡眠を取ったりすることで要求や欲求を満たし、安心して過ごせるようにする
- 食事前後、保育教諭（保育者）に顔を拭いてもらうことで、一緒に手を洗ったり、きれいになる心地よさを感じられるようにする

教育（5領域）
- 音楽や保育教諭（保育者）の歌を聞いて、体でリズムをとって表現することを楽しむ
- 日中の暖かい時間には戸外に出て、保育教諭（保育者）と園庭を散策したり砂場遊びをしたりして楽しむ

食育
- 手づかみでも食べようとし、「おいしいね」「もぐもぐしようね」などと声をかけられながら、温かい雰囲気の中で食べる

★援助・配慮　■環境構成
- ■歩行を十分に楽しめるよう、安全面に配慮して環境を整える
- ■様々な素材の玩具を用意し、感触遊びに誘う
- ★喃語に耳を傾け、行為と言葉が結びつくよう、思いや状況を丁寧に伝えながら応答し発語を促す
- ★友達の玩具を欲しがって取ってしまう時は保育教諭（保育者）が仲立ちとなり、友達とのかかわりを楽しめるよう促す

自己評価
- 友達への興味からトラブルになることもあり、保育教諭（保育者）が仲立ちすることで友達とのかかわりを楽しんでいた

園の行事 ●豆まき会 ●避難訓練 ●身体測定 ●誕生会

ひなちゃん 1歳5か月	あおいちゃん 1歳10か月
●友達の名前が分かり、指差しをしたり名前を言ったりする ●「片付けようね」という声を聞いて、玩具の片付けができる	●「むすんでひらいて」の曲が大好きで、リズムに合わせて体を動かして楽しむ ●友達とのかかわりが増えるとともに、玩具の取り合いが多くなる
●気持ちを受け止めてもらうことで安心し、意欲的に活動できるようにする ●友達に興味を示し、積極的にかかわろうとする気持ちを受け入れる	●体調や天候に合わせて衣服を調節し、冬ならではの自然を感じながら過ごせるようにする ●言葉やしぐさを受け止め、安心して過ごせるようにする
●戸外に出て冬ならではの自然事象に興味を持ち、見たり触れたりする ●好きな絵本を読み、しぐさや言葉をまね、保育教諭（保育者）とのやり取りを楽しむ	●戸外に出て冬の自然を体感するとともに、発見や喜びをしぐさや言葉にして伝えようとする ●友達と同じ空間で過ごすことを喜び、身振りや手振り、片言で気持ちを伝えようとする
●スプーンを上手に使えるようになり、自分で食べたい気持ちを受け止めてもらうことで満足感を味わう	●保育教諭（保育者）に声をかけられながら、楽しい雰囲気の中、よく噛んで食べる
■体を十分に動かして遊べるよう、広いスペースを用意し、マットで斜面や段差を作る ■おむつ交換の際には便器に一定時間座り、排尿を促していく ★「1・2・3ジャンプ」の声かけで両足ジャンプができた時には喜びに共感し、何度も挑戦できるよう、けがに注意しながら援助する ★排尿を知らせた時にはほめて認め、満足感が味わえるようにする	■友達と遊ぶ中で、保育教諭（保育者）は「一緒に遊ぶと楽しいね」などと声をかけながら近くで見守り、トラブルになりそうな時は仲立ちとなり気持ちを代弁して受け止める ■見立て遊びのコーナーを設けて様々な玩具を用意し、じっくり遊びを楽しめるようにする ★オマルや便座に座ることを無理強いしないようにし、午睡後のタイミングを見計らって徐々に慣れていけるようにする ★雪が降った時を見逃さず、防寒着を着て寒さ対策をし、短い時間でも実際に見たり触れたりできるよう配慮する
●登園時間が早く、午前寝が必要な時があったので、その日の体調に配慮しながらかかわったことで、心身共に安定して過ごすことができた	●友達とのかかわり方についてくり返し伝えたことで、保育教諭（保育者）を仲立ちとして、玩具の貸し借りなどができるようになってきた

年間計画 4月 5月 6月 7月 8月 9月 10月 11月 12月 1月 **2月** 3月

2月の月間指導計画 ⑥

ねらい
- 日本の伝統行事や伝統芸能に親しむ
- 自然物の色や形、感触に触れ、保育教諭（保育者）と一緒に製作を楽しむ
- 天気のいい日は戸外で体を動かしたり、探索活動を楽しんだりしながら冬の自然に触れる

配慮すべき事項
- 地域の伝統行事にかかわる写真を見せたり、製作物を一緒に作ったりすることで行事に関心が持てるようにする
- 園での食事の様子を伝えながら、離乳食やスプーンの使用について家庭での様子を聞き、一人一人にかかわる
- 通路などの凍結で転ばないよう、避難路の確認を事前にする
- 胃腸炎などが流行する時期なので、嘔吐処理用具と処理手順を職員間で情報共有しておく
- 手洗いは保育教諭（保育者）が手を添え、指の間や手の甲などの洗いにくい部分は介助し、清潔を保つ

子育ての支援（保護者支援）
- 地域の伝統芸能鑑賞会に招待し、園児と一緒に楽しめるようにする
- 家庭での離乳食完了期の様子を園にも伝えてもらい、保護者と一緒に進級に向けて焦らず進めていく

ゆいなちゃん　1歳2か月

前月末の園児の姿
- 雪に興味を示し、雪を触って感触を楽しんでいる
- 食べられる食材が増え、離乳食をしっかり食べられるようになる
- オマルに興味を持ち、座ろうとする

養護（生命の保持・情緒の安定）
- 適度につかまる場所を確保しながら、安全に室内の探索活動ができるよう環境を整える
- タイミングを見ながらオマルに座るよう声をかける

教育（5領域）
- 気に入った絵本を見て喃語を話す
- 雪が降っている様子を見て、指差しをして保育教諭（保育者）に伝えようとする

食育
- 食べられる食材や量が増え、家庭と連携しながらフォローアップミルクの量を調整していく

■環境構成 ★援助・配慮
- ■寒い戸外でも遊べるよう、十分な防寒対策をして戸外に出る機会を作る
- ■喃語の発声が活発になるよう、言葉がくり返し出てくる絵本を用意する
- ★オマルで排尿できた時は大いにほめ、保護者にも伝えて情報を共有する
- ★自分で歩こうとする意欲を受け止めながら、ふらついて危険な時はさりげなく手を添えられるよう援助する

自己評価
- 先月に引き続き、はいはいやつたい歩きの移動運動がたくさんできるよう室内環境を整えたことで、歩行への意欲を高めることができた

園の行事
- 身体測定
- 誕生会
- 卒園進級写真撮影
- 総合避難訓練
- 豆まき
- 地域伝統芸能鑑賞会

かいくん 1歳5か月	りんちゃん 1歳10か月
●発語が増え、積極的に保育教諭（保育者）や友達に話しかける ●スプーンの持ち方が上手になり、自ら口に食材を上手に運ぶことが増えた	●「いや」「だめ」などの言葉で意思表示をしながら、玩具を独り占めしようとする ●ズボンの着脱が上手になる
●冬の戸外遊びが楽しめるよう、屋根からの落雪や軒下のつららなど危険箇所の点検をする ●戸外遊びをした日は特に体調に変化がないか丁寧に視診をして、健康管理に気を付ける	●衣服の着脱に興味を示し、自分でやろうとする姿に共感し、さりげなく援助する ●寒さで排尿のタイミングがうまくいかない場合でも、オマルに座ろうとする意欲を尊重する
●戸外遊びや散歩を通して、雪や霜柱、氷など冬の自然に触れる ●保育教諭（保育者）をまねながら、いろいろな動作や言葉、しぐさでのやり取りを楽しむ	●保育教諭（保育者）の問いかけに、発語と一緒にうなずきや指差しでも自分の思いを伝えようとする ●粘土や新聞紙を丸めるなど、手指を使った遊びを楽しむ
●器を持ち、こぼしながらも汁物を自分で食べようとする気持ちを大切にしながら介助する	●スプーンを下手で持ち、器に手を添えて食べられるよう声をかけながらも、楽しい雰囲気で食事ができるようにする
■天候がよくない日でも室内で十分に体を動かして遊べるよう、運動遊びの環境を設定する ■指先を使って遊べるような教材を用意する ★自分でしたいという意欲を尊重し、集中して遊んでいる時は見守り、自分でできた時の喜びに共感する ★応答的にかかわり、発語の楽しさを十分に感じられるよう声をかける	■地域の伝統行事に使用する烏帽子（えぼし）などの製作を楽しめるよう、様々な素材を用意する ■戸外遊びが十分に楽しめるよう、穴が開いていないかなど、防寒具の点検をする ★トイレで排尿できた時は園児と一緒に喜び、次への自信につながるよう声をかける ★保育教諭（保育者）が気持ちを代弁するなどして、友達とかかわって遊べるよう仲立ちをする
●好きな絵本以外の絵本も手に取りやすい場所に設置することで、様々な絵本に興味を持っている姿が見られた	●保育教諭（保育者）が気持ちを代弁することで、保育教諭（保育者）だけではなく友達と一緒に遊ぶ体験を増やすことができた

年間計画

4月
5月
6月
7月
8月
9月
10月
11月
12月
1月
2月
3月

3月の月間指導計画①

ねらい
- 進級に向けて、1歳児クラスで遊ぶなど無理なく移行できるようにする
- 食事や衣服の着脱など、手伝ってもらいながら自分でする喜びを味わう
- 保育教諭（保育者）などとの応答的なかかわりにより言葉に興味を示し、やり取りを楽しむ

配慮すべき事項

- 1歳児の部屋に行ったり、異年齢児や他の保育教諭（保育者）などとかかわったりしながら無理なく進級できるようにする
- 園児の主体性を大切にしてかかわり、園児自身が満足感を得られるようにする

子育ての支援（保護者支援）

- 進級時に必要な物を知らせたり、不安なことを聞いたりと安心して新年度を迎えられるようにする
- 送迎時や連絡ノートなど、一年間の園児の成長を振り返り、共に喜び合える場を持つ

こうたくん　1歳3か月

前月末の園児の姿
- 食べ物の好き嫌いが出はじめた
- 自己主張が強くなり、周りの園児から玩具を取られると手を出してしまうことがある
- 絵本の読み聞かせが好きで、喜んで見る
- 喃語から聞き取れる単語が増えてきた

養護（生命の保持・情緒の安定）
- 手づかみをしつつもスプーンで食べることに慣れ、満足感を感じたり食事の楽しさが味わえるようにする
- 保育教諭（保育者）などがそばにいることで、安心して好きな遊びを楽しめるようにする

教育（5領域）
- 戸外に出て歩いたり遊具で遊んだりと、体を動かして遊ぶことを楽しむ
- 保育教諭（保育者）などや友達と一緒に触れ合って遊ぶことを楽しむ
- 好きな場所や玩具で一人遊びを十分に楽しむ
- 指差しや単語などで伝えようとしたり、保育教諭（保育者）などとの応答的なかかわりを楽しむ

食育
- 「もぐもぐ」「おいしいね」などと声をかけながら楽しんで食事ができるようにする

■環境構成　★援助・配慮
- ■天気のよい日は戸外に出て好きな遊びを十分に楽しめるようにする
- ■発達に合った玩具や遊びを準備しておく
- ★遊ぶ姿を見守りながら少しずつ友達とのかかわりを増やし、一緒にいる楽しさを感じられるようにする
- ★指差しや単語などで伝えようとする姿を受け止め、応答的なかかわりを持ち、言語的な発達を促していく

自己評価
- 一人遊びに集中できる環境を整えつつ保育教諭が仲立ちとなることで、他児とかかわり笑顔が見られ、一緒に過ごす喜びを感じられるようになってきた

園の行事
- ひな祭り会
- お別れ会
- お別れ遠足
- 誕生会
- 身体測定
- 避難訓練

みさきちゃん 1歳6か月	あいなちゃん 1歳11か月
●スプーンですくうことが上手になったが、一口分の量が多く、ほおばることが多い ●保育教諭（保育者）などと簡単な衣服の着脱を楽しみながら行う ●言葉を発することを楽しむ ●リズム遊びが好きになり、曲をかけたり、ピアノを弾いたりするとリズムに乗り、楽しそうに体を動かす	●食後の衣服の着脱を自分からしようとする ●自分で何でもしようとするが、上手くできない時は声を出して主張する ●簡単な言葉や二語文で保育教諭（保育者）などとの言葉のやり取りを楽しんでいる
●戸外に出て歩いたり坂を上ったりと、伸び伸びと体を動かして遊べるようにする ●自分でしようとする姿を保育教諭（保育者）などに受け止めてもらいながら満足感を感じられるようにする	●簡単な身の回りのことをしようとしたり、援助してもらいできた喜びを感じながら次への意欲を育んでいく ●欲求を優しく受け止めながらかかわり、安心して過ごせるようにする
●保育教諭（保育者）などに手伝ってもらいながら簡単な着脱ができた時の満足感を味わう ●保育教諭（保育者）などや異年齢児のそばで、まねして遊ぶことを楽しむ ●戸外に出て、探索活動を楽しみながら身近な自然に興味を持つ ●保育教諭（保育者）などと簡単な言葉のやり取りを楽しむ	●走ったり遊具で遊んだりと全身を使って遊ぶことを楽しむ ●異年齢児との交流を喜ぶ ●散歩に出かけ、身近な自然物に触れ、興味を持つ ●単語や二語文を話しながら保育教諭（保育者）などと言葉のやり取りを楽しむ
●スプーンで一緒にすくってみながら、一口分の量を知らせていくとともに「上手にできたね」とできた喜びに共感する	●食べ物の絵本を見たり、食材の名前を知らせながら興味を持って楽しく食べられるようにする
■1歳児クラスの様子を見に行ったり、異年齢児とかかわる環境を整えていく ■子どもの発達段階を把握し、室内外の環境を整えながら安全に遊びを楽しめるようにする ★簡単な着脱ができた喜びを一緒に味わいながら次への意欲へとつなげていく ★探索活動など、指差しやつぶやきなどに共感し、言葉のやり取りをしながら伝える楽しさや受け止めてもらううれしさを感じられるようにする	■行事や日頃の遊びから異年齢児とかかわる機会を持つ ■身近な自然に触れながら安全に探索活動が楽しめるよう環境を整える ★自分でしようとするができずに困っている時はさりげなく援助をして、満足感を十分に味わえるようにする ★遊びの中で様々な単語を知らせ、やり取りを楽しみながら言葉の発達を促していく
●異年齢児とかかわる機会を増やし、仲立ちをすることで少しずつ自分から近寄ったりまねして遊ぶ姿が見られた	●様々な物に興味を示し、言葉を知らせることで語彙が増えてきた。伝えようとする姿を受け止めながら、たくさんの言葉のやり取りを楽しめるようにしたい

3月の月間指導計画 ②

ねらい
- 保育教諭（保育者）の仲立ちで様々な人とかかわり、自分を表現することを楽しむ
- 暖かい日は散歩に出かけたり、気持ちのいい風や春の訪れを感じたりする
- 進級に向け、1歳児と一緒に過ごす時間を作り、少しずつ場所や生活の仕方に慣れる

配慮すべき事項
- 1歳児の部屋で遊んだり、過ごし方を体験したりする中で、新しいことへの興味・関心が湧き、進級に期待が持てるようにかかわる
- 季節の変わり目は体調を崩しやすいため、室温や湿度、換気に気を付け、健康に過ごせるようにする

子育ての支援（保護者支援）
- 進級に向けての過ごし方や園児の様子を伝えたり、進級してどのような生活になるか、何が変わらないのかを簡潔に伝えたりすることで、安心できるようにする。また、一年を振り返り、成長や思い出を話せる時間を持ち、感謝の気持ちを保護者に伝える
- 自我が育ち、自己主張が強くなったり、強いこだわりが見られたりするので、成長の過程であることを知らせ、ゆったりとした気持ちでかかわるなど、園でのやり方などを伝える

けんとくん　1歳3か月

前月末の園児の姿
- 「ワンワン」「ブーブー」などの言葉で伝えようとする
- 一人で歩くことを喜び、探索活動を楽しむ
- 遊びの楽しさが分かり、もっと遊びたいと自己主張する

養護（生命の保持・情緒の安定）
- 手や顔が汚れた時は、拭いてもらったり、まねをして自分で拭こうとしたりしながら、きれいになった気持ちよさを感じる
- 身振りや手ぶり、喃語での自己表現を見逃さずに受け止めることで、満足感を得られるようにする

教育（5領域）
- 気付いたことや知っていることなど、欲求を指差しや喃語、動作で伝えようとし、伝わる喜びを感じる
- 身近な物や人に興味を示し、歩行での探索活動を楽しむ

食育
- 落ち着いた雰囲気で食事ができるようになり、手づかみやスプーンを使って自分で食べることを喜ぶ

環境構成 ★援助・配慮
- ■春の草花を見たり、触れたりできる散歩コースを選び、春の訪れを感じられるようにする
- ■安心して歩行できる環境を用意する
- ★園児の伝えたい気持ちを受け止め、保育教諭（保育者）が分かりやすくゆったりと話し、言葉のくり返しのおもしろさが伝わるように工夫する
- ★好きな玩具を用意するなど、安心して探索活動ができるようにする

自己評価
- 空間を十分に活用し、安全に気を付けながら移動運動を十分に楽しむことができた

園の行事
- ひな祭り会 ● 誕生会
- 5歳児お別れ会 ● 卒園式
- 新年度説明会

あこちゃん 1歳6か月	あかりちゃん 1歳11か月
● トイレに座ることに慣れ、トイレで排泄しようとする ● 体を使って遊ぶことを喜び、全身を使って楽しむ ● 簡単な言葉でのやり取りを保育教諭（保育者）と楽しむ	● 友達と散歩することを喜ぶ ● 食後は歯磨きをすることが分かり、指定の場所に座って待つ ● 自分の持ち物が友達に触れられることをいやがる
● 安心できる保育教諭（保育者）とのかかわりや見守りの中で、自分でやりたい気持ちを受け止めてもらいながら、食事や衣服の着脱に意欲的に取り組む ● 見守られているという安心感の中で、自分の思いを表現する	● 安心安全な環境の中で感染症予防に気を付け、健康に過ごす ● 新しい環境で楽しみながら過ごし、安心して進級できるようにする
● 慣れ親しんだ保育教諭（保育者）が見守る中で、身の周りの大人や友達に関心を持ち、かかわる ● 保育教諭（保育者）の歌や手遊び、音楽などを聴き、声を出したり、体を動かしたりする	● 異年齢児や様々な大人とかかわることを喜び、進級に期待を持つ ● 毎日のくり返しの中で約束事を覚え、順番を待つことができるようになり、保育教諭（保育者）の話を聞き、やってみようとする
● スプーンとフォークの使い分けが分かり、自分なりに考えながら使って食べるようになる	● 楽しい雰囲気の中で、苦手な物も少しでも食べてみようする
■ 1歳児クラスに遊びに行く日を前もって決め、過ごし方をあらかじめ設定する ■ 遊びの合間に、季節の童謡を歌ったり、手遊びをしたり、なじみのある曲を流してみんなで踊り、楽しめるような環境を用意する ★ 保育教諭（保育者）が楽しんでいる姿を見せたり、一緒に楽しんだりしていく中で、安心して過ごせるようにする ★ 異年齢児との触れ合い遊びを通して、かかわる楽しさを感じられるようにする	■ ごっこ遊びなど、異年齢児や保育教諭（保育者）とかかわって遊べる玩具を用意する ■ 伝わりやすい言葉を選んで使い、理解が深まるようにする ★ 一冊の絵本を一緒に見るなど、友達とかかわって遊ぶ楽しさを感じられるようにする ★ 自分でしようとする意欲を大切にし、失敗してもよいという温かい気持ちで見守り、やってみようとする気持ちを育む
● 1歳児クラスで少しずつ過ごす時間を増やし、楽しい雰囲気の中で過ごせたことで、落ち着いた気持ちで進級することができた	● 身の回りのことを自分でやろうとする姿を認め、さりげなく手伝ったことで自信が付き、意欲が高まっていた

3月の月間指導計画 ③

ねらい
- 進級に向けて、1歳児クラスで過ごす時間を多く持ち、少しずつ環境や生活に慣れる
- 自分の思いを保育教諭（保育者）に受け止めてもらいながら、友達や周囲の物への興味や好奇心が広がり、自らかかわろうとする
- 天気のよい日は戸外へ行き、風の暖かさや心地よさなど、春の訪れを感じる

配慮すべき事項
- 進級に向けて1歳児クラスの保育室で遊んだり、散歩をしたりするなど、担任以外の保育教諭（保育者）と触れ合う機会を持つ
- 一人一人の園児の様子やクラス全体の様子などを職員間で話し、次年度へとつなげていく
- トイレトレーニングや衣服の着脱など、自分でしようとする意欲を大切にしながら、適切な援助と声かけを行う

子育ての支援（保護者支援）
- 園での園児の様子や、できるようになったことなどを具体的に伝え、一年間の感謝を伝えるとともに、園児の成長を喜び合う
- 新年度から必要になる持ち物などを分かりやすく伝えるとともに、心配なことがないか聞く

ひかるくん （1歳3か月）

前月末の園児の姿
- 戸外へ行くと分かると喜んで靴を履き、戸外での歩行を楽しむ
- 友達の名前が分かり、指差しで示そうとする
- 口が常時開いている

養護（生命の保持・情緒の安定）
- 喃語やしぐさに優しく応え、安心して意思表示ができるようにする
- 1歳児クラスと一緒に過ごすことで活動の場を広げ、安心して過ごせるようにする
- 保育教諭（保育者）の援助の下、身の回りの簡単なことは自分でしようとする気持ちを育てる

教育（5領域）
- 戸外へ出て探索活動を楽しむ
- 簡単な衣服の着脱を保育教諭（保育者）と一緒に行う

食育
- 介助されながらも、自分からスプーンに口元を近付け、意欲的に食べようとする

環境構成 ★援助・配慮
- ■感染症対策に配慮し、快適に過ごせる環境を整える
- ■じっくりと一人遊びを楽しんだり、友達と同じ空間で遊んだりできるような環境を作る
- ★戸外では保育教諭（保育者）がそばで見守り、適切な声かけを行うことで、安心して歩行を楽しめるようにする

自己評価
- 自分の気持ちを保育教諭（保育者）に伝えようとする姿が見られる。本児の言葉やしぐさを受け止め、丁寧なかかわりを心がけて喜びや安心感を得られるようにしていきたい

園の行事

● 身体測定　● 避難訓練
● 誕生会　● 玩具供養　● 卒園式

めぐみちゃん 1歳6か月	はるなちゃん 1歳11か月
● 友達とのかかわりの中で玩具の取り合いになることもあるが、「貸して」を身振りで伝えたり、泣いて表現したりする ● 身の回りのことを自分でしようとし、保育教諭（保育者）の援助を拒むことがある	● 友達と一緒に遊ぶことを喜ぶ ● 保育教諭（保育者）の声かけに「いや」と答えることが増えてきた ● 昼寝からなかなか起きず、しばらく機嫌が悪い
● 発達に応じた遊びを満足するまでできるようにする ● 1歳児クラスと一緒に過ごすことで活動の場を広げ、安心して過ごせるようにする	● 思いきり体を動かして遊ぶことに満足できるようにする ● 1歳児クラスと一緒に過ごすことで活動の場を広げ、保育教諭（保育者）や友達と一緒に興味を持った遊びをしながら安心して過ごせるようにする
● トイレトレーニングを嫌がらずに行おうとし、自分でズボンなどをはこうとする ● 戸外に出て風や光の暖かさを感じながら遊ぶ ● 保育教諭（保育者）や友達と言葉でのやり取りを楽しみ、会話の心地よさを感じる	● トイレトレーニングや食事など、身の回りのことを自分でもしようとする ● 保育教諭（保育者）や友達と散歩を楽しむ
● こぼしながらも、自分でスプーンやフォークを使って食べることを喜ぶ	● 給食を全て食べ終えた時の満足感を味わい、食事のあいさつや手洗いなどを自分からしようとする
■ 無理なく1歳児クラスで過ごせるよう、職員配置や安全に配慮した環境を整える ■ 着替えや手洗いなどを自分のペースで行えるよう、順番や時間配分を考慮する ★ タイミングを見てトイレに誘い、できた時にはほめ、意欲が育つように声をかける ★ 行動や言葉から感じられる思いを保育教諭（保育者）が言葉で代弁することで、話そうとする意欲を育てる	■ 危険の無い、安全で広々とした環境を整え、伸び伸びと活動できるようにする ■ 1歳児クラスの活動の中で参加できる場面を設定し、安全に楽しく過ごせるよう計画を立てる ★ 身の回りのことに興味が持てるよう、保育教諭（保育者）が手本を見せるなど、必要に応じて援助する ★ 保育教諭（保育者）が簡単な言葉を添え、友達と言葉でコミュニケーションを取ることを楽しめるようにする
● 自分でしたいという気持ちを受け止めながらかかわったことで、友達や保育教諭（保育者）とのやり取りを楽しむ様子が見られた	● 自己主張に対しては、自我が芽生える大切な時期であることを保護者と共有したことで、家庭でもじっくりとかかわることの大切さを知らせることができたと思う

年間計画

4月 5月 6月 7月 8月 9月 10月 11月 12月 1月 2月 **3月**

3月の月間指導計画 ④

ねらい
- 進級に向けて、1歳児と一緒に過ごしたりかかわったりする時間を多く持ち、少しずつ1歳児の生活リズムに慣れていくようにする
- 簡単な着脱や食事、片付けなどを自分でしようとする意欲が芽生え、高まる

配慮すべき事項
- 進級に向けて1歳児の保育室で過ごす時間を増やしていき、担任以外の保育教諭（保育者）とかかわる機会を持つようにして、場所や人に少しずつ慣れるようにする
- 新担任に園児の引き継ぎを行い、一人一人を理解した上でのかかわりができるようにする
- 新年度に向けて一人で幼児食を口に運び食べるようになる
- ドアや玩具など、園児がよく触るところの消毒を行い、安心して園生活を送れるようにする

子育ての支援（保護者支援）
- 一年間の園児の成長を共有して喜ぶ
- 新年度に向けて全ての持ち物に記名の協力をお願いする
- 入園・進級説明会では担任の紹介や1歳児クラスの生活、保護者の送迎時の用意などについて説明し、新クラスの理解を促す

ゆうなちゃん　1歳3か月

前月末の園児の姿
- 指差しや発語が盛んになり、「ママ」「わんわん」など意味のある言葉を話すようになり、保育教諭（保育者）とのやり取りを楽しんでいる
- 身振りをまねることを楽しみ、手遊びや音楽に合わせて動物のまねをすることを楽しんでいる

養護（生命の保持・情緒の安定）
- タイミングが合うとオマルで排泄が成功するため、出たことを保育教諭（保育者）と共に喜ぶことで排尿の感覚をつかんでいけるようにする
- ベビーチェアから1歳児用の机と椅子に座り、机上遊びや食事ができるようにする

教育（5領域）
- 絵本を読んでもらったり、自分でページをめくったりして、絵本を楽しめるようにする
- 指差しや意味のある喃語や一語文で話すことが増え、応じてもらうことで伝える喜びを感じる
- 一人歩きが安定してきて、身の回りの物に興味を示して、探索行動が盛んになる

食育
- 手づかみやスプーンで自分で食べようとして、こぼしながらも自分で食べる意欲が高まる

環境構成 ★援助・配慮
- ■1歳児用の椅子に座る際、椅子のサイズが大きい場合はクッションで体を支えて安定して座れるようにする
- ■天気のよい日は戸外に出て、外気や光を感じて開放感を味わい、外界にある物を見て興味や関心を引き出していく
- ★食後におしぼりで手や口の周りを拭いてもらい、きれいになった気持ちよさを感じることができるようにする
- ★園児が楽しんでいることに共感し、「楽しいね」「できたね」など、たくさん話しかけるようにする

自己評価
- 進級に向け、1歳児用の机で食事をしたが、丁寧にかかわりながら様子を見ることで、安心して食事をすることができた

園の行事
- お別れ会　●ひな祭り会　●誕生会
- 身体測定　●卒園式
- 入園説明会（新入園児）　●避難訓練
- 進級説明会（在園児）　●終業式

みなとくん　1歳6か月	みくちゃん　1歳11か月
●「バイバイ」「いただきます」など、動作と言葉が一致してきた ●保育教諭（保育者）の言っていることが少しずつ分かるようになり、話しかけられるとうなずくなど、反応を示すようになる	●絵本を読んでもらうことが好きで、自由遊びの時間は絵本を選び、自分から椅子に座って読む姿が見られる ●自分でしたい気持ちがあり、衣類の着脱や身の回りのことを自分でできた喜びから、意欲がますます高まる
●活動の節目でトイレに誘い、トイレで排泄することができるようにする ●パンツやズボンの着脱をしようとしたり、手づかみや食器を持って食べようとしたりするなど、自分でしようとする意欲を大切にする	●自己主張や思いが相手にうまく伝えられないもどかしさを感じている時は、ゆったりとした気持ちでかかわるようにする ●自分でできた喜びに保育教諭（保育者）が共感することで、安心して新しいことに挑戦できるようにする
●天気のよい日はできるだけ戸外遊びができるようにし、歩く、走るなどの全身運動をしたり、身近な自然に触れたりして、心ゆくまで遊ぶことで情緒の安定を図る ●音楽に合わせて、動物の表現をしたり、踊ったりすることを楽しむ	●友達と一緒に遊ぶ楽しさを感じ、友達の名前を言うようになる ●玩具や場所の取り合いなどでトラブルになることもあるが、保育教諭（保育者）が仲立ちとなり、「入れて」「いいよ」「貸して」「どうぞ」などの言葉でのやり取りをくり返し経験していく
●自分で食べようとする意欲がますます高まり、スプーンやフォークで食べ進めていくことができる ●苦手な物を食べたがらない時は、食材のサイズを小さくするなどして様子を見る	●給食の時間を楽しみにする様子や、最後まで自分で食べようとする姿を見守る
■玩具は一人一人が十分遊べるだけの数を用意する ★戸外探索では、園児が何に関心を示すのかをよく観察し、今後の活動につなげられるようにする。また、保育教諭（保育者）の目の届く範囲で、伸び伸びと遊ぶことができるようにする ★玩具の取り合いなどのトラブルになった時は、「使いたいのね」と園児の気持ちを言葉に替えて伝えることをくり返し、「貸して」と保育教諭（保育者）と一緒に言葉やしぐさで相手に伝えられるようにする	■言葉でのコミュニケーションを保育教諭（保育者）や友達と楽しめるようにする ■食べ物の名前や食に関心が持てるよう、「ニンジンおいしいね」などと話しかけたり、食べ物に関する絵本を準備したりして、いつでも園児が見られるようにする ★進級に向けて1歳児クラスの活動に参加したり、異年齢児との交流する機会を持ったりする ★「いや」と自己主張する姿や「自分で」という園児の思いを受け止め、着替えや食事などが自分のペースでできるよう、時間にゆとりを持って、優しいまなざしで見守るようにする
●「いないいないばあ」や「どうぞ」「ありがとう」など、保育教諭（保育者）とのやり取りをたくさん経験し、応答的なコミュニケーションを楽しむことで、安心して自分の思いを伝えようとする姿が見られるようになった	●自分のことを自分でしようとする思いを大切にしながらかかわったことで、できた喜びから自信や満足につながり、意欲を高めることができた

3月の月間指導計画 ⑤

ねらい
- 進級に向けて友達や周囲の物への興味や好奇心が広がり、少しずつ環境や生活に慣れる
- 天気のいい日は戸外へ行き、風の暖かさや心地よさなどから春の訪れを感じる

配慮すべき事項
- 進級に向け、1歳児の保育室で遊んだり、散歩をしたりするなど、担任以外の保育教諭（保育者）と触れ合う機会を持つ
- トイレトレーニングや衣服の着脱などを自分でしようとする意欲を大切にし、離乳食の進み具合などには適切な援助をしながら声をかける
- 一年間の保育を振り返り、記録や引き継ぎ事項をまとめ、次年度につなげられるよう話し合いの場を設ける
- 気温差が激しいので衣服の調節をこまめに行い、気持ちよく過ごせるようにする
- 自己主張が強くなる時期であることから、園児と一緒に遊びながらも一人一人の表情や行動がしっかり把握できるようにする

子育ての支援（保護者支援）
- 一年間の成長を喜び合う。園児も保護者も安心して進級できるよう、来年度に向けて必要になるものを分かりやすく伝えるとともに、心配なことがないか尋ねる
- 季節の変わり目で体調を崩しやすい時期のため、衣服の調節や健康管理などについて知らせ、家庭と連携・協働して見守るようにする

れんくん　1歳3か月

前月末の園児の姿
- 保育教諭（保育者）がする手遊びをまね、くり返し楽しむようになる
- 玩具を何個も並べて遊ぶことを喜ぶ

養護（生命の保持・情緒の安定）
- 喃語やしぐさに優しく応え、安心して意思表示ができるようにする
- 睡眠のリズムを整え、休息時間を十分に取る

教育（5領域）
- 靴を履いて歩くことに慣れ、戸外に出て探索活動を楽しむ
- 「いないいないばぁ」の絵本を友達と一緒に見たり、保育教諭（保育者）と触れ合いごっこをしたりして楽しむ

食育
- コップで上手に飲めるようになる。スムーズに幼児食へ移行し、喜んで食べる

環境構成　★援助・配慮
- ■感染症対策に配慮し、快適に過ごせる環境を整える
- ■安全に体を動かして遊べるスペースを確保し、十分に探索活動ができるよう導く
- ★くり返し遊ぶ姿を見守り、園児が満足するまで楽しむことができるよう援助する
- ★園児の姿や動きを予測し、戸外や室内で安全に歩行を楽しめるようにする

自己評価
- 探索活動が活発になってきた。転倒やけがに注意し、いつでも手が差し伸べられる距離で見守るようにしたことで、十分に探索を楽しむことができた

園の行事
- 身体測定
- 避難訓練
- 誕生会
- ひな祭り会
- お別れ会
- 卒園式

ひなちゃん　1歳6か月	あおいちゃん　1歳11か月
● 「パパ」「ママ」「せんせい」の発音がはっきりしてくる ● 保育教諭（保育者）の問いかけに「いや」と言うようになる	● 友達と一緒に遊ぶことを喜ぶ ● 片付けの声かけをすると、保育教諭（保育者）と一緒に喜んで片付ける ● スプーンやフォークを使って上手に食べられるようになる
● 外気に触れる機会を持ち、発達に応じた遊びを満足するまでできるようにする ● 異年齢児との触れ合い遊びの中で、優しく声をかけてもらったり、世話をしてもらうなどの喜びを感じられるようにする	● 思いきり体を動かして遊ぶことに満足できるようにする ● 担当の保育教諭（保育者）との関係を基に、他の保育教諭（保育者）との関係にも広げられるよう働きかける
● 戸外に出て、風や光の暖かさを感じながら遊ぶ ● いろいろな遊びを通して保育教諭（保育者）や友達とのやり取りを楽しみ、会話の心地よさを感じる	● 異年齢児や他の保育教諭（保育者）との触れ合いを喜び、言葉やしぐさで気持ちが通じ合うことを楽しむ ● 簡単な衣服の着脱や食事など、身の回りのことを自分でしようとする
● スプーンやフォークの持ち方が不安定なこともあるが、自分で食べたい気持ちを大切にしながら、さりげなく手を添え、介助する	● 食材の名前を知らせたりしながら、食事への意欲を引き出していく
■ 好きな遊びをじっくり楽しめるよう、遊び場を園児が分かりやすいように整える（ままごと・型はめパズル・積み木など） ■ 着替えや手洗いなどを自分のペースで行えるよう、順番や時間配分を考慮する ★ タイミングを見てトイレに誘い、できた時にはほめ、意欲が育つように声をかける ★ いすに座って読み聞かせを見られるよう、言葉をかけたり、そばに付いて見守ったりする	■ 安全で広々とした環境を整え、伸び伸びと活動できるようにする ■ 園庭で異年齢児や他のクラスと触れ合う機会を設け、親しみを持てるようにする ★ 集中して遊んでいる時はそばでそっと見守り、友達が近付いた時には適切に対応して遊びが展開できるようにする ★ 異年齢児や他のクラスの保育教諭（保育者）に声をかけてもらうことで、いろいろな人とかかわる楽しさを経験できるようにする
● 園での様子を伝え、家庭でも「自分がしたい」気持ちを認めてもらうよう声をかけたことで、家庭と連携・協働し、発達につなげることができた	● 自分からやろうとする意欲を認め、見守ることで、できることが増えた。また、異年齢児とのかかわりによって、身近な人や物への関心がより高まった

3月

3月の月間指導計画 ⑥

ねらい
- 保育教諭（保育者）を仲立ちにして、友達や異年齢児との触れ合いを楽しむ
- 暖かい日は外気に触れながら、外遊びや散歩を楽しむ
- 簡単な身の回りのことを自分でやってみる

配慮すべき事項

- しぐさや言葉で自分の思いを伝えようとしている時は、相づちを打ったり代弁したりしながら思いをくみ取り、やり取りが楽しめるようにする
- 一年間の成長や発達を振り返り、進級に向けて一人一人に合った援助や対応を行い、次年度担当者へ申し送りをする
- 季節の変わり目で体調を崩しやすいので室内の温度や湿度の調整をし、衣服の調節にも配慮をする
- 自分で食べたい気持ちに寄り添い、楽しい雰囲気の中で食事を進める
- 1歳児の保育室に行く際は、安心して過ごせるようそばで見守る

子育ての支援（保護者支援）

- 進級に向け、保護者の不安や疑問を受け止め、情報交換を密にする
- 園児の一年間の成長を伝え、一緒に喜び合う

ゆいなちゃん　1歳3か月

前月末の園児の姿
- 季節の歌や絵本の読み聞かせを好み、簡単な言葉やしぐさのやり取りを楽しんでいる
- 簡単な言葉の指示を理解する

養護（生命の保持・情緒の安定）
- 特定の保育教諭（保育者）に甘える様子を受け止め、一緒にいる安心感の中で好きな遊びを楽しめるようにする
- 食事後、顔や手を拭いて清潔感を感じられるようにする

教育（5領域）
- 絵本や手遊びなどで表情の変化を楽しむ
- 生活や遊びの中で興味を持った言葉に保育教諭（保育者）が丁寧に応えることにより、喃語を積極的に話す

食育
- 「もぐもぐごっくんだね」など声をかけながら噛む様子を保育教諭（保育者）が見せ、まねできるようにする

★援助・配慮　■環境構成
- ■絵本を読み聞かせる時は応答的なかかわりをするとともに、絵と言葉が一致するよう指差しなどをして伝える
- ■他のクラスと一緒に手遊び歌をうたい、手遊びの振りをまねて楽しめるようにする
- ★絵本を読む時には単語が聞き取りやすいようにはっきり、ゆっくりと読み聞かせをする
- ★全ての場面において、ゆっくりと応答的にかかわる

自己評価
- 他のクラスと一緒に歌をうたう機会を作ったことにより、他のクラスの園児や保育教諭（保育者）に親しむことができた

園の行事

- ひな祭り
- 誕生会
- 避難訓練
- 身体測定
- 卒園児とのお別れパーティー
- 新入園児説明会
- 修了式

かいくん 1歳6か月	りんちゃん 1歳11か月
● 保育教諭（保育者）の仲立ちにより、友達とままごとなどのごっこ遊びを楽しむ ● スプーンや椀を持って食事を楽しむ	● 指先を使う遊びが上手になる ● 排尿のタイミングが合い、ほとんどトイレで排尿することができる
● 保育教諭（保育者）や友達との社会性を育めるよう、語りかけたり気持ちを代弁したりする ● 食事や排泄を積極的に自分でしようとする気持ちを大切にし、できないところは介助する	● 空気が乾燥しているので水分補給を適宜行う ● 便器での排泄に慣れるよう、トイレに入りやすい雰囲気を作る
● 春の自然に触れながら散歩や戸外遊びを楽しむ ● 保育教諭（保育者）と一緒にくり返しの言葉を楽しむとともに、「ちょうだい」「どうも」などの簡単なやり取りも楽しむ	● 園庭で簡単な運動遊びを楽しむ ● 様々な砂場の用具を使い、砂場遊びを保育教諭（保育者）や友達と楽しむ
● スプーンで食材を上手にすくって食べられた時は大いにほめ、「自分でできた」という自信につなげていく	● 食材の名前を絵本や遊びの中でも知らせ、食材の名前や色、形に興味を持てるようにする
■ 戸外遊びの際は緩やかな段差や傾斜なども経験できる機会を作り、身体機能の発達を促す環境を設定する ■ 型はめパズルや穴落としなど、指先を使う玩具を用意する ★ 戸外遊びでの段差や傾斜は、手をつなぐなどして安心して体験できるよう配慮する ★ 「ちょうだい」「どうも」などの簡単な言葉を園児がまねられるよう、保育教諭（保育者）が身振り手振りを交えながら一緒に言う	■ 他のクラスとのかかわりが持てるような遊びの時間を増やし、異年齢保育が楽しめるような機会を作る ■ 砂場遊びの道具を用意する際は、大きさや数などを確認する ■ 砂場遊びの玩具の破損や劣化がないか確認する ★ 進級で保育室や担当職員が変わる場合もあるので、進級先の保育室で遊ぶ機会を作るなどの配慮をして不安な気持ちを受け止める ★ 1歳児との交流では、保育教諭（保育者）と一緒に「入れて」と言うなどして、子ども同士の触れ合いややり取りを楽しめるよう配慮する
● 雪が解けて春の草花が芽を出した様子を散歩の際に伝えたことで、自然への興味を高められた。芽吹いた草花を指差し保育教諭（保育者）に教える様子も見られた	● 野菜や果物の絵本や図鑑を見せたことで食材への興味につなげられた。家庭でも食材の名前を言いながら楽しく食事ができていたようだ

年間計画
4月
5月
6月
7月
8月
9月
10月
11月
12月
1月
2月
3月

週案の見方・書き方

週案 ① 春

■4月第4週

園児の姿 ①
- 入園当初の環境の変化による戸惑いや不安が徐々に薄れ、落ち着いて過ごす時間が増える
- 保育教諭（保育者）とのスキンシップ…笑顔を見せる
- 園での生活リズムを作っている途中で…動や休息、午睡のタイミングにばらつきがある

週のねらい ②
- 室内遊びや製作を通し…様々な感触を味わう
- 十分に体を動かし…
- 保育教諭（保育者）…を通わせ、やり取りを楽しむ

園の行事 ③
- お花見散歩

月日	ねらい ④	予想される園児の活動 ⑤	援助・配慮 ⑥	家庭との連携 ⑦
4月23日 月曜日	マット遊び マットの感触を味わいながら、全身を動かして遊ぶ	・マットのふかふかとした感触を味わいながら寝転んだりはったりする ・友達や保育教諭（保育者）が転がる様子を見て喜ぶ	・マットに手足が引っ掛かる箇所がないかを事前に確認する ・あえて少し離れたところから呼びかけるなど、園児が自分でマットの上を動けるようにする	・マット上での様子や、自分からできた動きを伝え、発達を喜び合う ・全身運動の意義を伝える
4月24日 火曜日	お花見散歩 春の心地よい気候の中で外気に触れ、花見をする	・ベビーカーや散歩車からの風景を眺める ・桜の花に手を伸ばす ・異年齢児に声をかけられる ・ベビーカーで眠る子もいる	・日よけのため、必ず帽子をかぶせる ・月齢や好みに合わせて乗せる車を選ぶ ・花見の際は、木の枝やトゲなど、園児に危険がないよう配慮する	・お花見や散歩時の表情・発語などの様子を伝える
4月25日 水曜日	こいのぼり製作 実際のこいのぼりに触れる	・実物のこいのぼりに関心を持ち、指差しをしたり声を発したりする ・おそるおそる触る ・こいのぼりの大きさに驚き、怖がる子もいる	・指差しや指差しを受け止めて言葉を返すなど、園児に共感する ・実物を見せながら「こいのぼりだよ」と伝えたりこいのぼりの歌を口ずさんだりし、園児の中でのマッチングにつなげる	・表情・発語など、こいのぼりを見てどのような反応があったかを伝える ・家庭でも季節の行事に興味を持ってもらえるようにする
4月26日 木曜日	こいのぼり製作 保育教諭（保育者）と一緒にタンポを使った製作を楽しむ	・タンポに興味を示し…取ろうとする ・ポンポンという言葉がけを喜び、笑顔を見せる ・タンポを押した不思議そうに眺める	・ポンポンと…をかける ・はじめに園児と一緒にタンポを持ち、押す ・園児が自分で手を動かそうとする際は、周りの環境に配慮しながら自由にできるようにする	・自分なりに…で表現していたことや、表情・発語など、製作時の様子を伝える
4月27日 金曜日	こいのぼり製作 絵の具の感触を味わいながら、ぬたくりをする	・進んで絵の具に触れようとする ・色をじっと見つめる ・絵の具の付いた手と手を合わせる ・絵の具が手に付く感触を嫌がる子もいる	・絵の具が付いた手を口や目に入れないように注意し気を配る ・ぬりぬり、ぺたぺた、きれいだねなど、言葉をかけながら進める ・手に付いた絵の具をしっかりと落とす	・汚れてもよい衣類を事前に用意してもらう ・絵の具を使った際の表情・発語などの様子を伝える ・次週の行事後に作品を持ち帰ることを伝える
4月28日 土曜日	異年齢交流保育 安心できる環境の中で、異年齢児とかかわる	・興味のある玩具に手を伸ばす ・保育教諭（保育者）にだっこされながら、異年齢の友達と触れ合う ・異年齢児の遊ぶ様子を眺める	・ダイナミックな動きの活動時は、危険がないように見守る ・「ブーブーが並んだね」「いい音がするね」など、周りの様子に興味が持てるような言葉がけをする ・異年齢児の遊ぶ様子が見えやすいようにする ・園内の感染症流行状況によっては、室内を区切るなど、環境を工夫する	・異年齢児とのかかわりの様子や、その大切さを伝える

＜ 園児の評価 ＞ ⑧
- マット運動では、自由にはったり転がったりする様子が見られた。マットの不安定な感覚を怖がる子は…手をつなぎをしてゆっくり…ことで、徐々に慣れることができた
- 実物のこいのぼりに興味を示し、触ろうとしたり声を発したりする姿が見られた

＜ 自己評価 ＞ ⑨
- 入園・進級から1カ月経ち、園児と保育教諭（保育者）との信頼関係も徐々に築かれている。園児ごとの生活リズムや特徴を把握し、職員も落ち着いて対応できるようになってきている
- 新入園児…特に、園での様子やかかわり方を丁寧に伝えるように…一緒に成長を喜び合うことができた
- 園児の動きを制限したり誘導したりする場面があった。作品としての見栄えよりも、園児自身の表現や体験を大切にできるとよかった。今後は、クラス全体でその点を意識していきたい

---

❶ 園児の姿
園児の発達状態や、園での様子を記載します。保育教諭（保育者）が設定した環境の中で、園児がどのように遊びや活動にかかわっていたのかを、5領域（健康・人間関係・環境・言葉・表現）の視点から記載しています。

❷ 週のねらい
月ごとの「ねらい」を週ごとに具体化したものです。「前月末の園児の姿」をもとに、保育教諭（保育者）の援助によって園児が身に付けることを望まれる、心情、意欲、態度などを記載しています。

❸ 園の行事
園全体で行う行事のほか、遠足やクラス懇談会など学年・クラス単位で行う行事について記載しています。

❹ ねらい
「週のねらい」をさらに具体化したものです。具体的な活動の内容に、保育教諭（保育者）の援助によって園児が身に付けることを望まれる、心情、意欲、態度などを記載しています。

❺ 予想される園児の活動
「ねらい」での活動の内容で、園児がどのような行動を見せるかを予想し具体化して記載しています。

❻ 援助・配慮
「週のねらい」を達成するために、保育をする際、どのような環境（用具・教材・分量・安全性・施設などの準備）を設定したらよいか、また、どのような援助・配慮（受け入れ・励まし・声かけ・助言など）が必要かを、具体的に記載しています。

❼ 家庭との連携
保護者に伝えるべきことや、園と家庭で連携して進めたい事柄について記載しています。また、園に通っていない地域の親子への支援についても記載しています。

❽ 園児の評価
自分が行った教育・保育によって、園児にどのような変化が見られたか、問題点やよかった点をあげながら記載しています。

❾ 自己評価
自分が行った教育・保育によって、園児にどのような変化が見られたか、問題点やよかった点をあげながら記載しています。また、今後の教育・保育でどのように対応していくべきかなどの反省点も取り上げています。園児の姿を通しての「自分の評価」と捉え、単に園児の姿を記入するのではなく、自分の計画や保育を振り返り、次の計画に生かすための材料となるよう心がけましょう。

週案作成のポイント
- 0歳は一人一人の成長発達が中心ですが、同時に保育教諭（保育者）との信頼関係の構築や愛着関係の確立も念頭に置いた遊びを設定します。
- 作成の際は長期の計画から短期の計画に「ねらい及び内容」などがどのように継続されているか確認します。
- 0歳は個別表が中心になりますが、成長の大きな方向性を踏まえた上で、乳児の「ねらい及び内容」の3つの視点を基本に置きながら作成します。
- 0歳は一週間とはいえ、特に成長が早いことを見越し十分な観察にもとづいて作成します。
- 一週間を見通した環境構成や教材・教具の連続性にも配慮します。
- 特に注意をしなければならない点は、満1歳になったら「保育のねらい及び内容」が「3つの視点」から「5領域」に変わることです。保育の方法をどう変化させるかなど、指導計画の様式にも工夫する必要が出てきます。

「評価」
- 一週間の保育の流れの評価をすることで、具体的な子どもの姿と次の保育への方法が見えます。日案の評価と月案の評価の中間に位置することで、保育の方向性が見えやすくなります。
- 評価をする際は、園児個人の名前を挙げて行動の状況を説明するというよりは、自らが設定した保育が子どもの成長にどう影響したかを書いていきます。

個別指導計画の見方

❶ 園児の姿
園児の発達状態や、園での様子を記載します。保育教諭（保育者）が設定した環境の中で、園児がどのように遊びや活動にかかわっていたのかを、5領域（健康・人間関係・環境・言葉・表現）の視点から記載しています。

❷ 乳児3つの視点・満1歳以上満3歳未満の5領域・ねらいと内容
教育の領域にあたる乳児期の「3つの視点」と、満1歳からの「5領域」にもとづいて記載しています。園児の発達状態や、園での様子を具体的に記載しています。

❸ 環境構成
個別の「ねらい」を達成するために、保育をする際、どのような環境（用具・教材・分量・安全性・施設などの準備）を設定したらよいかを、具体的に記載しています。

❹ 援助・配慮事項
個別の「ねらい」を達成するために、保育をする際、どのような援助・配慮（受け入れ・励まし・声かけ・助言など）が必要かを、具体的に記載しています。

❺ 子育ての支援（保護者支援）
保護者に伝えるべきことや、園と家庭で連携して進めたい事柄について記載しています。また、園に通っていない地域の親子への支援についても記載しています。

❻ 園児の評価・自己評価
自分が行った教育・保育によって、園児にどのような変化が見られたか、問題点やよかった点をあげながら記載しています。また、今後の教育・保育でどのように対応していくべきかなどの反省点も取り上げています。園児の姿を通しての「自分の評価」と捉え、単に園児の姿を記入するのではなく、自分の計画や保育を振り返り、次の計画に生かすための材料となるよう心がけましょう。

週案① 春

4月第4週

園児の姿
- 入園当初の環境の変化による戸惑いや不安が徐々に薄れ、落ち着いて過ごす時間が増える
- 保育教諭（保育者）とのスキンシップを通して、笑顔を見せる
- 園での生活リズムを作っている途中であり、活動や休息、午睡のタイミングにばらつきがある

月日	ねらい	予想される園児の活動
4月23日 月曜日	マット遊び マットの感触を味わいながら、全身を動かして遊ぶ	●マットのふかふかとした感触を味わいながら寝転んだりはったりする ●友達や保育教諭（保育者）が転がる様子を見て喜ぶ
4月24日 火曜日	お花見散歩 春の心地よい気候の中で外気に触れ、花見をする	●ベビーカーや散歩車からの風景を眺める ●桜の花に手を伸ばす ●異年齢児に声をかけられる ●ベビーカーで眠る子もいる
4月25日 水曜日	こいのぼり製作 実際のこいのぼりに触れる	●実物のこいのぼりに関心を持ち、指差しをしたり声を発したりする ●おそるおそる触る ●こいのぼりの大きさに驚き、怖がる子もいる
4月26日 木曜日	こいのぼり製作 保育教諭（保育者）と一緒にタンポを使った製作を楽しむ	●タンポに興味を持ち、手に取ろうとする ●ポンポンポンという言葉がけを喜び、笑顔を見せる ●タンポを押した跡を不思議そうに眺める
4月27日 金曜日	こいのぼり製作 絵の具の感触を味わいながら、ぬたくりをする	●進んで絵の具に触れようとする ●色をじっと見つめる ●絵の具の付いた手と手を合わせる ●絵の具が手に付く感触を嫌がる子もいる
4月28日 土曜日	異年齢交流保育 安心できる環境の中で、異年齢児とかかわる	●興味のある玩具に手を伸ばす ●保育教諭（保育者）にだっこされながら、異年齢の友達と触れ合う ●異年齢児の遊ぶ様子を眺める

| 週のねらい | ●室内遊びや製作を通して、様々な感触を味わう
●十分に体を動かして遊ぶ
●保育教諭（保育者）と気持ちを通わせ、やり取りを楽しむ |

| 園の行事 | 24日●お花見散歩 |

週案

援助・配慮	家庭との連携
●マットに手足が引っ掛かる箇所がないかを事前に確認する ●あえて少し離れたところから呼びかけるなど、園児が自分でマットの上を動けるようにする	●マット上での様子や、自分からできた動きを伝え、発達を喜び合う ●全身運動の意義を伝える
●日よけのため、必ず帽子をかぶせる ●月齢や好みに合わせて乗せる車を選ぶ ●花見の際は、木の枝やトゲなど、園児に危険がないよう配慮する	●お花見や散歩時の表情・発語などの様子を伝える
●喃語や指差しを受け止めて言葉を返すなど、園児に共感する ●実物を見せながら「こいのぼりだよ」と伝えたりこいのぼりの歌を口ずさんだりし、園児の中でのマッチングにつなげる	●表情・発語など、こいのぼりを見てどのような反応があったかを伝える ●家庭でも季節の行事に興味を持ってもらえるようにする
●ポンポンポンという言葉をかける ●はじめに園児と一緒にタンポを持ち、押す ●園児が自分で手を動かそうとする際は、周りの環境に配慮しながら自由にできるようにする	●自分なりにタンポを使って表現していたことや、表情・発語など、製作時の様子を伝える
●絵の具が付いた手を口や目に入れないように注意し気を配る ●ぬりぬり、ぺたぺた、きれいだねなど、言葉をかけながら進める ●手に付いた絵の具をしっかりと落とす	●汚れてもよい衣類を事前に用意してもらう ●絵の具を使った際の表情・発語などの様子を伝える ●次週の行事後に作品を持ち帰ることを伝える
●ダイナミックな動きの活動時は、危険がないように見守る ●「ブーブーが並んだね」「いい音がするね」など、周りの様子に興味が持てるような言葉がけをする ●異年齢児の遊ぶ様子が見えやすいようにする ●園内の感染症流行状況によっては、室内を区切るなど、環境を工夫する	●異年齢児とのかかわりの様子や、その大切さを伝える

《 園児の評価 》

●マット運動では、自由にはったり転がったりする様子が見られた。マットの不安定な感覚を怖がる子は、だっこや手つなぎをしてゆっくりと動くことで、徐々に慣れることができた
●実物のこいのぼりに興味を示し、触ろうとしたり声を発したりする姿が見られた

《 自己評価 》

●入園・進級から1か月経ち、園児と保育教諭（保育者）との信頼関係も徐々に築かれている。園児ごとの生活リズムや特徴を把握し、職員も落ち着いて対応できるようになってきている
●新入園児の家庭には特に、園での様子や活動の意義を丁寧に伝えるよう心がけた。一緒に成長を喜び合うことができた
●園児の動きを制限したり誘導したりする場面があった。作品としての見栄えよりも、園児自身の表現や体験を大切にできるとよかった。今後は、クラス全体でその点を意識していきたい

週案② 夏

7月第2週

園児の姿
- 歩行が完了し、自由に動いて遊ぶことを楽しんでいる
- 表情や喃語を使って、保育教諭（保育者）に気持ちを表現する姿が見られる
- 手遊びや触れ合い遊びなど保育教諭（保育者）とのスキンシップを楽しんでいる
- 光る物や揺れる物に興味を示し、目で追ったり触ったりしている

月日	ねらい	予想される園児の活動
7月8日 月曜日	●園内を探索し、はいはいや歩行などで自由な移動を楽しむ	●保育教諭（保育者）の姿が見えなくなると不安になり、後追いをする ●探索活動の中で興味のあるものを見つけ、はいはいや歩行で移動して遊ぶ
7月9日 火曜日	●触れ合い遊びを通して、愛着関係を育む	●くり返されるリズムに心地よさを感じて遊ぶ ●保育教諭（保育者）とのスキンシップを喜び、くり返し遊ぶことを楽しむ。保育教諭（保育者）が体に触れることで安心感を得る
7月10日 水曜日	●ウォーターマットや水風船の感触や冷たさに興味を持って遊ぶ	●ウォーターマットに興味を持って近づき、手や足で触ったり上に乗ったりして遊びはじめる。冷たさや柔らかい感触にくり返し触って楽しむ ●触ることに抵抗がある子は様子を見たり、違う遊びを楽しむ
7月11日 木曜日	●一人一人の発達や体調に合わせて、水に触れて遊ぶことを楽しむ	●タライに張った水に浸かり、全身で水遊びを楽しむ ●遊具を使って、水をすくったり流したりすることを楽しむ ●水に濡れたり顔にかかったりすることを嫌がる子がいる ●シャワーや蛇口から出てくる水に手を伸ばし触って遊ぶ
7月12日 金曜日	●氷に興味を持ち、手で触れたり光る様子を見たりするなど五感で楽しむ	●氷に興味を持ち手で触るが、冷たさに驚く姿が見られる。氷をなめようと口に近づける子がいる。溶けた氷で水遊びを始める ●保育教諭（保育者）が手に持っているのを観察したり一緒に触ってみようとする
7月13日 土曜日	●保育教諭（保育者）に見守られながら、異年齢児とかかわり過ごす	●担任の保育教諭（保育者）がいることで、安心して好きな遊びを楽しむ ●平日保育と雰囲気が違い、落ち着かない様子が見られる ●一対一でゆっくりとかかわり、生理的欲求を受け止めてもらいながら安心して過ごす

| 週の
ねらい | ●安定した生活リズムの中で、暑い夏を健康で快適に過ごす
●水遊びや感触遊びを通して、様々な感触に触れることを楽しむ | | 園の行事 | 9日●水害訓練 | 週案 |

援助・配慮	家庭との連携
●水分補給や休息を取りながら、無理なく過ごせるようにする ●はいはいや歩行などそれぞれの移動を危険がないように見守る ●階段などの段差には必ず保育教諭（保育者）が側に付き、転倒等には十分注意する	●休日の様子や体調を保護者と共有し、個々に合わせた生活リズムで過ごせるようにする ●疲れや甘えたい気持ちを受け止め、安心して過ごせるようにかかわっていく
●園児の欲求に応えながらくり返し楽しめるようにする ●園児と目を合わせて楽しい気持ちを共有していく ●ゆったりと落ち着いて過ごせる環境を整え、触れ合い遊びを楽しめるようにする	●園児が好きな触れ合い遊びやわらべ歌などを保護者に伝え、家庭でのスキンシップのきっかけとなるようにする ●園で遊んでいる触れ合い遊びやわらべ歌などを、動画で発信し遊び方を知らせていく
●ウォーターマットや水風船は圧縮袋に入れ、破れて中身が出ないようにする ●ウォーターマットの中にモールやスポンジなどを入れ、見たり触ったりなど五感で楽しめるようにする ●水遊びが苦手な子でも袋の上から触って楽しめるようにする	●園児の遊びの様子を写真などで掲示し、園での様子や興味を持ったものなどを知らせていく ●手作り遊具の作り方をおたよりなどで知らせ、家庭でも楽しめるようにする
●水遊びの前に検温や視診を行い、個々の体調に合わせて水遊びや沐浴に参加できるようにする ●保育教諭（保育者）間で連携し、安全に配慮して水遊びを楽しめるよう見守る ●手で触りながら少しずつ水に慣れるようにする。水を怖がる場合は、だっこして保育教諭（保育者）と一緒に少しずつ楽しめるようにする	●連絡ノートや口頭で個々の体調を把握し、無理なく水遊びや沐浴を行う ●水遊びや沐浴に参加できない子は、シャワーで汗を流したり汗を拭き取り心地よく過ごせていることを伝える
●「冷たいね。つるつるしているね」など簡単な言葉で様子を伝えながら、一緒に楽しさを共有する ●触っていることで冷えすぎないように個々の様子を見守る ●溶けた氷で滑って転倒しないように、環境を整えながら遊ぶ	●氷遊びなどの夏ならではの遊びを発信していく ●夏の時期は、水や氷遊びで衣服が濡れたり、汗をかくことでこまめに着替えたりすることから、衣服を多めに準備してもらう
●喃語やしぐさなどで気持ちをくみ取り、気持ちを言葉にしたり受け止めて過ごせるようにする ●一対一でかかわり、気持ちを受け止めてもらいながら、安心して過ごせるようにする ●保育教諭（保育者）が仲立ちとなり、年上の友達とのかかわりが持てるようにする	●土曜日は普段の生活リズムと異なる中で登園する子もいるので、朝の受け入れ時に家庭での様子や体調などを聞き、無理なく過ごせるようにする ●小さな成長を見逃さずに伝え、子育ての喜びや自信につながるようにする

《 園児の評価 》

●休み明けは、生活リズムが整わず疲れも見られていた。個々の気持ちを受け止め、ゆったりとかかわることで、情緒の安定を図ることができた
●夏ならではの遊びに興味を持ち、手足や全身で楽しむ姿が見られた
●特定の保育教諭（保育者）への後追いや、人見知りが始まる子がいた
●喃語やしぐさなどで、保育者に思いを伝えようとすることが増えた
●保育者に見守られていることで、園内を自由に探索して遊ぶようになった

《 自己評価 》

●休み明けは、個々の様子を保育教諭（保育者）間で把握し、無理なく過ごせるように連携を取ることができた
●夏ならではの遊びを保育教諭（保育者）と一緒に楽しむ姿が見られたのでよかった。体を使った遊びのあとはゆっくりと休息を取ったりこまめに水分補給を行うことができた
●体調を崩す子がいたので、環境衛生に十分配慮し、健康観察をこまめに行い、感染症の早期発見や予防に努めていきたい
●安全面に留意して自由に探索活動ができるよう、環境づくりに努めた。行動範囲が広がり、探索活動を楽しむことができたのでよかった

週案 ③ 秋

10月第3週

園児の姿
- 喃語を発したり、指差しをして気持ちを表現しようとする
- はいはいや歩行が安定して、探索活動を楽しむ
- 音楽に合わせて手をたたいたり体を動かす

月日	ねらい	予想される園児の活動
10月16日 月曜日	**園庭・砂遊び** 砂を握ったり、つまんだり、落としたりして感触を楽しむ	● 砂の感触を楽しむ子もいるが、嫌がる子もいる ● スコップなどを使って遊ぶ ● 口に入れようとする子もいる
10月17日 火曜日	**散歩** 散歩で季節や自然に触れる	● お散歩カートからショベルカーの動きをじっと見ている ● 興味のあるものを発見した時は、指差しをしたり、声をあげたりして知らせる
10月18日 水曜日	**ペープサート** ペープサートの動きを見て、楽しい雰囲気を感じる	● ペープサートを目で追ったり、曲に合わせて身体を動かしたりする ● ペープサートを触りたくなり保育教諭（保育者）に近づく子がいる ● 興味がわかず他の場所に行こうとする
10月19日 木曜日	**粗大遊び** 伸び伸びと体を動かし、はう、歩くなど体を動かす楽しさを知る	● マットの斜面をはいはいで上ったり下りたりをくり返し楽しむ ● 壁を伝い、立って段差を上ろうとする ● 保育教諭（保育者）の声かけでトンネルをはいはいでくぐる
10月20日 金曜日	**リズム遊び** ピアノや音楽に合わせて体を動かすことを楽しむ	● わらべ歌やピアノの音に合わせて体を揺らしたり、手をたたいたりする ● 保育教諭（保育者）の振付を模倣しながら楽しむ
10月21日 土曜日	**異年齢交流** 年上児の遊びに興味を持ち、触ったり見たりして探索活動を楽しむ	● 興味のある場所に移動し意欲的に探索活動をする ● 見慣れない玩具に興味を持ち、触ったり、音を鳴らしたりして楽しむ

週の ねらい
- 戸外活動を楽しみ自然に触れる
- 見る、触れる、探索するなど身近な環境に自分からかかわろうとする
- 音楽に合わせて体を動かすことを楽しむ

園の行事 特になし

週案

援助・配慮	家庭との連携
● 事前に小石やごみを取り除いておく ● まだ暑い日もあるので気温と園児の体調を見ながら遊ぶ時間を調整する ● 保育教諭（保育者）がスコップなどを使って遊んでみせる ● 小石などを口に入れないよう十分注意する	● 汚れてもよい衣服を用意してもらう ● 体調について連絡をとり合い無理なく遊べるようにする
● 昆虫や草花があることを知らせ、園児が興味を持てるようにする ● 園児が指差しで知らせた時は、応答的に声のやり取りになるよう応え、感じたことに共感する	● 散歩の様子や園児の興味や関心を伝える ● 足のサイズに合った靴の選び方を知らせ、用意してもらう
● 身近な動物や食べ物、好きなキャラクターの絵を大きめにかいて見えやすくする ● 園児があきないよう5分以内程度の内容にする	● 興味を持った絵や歌を伝え、共有して家庭でも楽しめるようにする
● マット遊びでは、園児同士の距離を保ったり、マットからはみ出てけがしないようフロアマットを設置する ● 園児がバランスを崩し転倒しないよう保育教諭（保育者）は近くで支える	● 全身運動ができるように動きやすい衣服を用意してもらう ● できたことを伝え、一緒に成長を喜べるようにする
● 手をたたいたり体を揺らしたりするしぐさが見られたら保育教諭（保育者）も一緒に行い楽しさを共有する ● ピアノや音楽のリズムが速くならないよう園児のテンポに合わせる	● 好きな歌や活動の様子を伝え、家庭でも楽しめるようにする
● 安全面に気を付けて危険なものがないか確認をする ● 園児が十分に楽しめるような環境、発達に合った玩具を用意する ● 歩行が確立していない園児は転倒などに十分注意をする	● 興味のある遊びや玩具、異年齢児とのかかわりを知らせ、家庭でも園児同士のかかわりの参考になるようにする

《 園児の評価 》
- 砂遊びは、砂をつかんでは落としたりを何度もくり返し感触を楽しんでいた。時々保育教諭（保育者）がスコップを使って砂をバケツに入れて見せたが、砂の感触に集中していた
- リズム遊びは保育教諭（保育者）のまねをして、手を上げたり、体を揺らしたり楽しそうに遊ぶ姿が見られた。時々保育教諭（保育者）と目を合わせて楽しさを共有する姿があった

《 自己評価 》
- 今週は、天気がよく暑い日が続いた。園庭遊びや散歩の日は、園児の体調を見ながら遊びの時間を調整したり、こまめな水分補給を行ったことで健康に過ごすことができた
- ペープサートは、園児に興味を持ってもらえず中断する。次回は、興味が持てるような歌や絵を工夫する。園児が転倒しないよう保育教諭（保育者）同士の連携ができていたのでよかった

週案 ④ 冬

12月第1週

園児の姿
- 初めての活動を喜び、意欲的に楽しむ

月日	ねらい	予想される園児の活動
12月1日 月曜日	**外遊び** 冬の自然物に気付き、興味を持つ	●保育教諭（保育者）と一緒に気付き、興味を持って触れようとする ●カップや容器などに見つけた物をつまんで入れようとする
12月2日 火曜日	**絵の具遊び** 絵の具を使って手に触れる感触を楽しむ	●興味を持って触れ、絵の具の感触を楽しむ ●手に付くことを拒み、表情が硬くなる子がいる
12月3日 水曜日	**光遊び** カラーセロファンを使って映る光を感じる	●ペットボトルに水とセロファンを入れ、転がしたり振ったりして、光の色を楽しむ ●セロファンを窓に貼って、色が映る様子を見て室内や外での変化に手を伸ばす
12月4日 木曜日	**リトミック遊び** 様々な音を出し、楽しむ	●鈴やマラカス、音の鳴る物を手にして、振って楽しむ ●曲に合わせて鳴らすことで、音楽やリズムを感じて体を揺らす
12月5日 金曜日	**外遊び** 大きなカラフルシートで動きのある遊びを楽しむ	●くぐったり、手に持ったり、広げたり、上に座ったりとカラフルシートを思い思いに使って、全身で楽しむ
12月6日 土曜日	**縦割り保育** 様々なものに興味を持ち、探索活動を楽しむ	●興味のあるものに手を伸ばしたり、興味のある場所に移動したりと意欲的に活動する ●異年齢児とのかかわりを楽しむ

| 週のねらい | ●様々な活動の中での出会いを大切に五感で楽しめるようにする
●冬ならではの自然に親しみ喜びを味わう | | 園の行事 | 特になし |

週案

援助・配慮	家庭との連携
●遊ぶ中で発見、気付きを見つけられるよう視点を広く持ちかかわる ●見つけたことから次の遊びへとつなげられるように容器など遊びが広がる物を用意する	●発見や気付きの喜びが伝わるように、写真などを展示していく
●誤飲に注意する ●手に持ちやすい様々な素材（エアパッキン、綿、スポンジなど）を用意し、自分で選べるようにする	●汚れてもよい衣服を用意してもらう ●作品を飾り、園児との会話を楽しめるようにする
●光の暖かさや不思議さ、おもしろさを感じ、言葉でのやり取りにより喜びを共有するようかかわる ●光が動く様子や色の移り変わりの変化に触れたり、見て気付けるよう声かけを行う	●家庭においても身近なもので光遊びに親しめるよう見本を展示し、手に取って見てもらえるようにする
●音に親しみ鳴らし方を知ることでくり返し行い、おもしろさを感じられるようにする ●クリスマスの絵本や歌に親しみ、クリスマスの雰囲気を楽器を使って全身で表現できるようにする	●気付いた音や、やってみたことを家庭と共有し、楽しさを伝え合えるようにする
●カラーポリ袋をつなげてカラフルシートを作り、光のトンネルにしたりシートの上に寝転んだりと楽しさが広がるようにする	●初めての活動の際の表情の変化を感じてもらえるよう写真などを使って共有し、不安解消につなげていく
●危険物がないか確認を行う ●十分な探索活動ができるよう、職員間で連携する ●異年齢児とたくさん触れ合えるようにする	●探索活動の様子や異年齢児との交流について共有できるようにする

《 園児の評価 》

- 初めての素材との出合いに興味を持って手にして楽しんでいる
- 初めてのことに様子を伺い、周りの友達を見て、やりはじめる子もいた
- 色付くことが分かると意欲を持って、自分でやってみようとしていた
- 手が汚れるのを拒んだり、場所見知りをしたりして、保育教諭（保育者）のそばを離れない子もいた

《 自己評価 》

- 素材や環境を設定する中でたくさんの出合いを大切にすることができた
- 誤飲等の危険がないようしっかり見守りながらかかわることができた
- 今後も経験の幅が広がるよう、姿を見守り、表情やしぐさから感じていることや考えていることを読み取り、遊びを発展させていきたい

個別指導計画①

4月　園児名　徳島 はるさん（4か月）

園児の姿	乳児3つの視点	□ねらいと☆内容
●泣くことなく母と離れ、保育教諭（保育者）にだっこされる ●保育室をじっと見回す ●音に敏感ですぐに目を覚まし、浅い眠りをくり返す ●空腹やおむつの汚れなどを感じると泣いて知らせる ●授乳時、保育教諭（保育者）の顔をじっと見つめる ●保育教諭（保育者）の声かけに、時折笑顔を見せる	健やかに伸び伸びと育つ	□生活リズムを把握し、生理的欲求を満たし安心して過ごせるようにする ☆静かな環境の中で、安心して眠る ☆生理的欲求を満たし、情緒の安定を図る ☆安心した雰囲気の中で授乳を行い、満たされる感覚を味わう
●泣いていても、だっこされると落ち着き、泣き止む ●声がする方向へ顔を向けたり目で追ったりする ●腹ばいになると、首を持ち上げようとする ●目の前の物や動く物などを目で追い手を伸ばしたり、触れようとする ●手足を動かしたり、体をひねったりと活発に動き、寝返りしそうになる	身近な人と気持ちが通じ合う	□特定の保育教諭（保育者）との触れ合いや応答的なかかわりの中で、新しい環境に少しずつ慣れていく ☆保育教諭（保育者）の声かけやスキンシップに表情豊かに反応し喜ぶ ☆特定の保育教諭（保育者）とのかかわりの中で愛着関係を築き、園生活に慣れる
	身近なものとかかわり感性が育つ	□ゆったりとした雰囲気の中で、特定の保育教諭（保育者）に見守られ、手足を動かしたり興味のある物に触れ楽しむ ☆腹ばいで過ごす中で、友達を目で追ったり、周りに関心を持ったりする

子育ての支援（保護者支援）

- 特定の保育教諭（保育者）が受け入れを担当し、落ち着いて過ごせるようにする
- 授乳の様子や睡眠など、細かい所まで保護者に聞き、家庭と園の生活がつながる中で、無理なく新しい環境に慣れていけるようにする
- 園での様子を連絡帳や口頭で伝えたり、保護者の思いを受け止めたりしながら、連携を図っていく

環境構成	援助・配慮事項
●静かな環境を整え、安心して一定時間眠れるようにする ●温度や湿度をこまめに確認し心地よく過ごせるよう環境を整える ●ゆったりとした雰囲気の中で安心してミルクが飲めるようにする ●落ち着いた環境を作り、特定の保育教諭（保育者）とじっくりとかかわりが持てるようにする ●優しく声をかけたり、笑顔を見せながら、安心できる雰囲気作りをする ●心地よいマットなどを準備し、十分に触れ合いを持てるようにする ●寝返りしても危険がないよう安全なスペースを確保する ●口に入れても安全で清潔な物を用意する ●音や動きのある物、手触りのよい玩具を準備する	●表情や様子を見ながら、小さな変化に適切に対応し、情緒の安定を図る ●時間や好みの温度などを把握し、落ち着いてミルクが飲めるようにする ●午睡中は、目を離さず、様子をこまめに観察し、SIDSの予防につなげる ●特定の保育教諭（保育者）を中心に、丁寧なかかわりの中で一対一の心地よさを味わい、愛着関係を築いていく ●発した声に優しく応答したり、スキンシップを取り、安心感が持てるようにする ●明るい笑顔で語りかけ、愛されている感覚がわくように、和やかな雰囲気を作る ●腹ばいの姿勢になり、周りの様子に目が向くよう促していく ●玩具を手の届く所や視界に入る所へ持っていき、感触や手触りを楽しめるようにする ●誤飲などがないように近くで見守り、すぐに対応できるようにする

《 園児の評価・自己評価 》

●特定の保育教諭（保育者）とのかかわりの中で、欲求を満たし、声かけなどにも笑顔を見せるようになってきた。しかし、音などには敏感に反応しすぐに目を覚ましてしまうため、安心できる環境を整えていきたい。家庭とは、連絡帳や口頭でこまめに連絡をとり合い、成長を共有することで、信頼関係が築かれてきた

個別指導計画

個別指導計画②

7月　園児名　鹿児島 なつさん（7か月）

園児の姿	乳児 3つの視点	ねらいと内容
●食事の準備をすると口を動かして喜ぶ ●昼間、目覚めている時間が増え、一定時間眠れるようになる ●名前を呼んだり声をかけたりすると喜んで手足をばたつかせ、体で喜びを表現している ●保育教諭（保育者）のひざの上に座って絵本を見ている ●支えてもらいながら座って過ごす時間が増えてくる ●腹ばいや仰向けなど、体を自由に動かして喜んでいる ●戸外に散歩に行くと、周囲に興味を持ち見渡している	健やかに伸び伸びと育つ	●離乳中期食を始める ●沐浴やシャワーで汗を流し、清潔にすることで心地よさを感じる ●睡眠のリズムが午前と午後の眠りになってくる
	身近な人と気持ちが通じ合う	●触れ合い遊びや保育教諭（保育者）とのやり取りを、声を発したりして笑顔で楽しむ ●保育教諭（保育者）の心地よい歌声や絵本の読み聞かせを喜ぶ
	身近なものとかかわり感性が育つ	●座って好きな玩具で遊ぶ ●目の前にある玩具に向かって手を伸ばしたり、ずりばいで移動し探索活動を楽しむ ●たらいに張った水に浮かんだ玩具を眺めたり水を触ったりして遊ぶ

子育ての支援（保護者支援）

●離乳食の形状や量、食材を確認しながら家庭と連携して進めていく
●沐浴、シャワーに必要なタオル、衣服を準備してもらう
●感染症の情報を分かりやすく伝え、子どもの健康状態について連絡をとり合う
●離乳食を始める前に必ず未摂取の食品を保護者に確認してもらう

環境構成	援助・配慮事項
● 「おいしいね」「もぐもぐしようね」などと優しく言葉をかけながら穏やかに食べる雰囲気を作る ● 気温や湿度に応じて冷房を使い分け、適切な室内温度を保つ ● 言葉のリズムが楽しい絵本を選び準備する ● 絵本を身近に感じることができるよう手に取りやすい場所に配置する ● 音の出る玩具、握りやすい玩具を準備する ● 手を伸ばして握れる位置やずりばいで取りやすい距離に玩具を置く ● 安全に水遊びができるよう水の量を調整する	● ごっくんと飲み込んだことを確認してから次の一口を運ぶ ● 健康状態をよく観察して沐浴やシャワーを行う ● 着替え時「ズボンをはこうね」など丁寧な言葉がけに配慮する ● 発した声を表情豊かに受け止める ● ゆったりとした雰囲気の中で一対一で歌ったり絵本を見たりするよう心掛ける ● 気に入った手遊びをくり返し楽しむようにする ● 広いスペースを確保し、安心して探索活動ができるよう見守る ● 表情をよく見て、少しずつ遠くに置くなど、玩具の位置を変化させ工夫する ● 外気温に考慮し短い時間で水の感触を一緒に楽しむ

個別指導計画

❮ 園児の評価・自己評価 ❯

● 園での離乳食の様子を伝え、家庭でも食べてほしい食材を増やすことで、協力しながら進めることができた
● 広いスペースや興味のある玩具など、環境設定を十分に考慮したことで探索活動を楽しむことができた
● 健康状態を観察しながら、水遊びやシャワーを楽しむことができた

個別指導計画③

9月　園児名　岩手 あきさん（9か月）

園児の姿	乳児3つの視点	□ねらいと☆内容
●自分の思いをうまく表現することができず、泣く姿が見られ、特に入眠時は大泣きすることがある ●保育教諭（保育者）や友達とのかかわりを喜び、体を揺らして音楽を楽しむ姿が見られ、表情も豊かになってきている	健やかに伸び伸びと育つ	□心地よく眠れるよう、欲求を満たし満足いくまで遊ぶ ☆もう一回、もう一回とくり返し好きな遊びを十分楽しみ、満足して入眠へつなげる
	身近な人と気持ちが通じ合う	□簡単な言葉による模倣遊びを通して、保育教諭（保育者）と触れ合う ☆「ちょうだい・ありがとう」など生活の中でよく使う言葉でやり取りを楽しむ
	身近なものとかかわり感性が育つ	□保育教諭（保育者）の歌や曲に合わせ、模倣したりリズムを感じたりする ☆保育教諭（保育者）のまねをしながらリズムを取ったり、体を揺らしたりしながら音楽を楽しむ

子育ての支援（保護者支援）

●汗疹やおむつかぶれになりやすい季節なので着替えやおむつ交換の際によく観察し、状態を共有する
●成長のステップ（今月はこんなことができるようになりましたね。来月はこんなことができるようになるといいですね、など）を伝え、成長の段階に見通しが得られるようにし、できた喜びや困りごとを引き出し連携や協働を図る

環境構成	援助・配慮事項
●特定の保育教諭（保育者）とゆったりと落ち着いた雰囲気の中で生活する ●触れ合う中での相互の間（反応や次の展開までの時間）を大切にし、本児の心地よいペースを引き出していく ●本児の表情や感情に気付き、その場に合った言葉がけや遊び方を工夫し、興味を引き出す	●室温等に気を配りながら、こまめに汗を拭き心地よく遊べるようにする ●機嫌が悪い時は無理せずゆっくり過ごす ●活動と休息のバランスを取り、生活リズムを整えるようにする ●安心して眠れるよう、入眠前の時間に余裕を持ち、静かでリラックスできる環境を整える

個別指導計画

❮ 園児の評価・自己評価 ❯

●特定の保育教諭（保育者）が応答的にかかわることで毎日登園でき、笑顔で楽しむ姿が多く見られた。入眠時は不安があるためリラックスできるようスキンシップを図ることで、泣く姿が少なくなった
●遊びの中で次への意欲が持てるように工夫したため、本児の感情を読み取りながらかかわることができた。一方で、次の活動への意識が強くなりゆったりとした雰囲気作りが少し足りないと反省し、時間に余裕を持って遊ぶことを意識しながらかかわれるよう心がけたい

個別指導計画④

11月　園児名　熊本 もみじさん（11か月）

園児の姿	乳児 3つの視点	ねらいと内容
●慣れた保育教諭（保育者）では安心できるが他の保育教諭（保育者）には慣れないことが多い ●食べることが好きで口の中いっぱいに詰め込んで食べようとする姿があった ●安心できる環境の中で保育教諭（保育者）にかかわってもらいながら、安心して眠っていた ●自分から声を発し保育教諭（保育者）に訴えるようになった ●手先を使った遊びを好みシール遊びでは催促することもあった。室内滑り台などを意欲的に楽しむ姿があった	健やかに 伸び伸びと 育つ	●はいはいやつかまり立ちで行動範囲を広げていき移動活動を楽しむ ●手指や足指を使った活動も徐々に取り入れ体全体の動きも活発になるようにしていく
	身近な人と 気持ちが 通じ合う	●欲求や快・不快の気持ちを声やしぐさなどで知らせる ●保育教諭（保育者）に見守られている中で満足するまで遊んだり眠ったりして安心感を得られるようにする
	身近なものと かかわり 感性が育つ	●気に入った玩具や場所はくり返しその場所へ行ったり触ったりする中で、興味や遊びの楽しさを知っていく

子育ての支援（保護者支援）

●日々の様子を口頭や連絡帳で伝え合い、本児の成長を共に喜んだり考えたりできるような関係を築くことを心がける
●1日の気温差が大きいので調節しやすい衣服の準備をしてもらう
●家庭との連携を取りながら生活リズムを整えていく
●感染症についての情報を提供し、健康状態についてこまめに伝え合う

環境構成	援助・配慮事項
●つかまり立ちをする時は、周囲の安全を十分に確認し、そばに付いたりするようにする ●スキンシップを図り、優しく言葉をかけたりしてかかわりを楽しんでいけるようにする ●口に持っていきそうな玩具は特に安全面に留意して遊べるようにする ●食事の時はそしゃくの機能発達がうまく進んでいるか見守りながら、食べる時の体の状態や食事の環境を整えていく	●気持ちや欲求を丁寧に受け止め、保育教諭（保育者）に見守られている安心感を感じながら生活できるようにしていく ●保育教諭（保育者）にかかわってもらいながら安心して眠れるように配慮する ●甘えなどの欲求を満たし情緒の安定を図る ●興味のありそうな玩具の準備をするが、好きな玩具だけでなく他の園児が楽しんでいる様子も見えるようにしていく

《 園児の評価・自己評価 》

●つかまり立ちする姿がよく見られるようになってきたので危険予測をし、配慮したことで自由に移動できていた
●変わらず甘えが強かったが、保育教諭（保育者）がそばにいることで安心して過ごせた。ミルクの量を減らした

個別指導計画

個別指導計画⑤

2月 園児名 **福島 ふゆ**さん（1歳2か月）

園児の姿	満1歳以上満3歳未満の5領域	□ねらいと☆内容
●「手を洗いに行くよ」という保育教諭（保育者）からの呼びかけに、手洗い場に行き手を出そうとする姿が見られてきた ●積み木を積む、入れる、出すといった遊びを楽しむ。できた喜びを保育教諭（保育者）に伝えようと両手をたたき拍手で表現する。保育教諭（保育者）が本児に「たくさん積めたね」と声をかけ拍手し喜ぶと満足そうな表情を見せ、同じ遊びを何度もくり返ししようとする ●つかまり立ちから1、2歩歩行ができるようになり、行動範囲が広がってきている ●保育教諭（保育者）のそばまではいはいやつかまり立ちで寄っていく。保育教諭（保育者）に向かって笑顔を見せたり自分はここにいるよという意味を込め手を振り、保育教諭（保育者）に対し親しみを表現している ●絵本を読んでもらう中で、興味のある物を指差し保育教諭（保育者）を見つめる。保育教諭（保育者）が本児の思いを代弁し「〇〇見つけたね」というと自分の思いが伝わった喜びを感じている ●戸外に散歩に行き、気になったものを見つけると指差し、保育教諭（保育者）に伝えようとする ●好きな歌をうたってもらったりピアノに合わせて体をゆらしたり手を振ったりして表現することを楽しんでいる	健康	□保育教諭（保育者）と一緒に身の回りのことをしてみようとする ☆手洗いの前に「腕まくりできるかな？」と声をかけられると、袖をめくり手を一緒に洗う ☆保育教諭（保育者）に手伝ってもらいながらズボンを自分で上げようとする
	人間関係	□保育教諭（保育者）などと触れ合い遊びや玩具で一緒に遊ぶ中で、周りの園児を意識する ☆保育教諭（保育者）と一緒に触れ合い遊びを楽しむ ☆他児のしている遊びを見てそばに行き同じ遊びをしてみようとする
	環境	□歩いたり散歩車で戸外に行き、冬ならではの自然に親しむ ☆戸外遊びや散歩を積極的に行い外気に触れる ☆階段はいはいやマットの山登りをし、歩行につなげる
	言葉	□本児の思いを代弁して伝えていくことで言葉につなげていく ☆本児が指差しで伝えてきた物を言葉と絵が一致するように伝えていく ☆本児の思いを丁寧に読み取り、してほしいことなどを言葉で代弁する
	表現	□保育教諭（保育者）と一緒に音楽に合わせて表現する楽しさを味わう ☆好きな歌や保育教諭（保育者）の歌に合わせて体をゆらしたり手を振ったりして表現することを楽しむ

子育ての支援（保護者支援）

●ズボンの着脱をしてみようとする姿が増えてきているので、脱ぎ着しやすいデザインのズボンについて知らせていく。トイレトレーニングの見通しを伝え、肌着や衣服は自分で着脱しやすい物を伝えていく
●感染症の発生状況を知らせ、手洗いなど家庭での予防の協力をお願いする
●体調の変化などは、家庭と園が協力して早期発見につなげていく

環境構成	援助・配慮事項
●本児に合わせた台を用意し座ってズボンをはいたり脱いだりできる環境を用意する ●つたい歩きや一人歩きなどバランスを崩しやすい時期のため、使っていない玩具を片付けるなど、安全面に配慮する ●友達が持っている玩具と同じ物を欲しがる時期なので、同じ玩具を複数用意しておく ●暖かい日はテラスに出たり、散歩車に乗り外気に触れたりできるように準備をしておく ●雪が降りそうな日は園庭にタライを置き、雪に触れることのできる環境を準備する ●園児の興味や発達に合わせて体を動かせるよう遊具を準備する ●園児たちのお気に入りの本を取り出しやすいようにブックスタンドに立てておく ●園児たちが出し入れしやすい場所に音の鳴る玩具を置き、いつでも出したり片付けたりが楽しめるようにしておく	●腕まくりの歌に合わせ保育教諭（保育者）がモデルとなり歌に合わせ腕まくりをしてみせることで、本児のやってみようとする思いを高めていく ●あらかじめ足にズボンを通し、自分でズボンを上げることができるように配慮する ●できた喜びや綺麗になった思いを保育教諭（保育者）が言葉や行動で示し共感することで、次につなげていく ●周りの園児にかかわろうとする気持ちを受け止め、仲立ちしながらかかわり方を知らせ、一緒に過ごすことを楽しめるようにする ●玩具の取り合いでは「ふゆさんも遊びたいのかな？」と本児の気持ちを言葉にしながら同じような玩具を渡すなどして応える ●保育教諭（保育者）と手遊びや触れ合い遊びをする中で楽しさに共感する ●雪が降ったり保育教諭（保育者）の息が白くなったりする様子を一緒に見ることで冬ならではの体験をする ●自分で歩こうとする姿を見守り、そのうれしさに共感していく ●階段はいはいやマットの山登りをすることで、遊びの中で足腰を鍛える動きを取り入れ、歩行へとつなげていく ●絵本や身近な物を指差したり、喃語で伝えようとする姿を丁寧に受け止め、共感しながら応えていく ●わらべ歌や触れ合い遊びなどの歌に合わせて、体を動かして表現する姿を温かく見守ったり本児の要求に合わせて好きな歌をうたったりして一緒に楽しむ

個別指導計画

⟨ 園児の評価・自己評価 ⟩

●あらかじめ足にズボンを通すことで、自分でズボンを上げられた経験から、ズボンをはこうとする意欲が高まっている。本児の様子を見ながら身の回りのことへの興味を広げていけるように援助する
●本児の言葉にならない思いを身振りや「あ！」という表現から受け止め言葉で代弁していくことを意識した
●保育教諭（保育者）との信頼関係を深めながら、他児に興味がわくように仲立ちをすることで、他児と同じ遊びをする喜びを笑顔で表現していた

個別指導計画⑥

3月　園児名　青森 はなさん（1歳4か月）

園児の姿	満1歳以上満3歳未満の5領域	ねらいと内容
●手づかみで食べる時もあるが、スプーンを使うことに興味を持ちはじめる ●保育教諭（保育者）と一緒に玩具で遊ぶことで、不安な気持ちを受け止めてもらい、安心して過ごしている ●自分のロッカーやカバンが分かり、お迎えが来ると指差ししたり、自分でカバンを引っ張り出してきたりする ●身振り手振りや単語で自分の気持ちを表現するようになり、言いたいことを保育教諭（保育者）に代弁してもらい、思いを受け止めてもらったことに喜びを感じている ●保育教諭（保育者）が手遊びをすると、まねをして体を動かしたり、手をたたいたりして表現することを楽しんでいる	健康	●スプーンを持とうとする気持ちを尊重しながら持ち方を援助してもらい、楽しい雰囲気の中で食事をする ●マット運動などで歩いたり四つんばいになり、全身を動かして遊ぶ心地よさを感じる
	人間関係	●好きな玩具で遊びながら、友達の遊びに興味を示す
	環境	●進級に向けて、いつもと違う場所で安心できる保育教諭（保育者）と一緒に過ごす ●保育教諭（保育者）と一緒に戸外に出て、初春の日差しの心地よさを肌で感じる
	言葉	●簡単な言葉が分かり、身振り手振りを交えながら保育教諭（保育者）に気持ちを伝えようとする
	表現	●柔らかい紙や、小麦粉粘土などを丸めたり触ったりして感触の違いを楽しむ ●保育教諭（保育者）の膝に乗りながらわらべ歌をうたってもらうことを喜ぶ

子育ての支援（保護者支援）

●進級に向けて保護者が不安にならないように、普段の園での成長を伝え、喜びを共感できるようにする
●言葉の表出が盛んになる時期なので、本児の欲求や気持ちを受け止めてあげることが、発語への意欲につながることを伝え家庭と連携を図っていくようにする

環境構成	援助・配慮事項
●口の周りが汚れたらきれいに拭けるようにタオルを用意する ●マットで障害になる山を作ったりし、子どもが挑戦して取り組めるような環境を作る ●保育教諭（保育者）を仲立ちとし、友達の遊びに目が届くように玩具などを置いて遊んだり、玩具が取り合いにならないように十分な数を用意する ●進級するクラスで使う椅子や机を使って食事したり、いつもと違うトイレにも慣れるようにする ●靴を準備し、戸外を歩けるようにする ●保育教諭（保育者）が正しい言葉遣いをする ●簡単な言葉に親しめるような絵本を子どもが手の届く場所に置く ●本児が握りやすく、形の変化が楽しめる素材を用意する ●保育教諭（保育者）と一対一でゆったりとかかわれる環境を作る	●清潔な状態を本児が心地よいと感じられるように手や口の周りが汚れたら拭くように促したり、拭いてあげたりする ●転倒や怪我のないようにそばに付いて見守るようにする ●保育教諭（保育者）が玩具で遊び方を見せ、本児がまねして遊べるように働きかけたり、友達の名前を呼んだりして、友達に興味が持てるようにする ●進級してから安心して過ごせるように、少しずつ環境に慣れていけるように心がける ●冬から初春への季節の移り変わりを見たり、聴いたり、肌で感じられるように園児たちに声をかけたり、実際に手で触れる体験ができるようにする ●普段から正しい言葉遣いを心がける ●絵本などの読み聞かせを通して簡単なあいさつなど身振り手振りを交えて、丁寧に温かく伝えていくように心がける ●本児が口に入れないように配慮し、素材の感触を楽しめるように丸めて見せたり、触らせてみたりする ●歌の曲のテンポや音程に配慮し、全身で音楽を感じられるようにする

個別指導計画

《 園児の評価・自己評価 》

●安全な環境に配慮したため歩行もだいぶ安定し、探索活動を十分に楽しめていた
●身振り手振りで伝えるように声かけをしたことで応答的にかかわれるようになった

食育計画の見方

食育計画は0・1・2歳児をまとめて記載しています。

❶ 年間目標

一年間を通して身に付けてほしいこと、経験してほしい内容について「食と健康」「食と人間関係」「食と文化」「命の育ちと食」「料理と食」の5項目の観点から記載しています。

❷ ねらい・内容

「年間目標」を達成するための「ねらい」、またそのために行う具体的な「内容」について取り上げています。

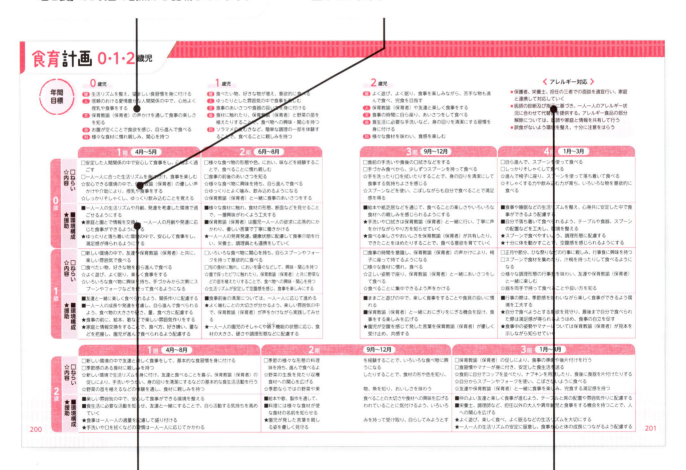

❸ 環境構成・援助

「ねらい」を達成するために「内容」を行う際、どのような「環境構成」をしたらよいか、またどのような「援助」が必要かについて記載しています。

❹ アレルギー対応

子どもの「アレルギー対応」についての具体的な対策を記載しています。

健康と安全の計画の見方

健康と安全の計画は0・1歳児をまとめて記載しています。

❶ 園行事及び園事業
それぞれの時期に園で行うことが想定される行事について、0・1歳児は1〜4期に分けて記載しています。

❷ 健康
子どもたちの健康を保持し健やかに過ごすために、園として行うことを具体的に記載しています。

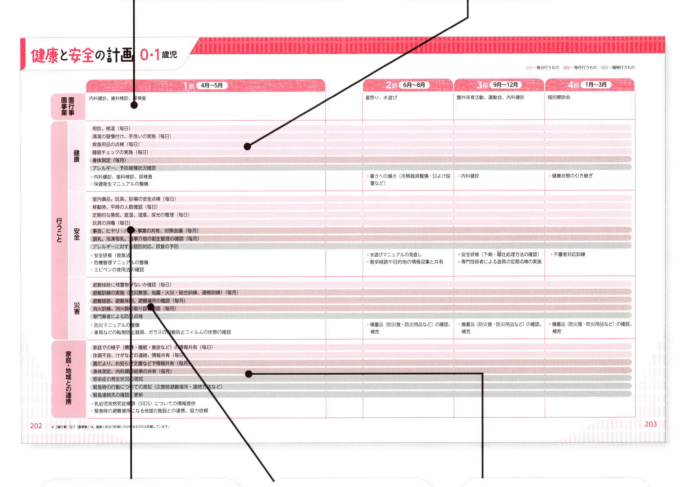

❸ 安全
子どもの安全を確保するための環境設定、及び必要となる設備点検や、安全教育について記載しています。

❹ 災害
様々な自然災害の発生を想定した対策や備えについて記載しています。

❺ 家庭・地域との連携
子どもの健康と安全のために、家庭や地域と連携して行う事柄について記載しています。

食育計画 0・1・2歳児

年間目標

0歳児
- 健 生活リズムを整え、望ましい食習慣を身に付ける
- 人 信頼のおける愛情豊かな人間関係の中で、心地よく授乳や食事をする
- 文 保育教諭（保育者）の声かけを通して食事の楽しさを知る
- 命 お腹が空くことで食欲を感じ、自ら進んで食べる
- 科 様々な食材に慣れ親しみ、関心を持つ

1歳児
- 健 食べたい物、好きな物が増え、意欲的に食べる
- 人 ゆったりとした雰囲気の中で食事を楽しむ
- 文 食事のあいさつや食器の扱い方を身に付ける
- 命 食材に触れたり、保育教諭（保育者）と野菜の苗を植えたりすることで、食べ物への興味・関心を持つ
- 科 ソラマメの皮むきなど、簡単な調理の一部を体験することで、食べることに親しみを持つ

		1期 4月～5月	2期 6月～8月
0歳	☆□ねらい内容	□安定した人間関係の中で安心して食事をし、心地よく過ごす □一人一人に合った生活リズムを身に付け、食事を楽しむ ☆安心できる環境の中で、保育教諭（保育者）の優しい声かけや介助により、授乳や食事をする ☆しっかりそしゃくし、ゆっくり飲み込むことを覚える	□様々な食べ物の形態や色、におい、味などを経験することで、食べることに慣れ親しむ □食事の前後のあいさつを知る ☆様々な食べ物に興味を持ち、自ら進んで食べる ☆ゆっくりとよく噛み、飲み込めるようになる ☆保育教諭（保育者）と一緒に食事のあいさつをする
	★■環境構成援助	■一人一人の生活リズムや月齢、発達を考慮した環境で過ごせるようにする ★家庭と園とで情報を交換し、一人一人の月齢や発達に応じた食事ができるようにする ★ゆったりと落ち着いた環境の中で、安心して食事をし、満足感が得られるようにする	■様々な食材に触れ、食材の形態、断面などを見せることで、一層興味がわくよう工夫する ■保育教諭（保育者）は園児一人一人の欲求に応答的にかかわり、優しい言葉で丁寧に働きかける ★一人一人の発育発達、健康状態に配慮して食事介助を行い、栄養士、調理員とも連携をしていく
1歳	☆□ねらい内容	□新しい環境の中で、友達や保育教諭（保育者）と共に、楽しい雰囲気で食べる □食べたい物、好きな物を自ら進んで食べる ☆よく遊び、よく眠り、楽しく食事をする ☆いろいろな食べ物に興味を持ち、手づかみから次第にスプーンやフォークなどを使って食べるようになる	□いろいろな食べ物に関心を持ち、自らスプーンやフォークを持って意欲的に食べる □旬の食材に触れ、においを嗅ぐなどして、興味・関心を持つ ☆園で採ったビワに触れたり、保育教諭（保育者）と共に野菜などの苗を植えたりすることで、食べ物への興味・関心を持つ ☆生活リズムが安定して空腹感を感じ、食事を楽しみにする
	★■環境構成援助	■友達と一緒に楽しく食べられるよう、関係作りに配慮する ■一人一人の成長や発達を考慮し、自ら進んで食べられるよう、食べ物の大きさや硬さ、量、食べ方に配慮する ★食事の前に、絵本、歌などで楽しい雰囲気作りをする ★家庭と情報交換をすることで、食べ方、好き嫌い、量などを把握し、園児が進んで食べられるよう配慮する	■食事前後の清潔については、一人一人に応じて進める ★よく噛むことの大切さが分かるよう、楽しい雰囲気の中で、保育教諭（保育者）が声をかけながら実践してみせる ★一人一人の園児のそしゃくや嚥下機能の状態に応じ、食材の大きさ、硬さや調理形態などに配慮する

		1期 4月～8月	2期
2歳	☆□ねらい内容	□新しい環境の中で友達と楽しく食事をして、基本的な食習慣を身に付ける □季節感のある食材に親しみを持つ ☆新しい環境で生活リズムを身に付け、友達と食べることを喜ぶ。保育教諭（保育者）の促しにより、手洗いやうがい、身の回りを清潔にするなどの基本的な食生活活動を行う ☆野菜の苗を植えるなどの体験を通し、食材に親しみを持つ	□季節の様々な形態の料理味を持ち、進んで食べるよ ☆野菜の生長を見たり収穫食材への関心を広げる ☆季節ならではの野菜や果
	★■環境構成援助	■楽しい雰囲気の中で、安心して食事ができる環境を整える ■食生活に必要な活動を知らせ、友達と一緒にすることで、自ら活動する気持ちを高めていく ★食事は一人一人の適量を配慮して盛り付ける ★手洗いや口を拭くなどの習慣は一人一人に応じてかかわる	■絵本や歌、製作を通して、 ■料理には様々な食材が使な食材の名前を知らせる ★園児が発した言葉を親しる姿を優しく見守る

2歳児

- **健** よく遊び、よく眠り、食事を楽しみながら、苦手な物も進んで食べ、完食を目指す
- **人** 保育教諭（保育者）や友達と楽しく食事をする
- **文** 食事の時間に自ら座り、あいさつをして食べる
- **命** 食生活に必要な手洗いなど、身の回りを清潔にする習慣を身に付ける
- **科** 様々な食材を味わい、食感を楽しむ

◀ アレルギー対応 ▶

- 保護者、栄養士、担任の三者での面談を適宜行い、家庭と連携して対応していく
- 医師の診断及び指示に基づき、一人一人のアレルギー状況に合わせて代替食を提供する。アレルギー食品の部分解除については、医師や家庭と情報を共有して行う
- 誤食がないよう環境を整え、十分に注意をはらう

3期　9月〜12月	4期　1月〜3月
□食前の手洗いや食後の口拭きなどをする □手づかみ食べから、少しずつスプーンを持って食べる ☆手を洗ったり口を拭いたりすることで、身の回りを清潔にして食事する気持ちよさを感じる ☆スプーンなどを使い、こぼしながらも自分で食べることで満足感を得る	□自ら進んで、スプーンを使って食べる □しっかりそしゃくして食べる ☆進んで椅子に座り、スプーンを使って落ち着いて食べる ☆そしゃくする力や飲み込む力が育ち、いろいろな物を意欲的に食べる
■絵本や紙芝居などを通じて、食べることの楽しさやいろいろな食材への親しみを感じられるようにする ★手洗いや口拭きは保育教諭（保育者）と一緒に行い、丁寧に声をかけながらやり方を知らせていく ★食べる楽しさやおいしさを保育教諭（保育者）が共有したり、できたことをほめたりすることで、食べる意欲を育てていく	■食事や睡眠などの生活リズムを整え、心身共に安定した中で食事ができるよう配慮する ■自分で落ち着いて食べられるよう、テーブルや食器、スプーンの配置などを工夫し、環境を整える ★スプーンで食べやすいよう、調理形態に配慮する ★十分に体を動かすことで、空腹感を感じられるようにする
□食事の時間を意識し、保育教諭（保育者）の声かけにより、椅子に座って待てるようになる □様々な食材に慣れ、食べる ☆正しい姿勢で座り、保育教諭（保育者）と一緒にあいさつをして食べる ☆食べることに集中できるよう声をかける	□正月や節分、ひな祭りなどの行事に親しみ、行事食に興味を持つ □スプーンで食材を集めたり、汁椀を持ったりして食べるようになる ☆様々な調理形態の行事食を味わい、友達や保育教諭（保育者）と一緒に楽しむ ☆器を両手で持って食べることや扱い方を知る
■ままごと遊びの中で、楽しく食事をすることや食具の扱いに慣れる ■保育教諭（保育者）と一緒におにぎりをにぎる機会を設け、食事をする楽しみを広げる ★園児が空腹を感じて発した言葉を保育教諭（保育者）が優しく受け止め、共感する	■行事の際は、季節感を味わいながら楽しく食事ができるよう環境を工夫する ★自分で食べようとする意欲を見守り、最後まで自分で食べられた際は満足感が得られるようほめ、食事の自立を促す ★食事中の姿勢やマナーについては保育教諭（保育者）が見本を示しながら知らせていく

9月〜12月	3期　1月〜3月
を経験することで、いろいろな食べ物に興うになる したりすることで、食材の形や色を知り、 物、魚を知り、おいしさを味わう	□保育教諭（保育者）の促しにより、食事の準備や後片付けを行う □食習慣やマナーが身に付き、安定した食生活を送る ☆食前に自分でコップを並べたり、ナプキンを用意したり、食後に食器を片付けたりする ☆自分からスプーンやフォークを使い、こぼさないように食べる ☆友達や保育教諭（保育者）と一緒に食事を楽しみ、完食する満足感を持つ
食べることの大切さや食材への興味を広げる われていることに気付けるよう、いろいろ みを持って受け取り、自らしてみようとす	■仲のよい友達と楽しく食事が進むよう、テーブルと席の配置や雰囲気作りに配慮する ■栄養士、調理師など、担任以外の大人や異年齢児と食事をする機会を持つことで、人への関心を広げる ★よく遊び、楽しく食べ、よく眠るなどの生活リズムを大切にする ★一人一人の生活リズムの安定に留意し、食事が心と体の成長につながるよう配慮する

健康と安全の計画 0・1歳児

1期 4月～5月

園行事・園事業

内科健診、歯科検診、尿検査

行うこと

健康

視診、検温（毎日）
清潔の習慣付け、手洗いの実施（毎日）
救急用品の点検（毎日）
睡眠チェックの実施（毎日）
身体測定（毎月）
アレルギー、予防接種状況確認
- 内科健診、歯科検診、尿検査
- 保健衛生マニュアルの整備

安全

室内備品、玩具、砂場の安全点検（毎日）
移動時、平時の人数確認（毎日）
定期的な換気、室温、湿度、採光の管理（毎日）
玩具の消毒（毎日）
事故、ヒヤリ・ハット事案の共有、対策会議（毎月）
調乳、冷凍母乳、食事介助の衛生管理の確認（毎月）
アレルギーに対する個別対応、誤食の予防
- 安全研修（救急法）
- 危機管理マニュアルの整備
- エピペンの使用法の確認

災害

避難経路に残置物がないか確認（毎日）
避難訓練の実施（防災教室、地震・火災・総合訓練、通報訓練）（毎月）
避難経路、避難体制、避難場所の確認（毎月）
消火訓練、消火器の取り扱い確認（毎月）
専門業者による防災点検
- 防災マニュアルの整備
- 家具などの転倒防止器具、ガラスの飛散防止フィルムの状態の確認

家庭・地域との連携

家庭での様子（機嫌・睡眠・食欲など）の情報共有（毎日）
体調不良、けがなどの連絡、情報共有（毎日）
園だより、お知らせ文書などで情報共有（毎月）
身体測定、内科健診結果の共有（毎月）
感染症の発生状況の周知
緊急時の行動についての周知（災害時避難場所・連絡方法など）
緊急連絡先の確認、更新
- 乳幼児突然死症候群（SIDS）についての情報提供
- 緊急時の避難場所になる地域の施設との連携、協力依頼

※「園行事」及び「園事業」は、健康と安全の計画にかかわるもののみ記載しています。

■ …毎日行うもの　■ …毎月行うもの　■ …随時行うもの

2期 6月～8月	3期 9月～12月	4期 1月～3月
夏祭り、水遊び	園外保育活動、運動会、内科健診	個別懇談会
● 暑さへの備え（冷房器具整備・日よけ設置など）	● 内科健診	● 健康状態の引き継ぎ
● 水遊びマニュアルの見直し ● 散歩経路や目的地の情報収集と共有	● 安全研修（下痢・嘔吐処理方法の確認） ● 専門技術者による遊具の定期点検の実施	● 不審者対応訓練
● 備蓄品（防災食・防災用品など）の確認、補充	● 備蓄品（防災食・防災用品など）の確認、補充	● 備蓄品（防災食・防災用品など）の確認、補充

CD-ROMの使い方

付属のCD-ROMはこども園・保育園のための指導計画を作る上で役に立つ計画案とフォーマットを収録したデータ集です。下記のポイントをご覧いただいた上でご利用ください。それぞれExcelデータとPDFデータを収録してあります。

● CD-ROM 動作環境について

本書に付属のCD-ROMをご利用いただくには、CD-ROMドライブまたはCD-ROMを読み込めるDVD-ROMドライブが装備されているパソコンが必要です。

- **動作確認済みOS** ≫ Windows 10、Windows 11
- **アプリケーションソフト** ≫ Microsoft Excel(2013以降を推奨)、Adobe Acrobat Reader

● CD-ROMの取り扱いについて

- 付属のCD-ROMは音楽CDではありません。オーディオプレイヤーで再生しないでください。
- CD-ROMの裏面に汚れや傷を付けるとデータを読み取れなくなります。取り扱いには十分ご注意ください。

ダウンロードデータの使い方

付属のCD-ROMと同じデータをダウンロードできます。

● ダウンロード方法

下記のQRコード、またはURLにアクセスしてパスワードを入力してください。

mywonder.jp/pripribooks/35205

- パスワードはダウンロードページの記載を確認してください。
  ※ダウンロードページの記載内容は、予告なしに変更する場合がございます。
  ※ダウンロードに係る各社サービスが終了するなどした場合、ダウンロードが利用できなくなる場合がございます。

● データがダウンロードできないとき

❶ 最新ブラウザにてご覧ください
推奨ブラウザはGoogle Chromeです。Internet Explorerなど旧世代のブラウザをご使用の場合は、Google Chrome(最新版)にてお試しください。

❷ パスワードは「半角英数字」で入力してください
文字入力の制限が「かな入力」になっている、「Caps Lock」がオンになっている場合などは、エラーになりますので入力形式をご確認ください。

❸ システム管理者にお問い合わせください
セキュリティソフトやファイアウォールなどの設定で、データのダウンロードに制限がかかっている可能性がございます。お客様の組織のシステム管理者にお問い合わせください。

● データご利用時のポイント

- ご使用になりたいExcelデータをExcelで開き、パソコンに保存してからご利用ください。
- PDFでも同じ内容をご確認いただけます。PDFを使用される場合は、テキストをコピー&ペーストするなどしてご活用ください。フォーマットのPDFは手書き用です。プリントしてご使用ください。

Excelワンポイント

セル(枠)内で改行をしたい!
→ **Altキーを押しながらEnterキーを押すと改行を挿入できます。**

文章が長くてセル(枠)の中におさまらない!
→ **行の高さを広げて調整してみましょう。**

CD-ROM収録データ一覧

付属のCD-ROMには以下のExcelデータとPDFデータが収録されています。

01_年間計画
- P22-23_nenkan01.pdf
- P22-23_nenkan01.xlsx
- P24-25_nenkan02.pdf
- P24-25_nenkan02.xlsx
- P26-27_nenkan03.pdf
- P26-27_nenkan03.xlsx
- P28-29_nenkan04.pdf
- P28-29_nenkan04.xlsx

03_週案
- P178-179_shuuan01_春.pdf
- P178-179_shuuan01_春.xlsx
- P180-181_shuuan02_夏.pdf
- P180-181_shuuan02_夏.xlsx
- P182-183_shuuan03_秋.pdf
- P182-183_shuuan03_秋.xlsx
- P184-185_shuuan04_冬.pdf
- P184-185_shuuan04_冬.xlsx

04_個別指導計画
- P186-187_kobetsu01_4か月.pdf
- P186-187_kobetsu01_4か月.xlsx
- P188-189_kobetsu02_7か月.pdf
- P188-189_kobetsu02_7か月.xlsx
- P190-191_kobetsu03_9か月.pdf
- P190-191_kobetsu03_9か月.xlsx
- P192-193_kobetsu04_11か月.pdf
- P192-193_kobetsu04_11か月.xlsx
- P194-195_kobetsu05_1歳2か月.pdf
- P194-195_kobetsu05_1歳2か月.xlsx
- P196-197_kobetsu06_1歳4か月.pdf
- P196-197_kobetsu06_1歳4か月.xlsx

05_食育計画
- P200-201_shokuiku.pdf
- P200-201_shokuiku.xlsx

06_健康と安全の計画
- P202-203_kenkotoanzen.pdf
- P202-203_kenkotoanzen.xlsx

フォーマット
- gekkan.pdf
- gekkan.xlsx
- kenkotoanzen.pdf
- kenkotoanzen.xlsx
- kobetsu.pdf
- kobetsu.xlsx
- nenkan.pdf
- nenkan.xlsx
- shokuiku.pdf
- shokuiku.xlsx
- shuuan.pdf
- shuuan.xlsx

02_月間計画

01月
- P140-141_gekkan01_1.pdf
- P140-141_gekkan01_1.xlsx
- P142-143_gekkan01_2.pdf
- P142-143_gekkan01_2.xlsx
- P144-145_gekkan01_3.pdf
- P144-145_gekkan01_3.xlsx
- P146-147_gekkan01_4.pdf
- P146-147_gekkan01_4.xlsx
- P148-149_gekkan01_5.pdf
- P148-149_gekkan01_5.xlsx
- P150-151_gekkan01_6.pdf
- P150-151_gekkan01_6.xlsx

02月
- P152-153_gekkan02_1.pdf
- P152-153_gekkan02_1.xlsx
- P154-155_gekkan02_2.pdf
- P154-155_gekkan02_2.xlsx
- P156-157_gekkan02_3.pdf
- P156-157_gekkan02_3.xlsx
- P158-159_gekkan02_4.pdf
- P158-159_gekkan02_4.xlsx
- P160-161_gekkan02_5.pdf
- P160-161_gekkan02_5.xlsx
- P162-163_gekkan02_6.pdf
- P162-163_gekkan02_6.xlsx

03月
- P164-165_gekkan03_1.pdf
- P164-165_gekkan03_1.xlsx
- P166-167_gekkan03_2.pdf
- P166-167_gekkan03_2.xlsx
- P168-169_gekkan03_3.pdf
- P168-169_gekkan03_3.xlsx
- P170-171_gekkan03_4.pdf
- P170-171_gekkan03_4.xlsx
- P172-173_gekkan03_5.pdf
- P172-173_gekkan03_5.xlsx
- P174-175_gekkan03_6.pdf
- P174-175_gekkan03_6.xlsx

04月
- P32-33_gekkan04_1.pdf
- P32-33_gekkan04_1.xlsx
- P34-35_gekkan04_2.pdf
- P34-35_gekkan04_2.xlsx
- P36-37_gekkan04_3.pdf
- P36-37_gekkan04_3.xlsx
- P38-39_gekkan04_4.pdf
- P38-39_gekkan04_4.xlsx
- P40-41_gekkan04_5.pdf
- P40-41_gekkan04_5.xlsx
- P42-43_gekkan04_6.pdf
- P42-43_gekkan04_6.xlsx

05月
- P44-45_gekkan05_1.pdf
- P44-45_gekkan05_1.xlsx
- P46-47_gekkan05_2.pdf
- P46-47_gekkan05_2.xlsx
- P48-49_gekkan05_3.pdf
- P48-49_gekkan05_3.xlsx
- P50-51_gekkan05_4.pdf
- P50-51_gekkan05_4.xlsx
- P52-53_gekkan05_5.pdf
- P52-53_gekkan05_5.xlsx
- P54-55_gekkan05_6.pdf
- P54-55_gekkan05_6.xlsx

06月
- P56-57_gekkan06_1.pdf
- P56-57_gekkan06_1.xlsx
- P58-59_gekkan06_2.pdf
- P58-59_gekkan06_2.xlsx
- P60-61_gekkan06_3.pdf
- P60-61_gekkan06_3.xlsx
- P62-63_gekkan06_4.pdf
- P62-63_gekkan06_4.xlsx
- P64-65_gekkan06_5.pdf
- P64-65_gekkan06_5.xlsx
- P66-67_gekkan06_6.pdf
- P66-67_gekkan06_6.xlsx

07月
- P68-69_gekkan07_1.pdf
- P68-69_gekkan07_1.xlsx
- P70-71_gekkan07_2.pdf
- P70-71_gekkan07_2.xlsx
- P72-73_gekkan07_3.pdf
- P72-73_gekkan07_3.xlsx
- P74-75_gekkan07_4.pdf
- P74-75_gekkan07_4.xlsx
- P76-77_gekkan07_5.pdf
- P76-77_gekkan07_5.xlsx
- P78-79_gekkan07_6.pdf
- P78-79_gekkan07_6.xlsx

08月
- P80-81_gekkan08_1.pdf
- P80-81_gekkan08_1.xlsx
- P82-83_gekkan08_2.pdf
- P82-83_gekkan08_2.xlsx
- P84-85_gekkan08_3.pdf
- P84-85_gekkan08_3.xlsx
- P86-87_gekkan08_4.pdf
- P86-87_gekkan08_4.xlsx
- P88-89_gekkan08_5.pdf
- P88-89_gekkan08_5.xlsx
- P90-91_gekkan08_6.pdf
- P90-91_gekkan08_6.xlsx

09月
- P92-93_gekkan09_1.pdf
- P92-93_gekkan09_1.xlsx
- P94-95_gekkan09_2.pdf
- P94-95_gekkan09_2.xlsx
- P96-97_gekkan09_3.pdf
- P96-97_gekkan09_3.xlsx
- P98-99_gekkan09_4.pdf
- P98-99_gekkan09_4.xlsx
- P100-101_gekkan09_5.pdf
- P100-101_gekkan09_5.xlsx
- P102-103_gekkan09_6.pdf
- P102-103_gekkan09_6.xlsx

10月
- P104-105_gekkan10_1.pdf
- P104-105_gekkan10_1.xlsx
- P106-107_gekkan10_2.pdf
- P106-107_gekkan10_2.xlsx
- P108-109_gekkan10_3.pdf
- P108-109_gekkan10_3.xlsx
- P110-111_gekkan10_4.pdf
- P110-111_gekkan10_4.xlsx
- P112-113_gekkan10_5.pdf
- P112-113_gekkan10_5.xlsx
- P114-115_gekkan10_6.pdf
- P114-115_gekkan10_6.xlsx

11月
- P116-117_gekkan11_1.pdf
- P116-117_gekkan11_1.xlsx
- P118-119_gekkan11_2.pdf
- P118-119_gekkan11_2.xlsx
- P120-121_gekkan11_3.pdf
- P120-121_gekkan11_3.xlsx
- P122-123_gekkan11_4.pdf
- P122-123_gekkan11_4.xlsx
- P124-125_gekkan11_5.pdf
- P124-125_gekkan11_5.xlsx
- P126-127_gekkan11_6.pdf
- P126-127_gekkan11_6.xlsx

12月
- P128-129_gekkan12_1.pdf
- P128-129_gekkan12_1.xlsx
- P130-131_gekkan12_2.pdf
- P130-131_gekkan12_2.xlsx
- P132-133_gekkan12_3.pdf
- P132-133_gekkan12_3.xlsx
- P134-135_gekkan12_4.pdf
- P134-135_gekkan12_4.xlsx
- P136-137_gekkan12_5.pdf
- P136-137_gekkan12_5.xlsx
- P138-139_gekkan12_6.pdf
- P138-139_gekkan12_6.xlsx

ご注意

- 付属のCD-ROM、ダウンロードデータはWindowsを対象として作成されております。「CD-ROM動作環境について」に記したOS以外での仕様についての動作保証はできません。 Macintosh、Mac OSに関しては、同様のアプリケーションをご用意いただければ動作いたしますが、レイアウト・書体が正しく表示されない可能性があります。
- CD-ROM、ダウンロードデータに収録されているExcelソフト、PDFソフトについてのサポートは行っておりません。アプリケーションソフトの説明書などをご参照ください。
アプリケーションソフトの操作方法についてのご質問にはお答えできませんので、あらかじめご了承ください。
- 付属のCD-ROMを使用した結果生じた損害・事故・損失、その他いかなる事態にも、弊社および監修者は一切の責任を負いません。
- データをウェブからダウンロードするには、インターネット接続が必要です。通信料はお客様負担となります。
- 各種計画の表組フォーマットは文字が入っていますが、あくまで計画案です。ご使用に際しては、内容を十分ご検討の上、各施設の方針に沿った文章を入力してください。各施設から発信される文書の内容については施設の責任となることをご了承ください。
- 付属のCD-ROM、ダウンロードデータは、使いやすくするため、枠の位置や文章の改行位置などが本書と異なる場合があります。各園の様式に合わせて作り替えてお使いください。本文とCD-ROMの内容に一部名称などの不一致の箇所があります。最新データはダウンロードデータをお使いください。

Microsoft、Windows、Excel、Internet Explorerは米国Microsoft Corporationの米国およびその他の国における登録商標または商標です。
Macintosh、Mac OSは、米国および他の国々で登録されたApple Inc.の商標です。
Google Chromeは、Google Inc.の商標または登録商標です。QRコードは(株)デンソーウェーブの登録商標です。
Adobe Acrobat Readerは、Adobe Inc.の登録商標または商標です。
本書では、登録商標マークなどの表記は省略しています。

205

保育総合研究会沿革

1999年	10月	保育の情報発信を柱にし、設立総会（東京　こどもの城） 会長に中居林保育園園長（当時）・椛沢幸苗氏選出 保育・人材・子育ての3部会を設置 第1回定例会開催
	12月	広報誌第1号発行
2000年	5月	最初の定時総会開催（東京　こどもの城）
	8月	第4回定例会を京都市にて開催
	9月	田口人材部会部会長、日本保育協会（以下、日保協）・保育士養成課程等委員会にて意見具申
2001年	1月	第1回年次大会 チャイルドネットワーク「乳幼児にとってより良い連携を目指して」発行
	5月	日保協機関誌『保育界』"シリーズ保育研究"執筆掲載（毎年掲載）
2002年	3月	「From Hoikuen」春号発行（翌年1月まで夏号・秋号・冬号4刊発行）
	10月	社会福祉医療事業団助成事業「子育て支援基金　特別分助成」要望書
2003年	3月	年次大会を大阪市にて開催 保育雑誌『PriPri』（世界文化社）で指導計画執筆
	6月	日保協機関誌『保育界』"シリーズ保育研究"執筆掲載
	10月	福祉医療機構「子育て支援能力向上プログラム開発の事業」
2004年	3月	ホームページ開設（2008年リニューアル）
	10月	子育て支援に関するアンケート調査
2005年	4月	盛岡大学齋藤正典氏（当時）、保育学会で研修カルテを発表
	6月	「研修カルテ-自己チェックの手引き」発行（研修カルテにおける自己評価の判断基準） チャイルドアクションプランナー研修会（2回：花巻／東京）
	10月	椛沢・坂崎・東ヶ崎三役、内閣府にて意見交換
2006年	4月	椛沢会長が自民党幼児教育小委員会で意見陳述 日保協理事長所長研修会　青森大会研修カルテ広告掲載
2007年	4月	『保育所の教育プログラム』（世界文化社）発行
	5月	保育アドミニストレーター研修会（東京）
	8月	第25回記念定例会「保育所教育セミナー」開催（東京大学秋田教授）
	9月	椛沢会長が「保育所保育指針」解説書検討ワーキンググループ（厚生労働省）に選出され執筆
2008年	7月	日保協第30回全国青年保育者会議沖縄大会第1分科会担当
	9月	坂崎副会長が厚生労働省「次世代育成支援のための新たな制度体系の設計に関する保育事業者検討会」選出
	11月	『新保育所保育指針サポートブック』（世界文化社）発行
2009年	1月	サポートブック研修会（4回：花巻／東京／大阪／熊本）
	3月	『自己チェックリスト100』（世界文化社）発行
	5月	チェックリスト研修会（2回：東京／大阪）
	9月	坂崎副会長が厚生労働省「少子化対策特別部会第二専門委員会」選出
	10月	日保協理事長所長研修会新潟大会第4分科会担当
	11月	『新保育所保育指針サポートブックⅡ』（世界文化社）発行 海外視察研修会（イタリア）
2010年	2月	サポートブックⅡ研修会（4回：花巻／東京／大阪／熊本）
	8月	坂崎副会長が内閣府「子ども子育て新システム基本WT」委員に選出
	11月	日保協理事長所長研修会岐阜大会第4分科会担当
2011年	3月	2010年度版保育科学研究　乳幼児期の「保育所保育の必要性」に関する研究執筆
	6月	サポートブックⅡ研修会（2回：函館／日田）
	9月	保育科学研究所学術集会（椛沢会長発表）
	10月	全国理事長所長ゼミナール分科会担当
2012年	3月	2011年度版保育科学研究　乳幼児期の「保育所保育の必要性」に関する研究執筆
	9月	保育科学研究所学術集会（坂崎副会長発表）
2013年	2月	保育サポートブック『0・1歳児クラスの教育』『2歳児クラスの教育』『5歳児クラスの教育』（世界文化社）発行
	4月	坂崎副会長が内閣府「子ども・子育て会議」全国委員に選出
	9月	保育科学にて神戸大学訪問 保育ドキュメンテーション研修会（東京）
2014年	2月	保育サポートブック『3歳児クラスの教育』『4歳児クラスの教育』（世界文化社）発行 年次大会を沖縄にて開催
	3月	2013年度版保育科学研究「乳幼児期の保育所保育の必要性に関する研究」執筆
	8月	環太平洋乳幼児教育学会ポスター発表（インドネシア・バリ島）
	9月	保育科学研究所学術集会（椛沢会長発表）
	12月	海外視察研修（スウェーデン／フランス）
2015年	1月	『幼保連携型認定こども園教育・保育要領サポートブック』（世界文化社）発行
	3月	2014年度版保育科学研究「保育現場における科学的思考とその根拠に関する研究」執筆
	6月	次世代研究会 JAMEE.S 設立（髙月美穂委員長）
	7月	環太平洋乳幼児教育学会ポスター発表（オーストラリア・シドニー）
	9月	保育科学研究所学術集会（鬼塚和典発表）
2016年	1月	『幼保連携型認定こども園教育・保育要領に基づく自己チェックリスト100』（世界文化社）発行
	3月	2015年度版保育科学研究「保育ドキュメンテーションを媒介とした保育所保育と家庭の子育てとの連携・協働に関する研究」執筆
	7月	環太平洋乳幼児教育学会ポスター発表（タイ・バンコク）
	9月	保育科学研究所第6回学術集会発表（矢野理絵）
	11月	新幼稚園教育要領の文部科学省との勉強会開催 JAMEE.S 保育雑誌『PriPri』（世界文化社）「子どものつぶやきから考える」執筆
2017年	3月	2016年度版保育科学研究「保育ドキュメンテーションを媒体とした保育所保育と家庭の子育てとの連携・協働に関する研究」「乳幼児教育における教育・保育に関わる要領や指針の在り方に関する研究」執筆
	7月	環太平洋乳幼児教育学会ポスター発表（フィリピン・セブ島）
	9月	保育科学研究所第7回学術集会発表（田中啓昭・坂崎副会長）
	12月	『平成30年度施行 新要領・指針サポートブック』（世界文化社）発行 JAMEE.S 保育誌『PriPri』（世界文化社）「0・1・2歳児の養護」執筆
2018年	1月	新要領・指針サポートブック研修会（4回：青森／大阪／東京／熊本）
	3月	2017年度版保育科学研究「幼保連携型認定こども園の現場における3歳未満児の教育の在り方」に関する研究執筆
	7月	環太平洋乳幼児教育学会ポスター発表（マレーシア・クチン）
	9月	保育科学研究所学術集会（福澤紀子発表）

| 10月 | 『幼保連携型認定こども園に基づく自己チェックリスト100』『保育所保育指針に基づく自己チェックリスト100』（世界文化社）発行 |

2019年
- 1月 新要領・指針に基づく自己チェックリスト100研修会（2回：東京／大阪）
- 3月 2018年度版保育科学研究「幼保連携型認定こども園の現場における3歳未満児の教育の在り方」に関する研究執筆
- 9月 保育科学研究所学術集会（岩橋道世発表）
- 11月 海外視察研修（アメリカ）

2020年
- 2月 20周年記念年次大会（厚生労働省 鈴木次官）
- 9月～12月 オンラインにて定例会3回開催

2021年
- 2月 改訂版保育サポートブック『0・1歳児クラスの教育』『2歳児クラスの教育』『3歳児クラスの教育』『4歳児クラスの教育』『5歳児クラスの教育』（世界文化ワンダーグループ）
- 3月 設立20周年記念誌発刊 7プロポジション 発刊
- 4月 日本保育協会「保育界」執筆
- 5月 第2代会長に坂崎隆浩を選出 4部会 保育内容 保育科学 生涯教育 JAMEE.S 委員会 公開保育 第69回定例会 東京家政大学 堀 科氏
- 6月 歳児別サポートブック研修会、第70回定例会 内閣府子ども子育て本部審議官 藤原朋子氏、参事官 齋藤憲一郎氏
- 7月 第71回定例会 厚労省援護局福祉基盤課長補佐 添島里美氏
- 8月 第1回公開保育アンバサダー 資格取得研修 開催 1日目 静岡大学 矢野潔子氏、中村学園 那須信樹氏 椛沢幸苗氏
- 9月 第1回公開保育アンバサダー 資格取得研修 開催 2日目 神戸大学大学院 北野幸子氏、坂崎隆浩
- 10月 第72回定例会 内閣府子ども子育て会議委員長 秋田喜代美氏
- 11月 7プロポジション 研修会

2022年
- 1月 第73回定例会 内閣府子ども子育て本部参事官 認定こども園担当 齋藤憲一郎氏
- 2月 年次大会 厚労省子ども家庭局保育課課長 林 俊宏氏、文科省初等中等教育局幼児教育課長 大杉住子氏
- 3月 定例会等6回 年次大会1回開催
- 4月 日本保育協会「保育界」執筆
- 5月 第74回定例会 和洋女子大学 矢藤誠慈郎氏
- 7月 第75回定例会in青森 厚労省子ども家庭局保育課課長 林 俊宏氏
- 8月 保育科学会議 神戸大学大学院 北野幸子氏
- 9月 日本保育協会 第10回学術集会、第1回 生涯教育部会開催、第76回定例会in新潟 厚労省元事務次官 村木厚子氏
- 11月 保育制度部会 厚労省に要望 厚労省家庭局保育課長 本後 健氏
- 12月 第77回定例会 京都大学 明和政子氏

2023年
- 1月 第78回定例会 厚労省家庭局保育課長 本後 健氏
- 2月 年次大会 文科省初等中等教育局幼児教育課長 藤岡謙一氏、内閣官房子ども家庭庁設立準備室内閣参事官 鍋島豊氏
- 3月 定例会等5回 年次大会1回開催 各地で公開保育の実践
- 4月 日本保育協会「保育界」執筆
- 6月 第79回定例会 朝日新聞社会部記者 田渕紫織氏
- 8月 第80回定例会（25周年記念）神戸大学大学院 北野幸子氏、全国社会福祉法人経営者協議会副会長 谷村 誠氏、全日本私立幼稚園連合会認定こども園委員会委員長 濱名浩氏
- 9月 第81回定例会（25周年記念）玉川大学 大豆生田 啓友氏、第2回生涯教育部会in会津若松 文科省元事務次官 義本博司氏
- 11月 障害事業設立研修会
- 12月 関西圏域研修

2024年
- 2月 年次大会in沖縄 文科省初等中等教育局幼児教育課長 藤岡謙一氏
- 3月 定例会等6回 年次大会1回開催 各地で公開保育の実践
- 4月 日本保育協会「保育界」執筆
- 5月 第82回定例会 和洋女子大学 矢藤誠慈郎氏 若手育成特別養成塾（ヨシヨシ塾）年4回16名参加／講師 厚労省元事務次官 吉田学氏 文科省元事務次官 義本博司氏
- 7月 第3回生涯教育部会in大分別府 元厚労省事務次官 鈴木俊彦氏
- 8月 第83回定例会in大阪 全国私立保育園連盟常務理事 社会福祉法人正蓮寺静蔭学園 正蓮寺こども園園長高谷俊英氏、全国保育協議会副会長・大阪府社会福祉協議会保育部会長 社会福祉法人信光会理事長 森田信司氏、全国認定こども園協会副代表理事・大阪府認定こども園協会支部長 社会福祉法人交野ひまわり園理事長 東口房正氏、全国社会福祉法人経営者協議会前会長 社会福祉法人成光苑理事長 高岡國士氏
インクルーシブ委員会設立 特別研修会 こども家庭庁ガイドライン説明会
第2回公開保育アンバサダー 資格取得研修 開催 1日目 熊本大学 矢野潔子氏、椛沢幸苗氏、坂崎隆浩
第2回公開保育アンバサダー 資格取得研修 開催 2日目 神戸大学大学院 北野幸子氏
- 9月 保育科学部会特別研修 お茶の水女子大学元副学長 内田伸子氏 「保総研の2023公開保育の実践集」発刊
- 10月 第84回定例会in秋田
- 12月 第85回定例会

2025年
- 1月 『0歳児の指導計画 CD-ROM＆ダウンロードデータ付き』『1歳児の指導計画 CD-ROM＆ダウンロードデータ付き』『2歳児の指導計画 CD-ROM＆ダウンロードデータ付き』（世界文化ワンダーグループ）発行
- 2月 年次大会in東京
- 3月 『令和6年度改訂 児童発達支援 個別支援計画サポートブック』（世界文化ワンダーグループ）発行
- 5月 25周年記念事業 海外研修 ドイツ・オーストリア

定例会・年次大会には厚生労働省・内閣府・大学・医療機関などから講師を招き研修会を開催しています。現在会員は約100名。保育関係者などであれば誰でも参加できます。

事務局

〒574-0014　大阪府大東市寺川1-20-1
社会福祉法人　聖心会
幼保連携型認定こども園　第2聖心保育園内
事務局長　永田 久史
電話　072-874-0981
https://hosouken.xii.jp/hskblog/

おわりに

小さければ小さいほど世話が必要で、大人に依存しながら育っていく関係の中で、「子どもを人として尊重すること」で、子ども自身が自ら育とうとする力と共同しながら、発達の援助を基本として日々の保育を実現することが私たちの役割と心得ます。子どもは大好きな大人が見ているものを、一緒に見ようとし、聴いているものを聴こうとします。あたたかい空気の中で「自分は受け入れてもらえている」という安心感は、そのまま社会や世界への安心感と信頼につながっているようにも感じます。執筆にご協力いただきました園に感謝し、この本が人としての土台づくりの一助になればと願います。

監修　矢野理絵（熊本県　くほんじこども園）

［ダウンロードデータ用］

こちらの表組はダウンロードデータ利用時に使用いたします。

	あ	い	う	え
1	Y	8	R	7
2	1	F	2	N
3	H	4	S	3
4	5	G	6	K

執筆者一覧（都道府県順）※2024年12月現在

●年間・月間・健康と安全・食育

青森県	中居林こども園	椛沢さやか
青森県	ＮＯＧＩこども園	坂﨑力紀
茨城県	飯沼こども園	東ヶ崎静仁
神奈川県	和田愛児園	田口 威
大阪府	ねやがわ成美の森こども園	田中啓昭
大阪府	こども園ふじが丘保育園	東口房正
大分県	こども園るんびにい	岩橋道世
大分県	藤原こども園	髙月美穂

●週案・個別

青森県	こども園あおもりよつば	相馬亜季
福島県	門田報徳保育園	遠藤浩平
岩手県	ピュア・チャイルド園	打田公平
新潟県	みどりこども園	伊東和美
神奈川県	和田愛児園	田口侑平
徳島県	もとしろ認定こども園	吉里由子
鹿児島県	太陽の子鹿島こども園	隈﨑哲也
熊本県	さざなみ保育園	平山 猛
熊本県	田迎こども園	松永和孝
沖縄県	すてらこども園	米須江利子

監修者一覧 ※2024年12月現在

●全体監修　保育総合研究会

| 青森県 | こども園ひがしどおり | 坂﨑隆浩 |

●0歳児監修

| 熊本県 | くほんじこども園 | 矢野理絵 |
| 青森県 | こども園つるた乳幼児園 | 福澤紀子 |

●監修協力園

| 福島県 | 門田報徳保育園 | 遠藤浩平 |

●事務局

| 大阪府 | 第2聖心保育園 | 永田久史 |

表紙イラスト	倉田けい
本文イラスト	中小路ムツヨ、町田里美、みやれいこ
デザイン	南 剛、中村美喜子（中曽根デザイン）
編集協力	沢 ユカ（Penguin-Plant）
編集企画	末永瑛美
校正	株式会社円水社
DTP	株式会社明昌堂

PriPriブックス
豊富な案ですぐ書ける！
0歳児の指導計画
CD-ROM＆ダウンロードデータ付き

発行日　2025年2月10日　初版第1刷発行

監修者　保育総合研究会
発行者　竹間 勉
発　行　株式会社世界文化ワンダーグループ
発行・発売　株式会社世界文化社
　　　　　〒102-8192　東京都千代田区九段北4-2-29
　　　　　電話　03-3262-5474（編集部）
　　　　　　　　03-3262-5115（販売部）
印刷・製本　TOPPANクロレ株式会社

©hoikusogokenkyukai, 2025. Printed in Japan
ISBN 978-4-418-25700-3

落丁・乱丁のある場合はお取り替えいたします。
定価はカバーに表示してあります。
無断転載・複写（コピー、スキャン、デジタル化等）を禁じます。
本書を代行業者等の第三者に依頼して複製する行為は、
たとえ個人や家庭内での利用であっても認められていません。
本書に付属しているCD-ROMについて、図書館からの無料貸し出しは差し支えありません（必ず本とセットにしてご対応ください）。

※本書は『PriPri』付録の「指導計画のヒント」を再編集し、新規の指導計画案を加えて新たに編集したものです。